인생 산책자를 위한

밤과낮 에디션 2

빛은 등 뒤에 있어

인생 산책자를 위한

밤과낮 에디션 2

빛은 등 뒤에 있어

헤르만 헤세 외 지음

강문희 김영글 정인혜 옮김

꽃
피는
책

일러두기

1. 이 책에 실린 작품들은 모두 저작권이 해제된 작품으로 강문희, 김영글, 정인혜 세 역자가 각기 일본어권, 유럽어권, 영미권 작품을 맡아 우리말로 옮겼다.
2. 원주는 • 표시와 함께 '원주'라 표기했다. 역자 주와 편집자 주는 번호로 표시했으며, 역자 주에는 '옮긴이'라 표기했다.
3. 수록된 글의 원제와 최초 발표일은 각 글 말미에 표기했으며, 참고한 원문 출처는 출처 목록에 실었다.
4. 맞춤법과 외래어 표기는 국립국어원의 한글 맞춤법 규정에 따랐으나 이미 굳어진 인명 및 몇 가지 외래어에 한해서는 예외로 했다.

들어가는 글

어둠과 빛 속에서

해가 지면 세상은 어둠에 잠긴다. 이튿날 동이 트면 다시금 밝아진다. 어둠과 빛이 번갈아 나타나는 이 현상을 인류는 유사 이전의 시대부터 관찰했을 것이다. 거기에 이름을 붙인 건 한참 뒤의 일일 터. 밤과 낮은 지구가 태양 주위를 돈다는 자명한 사실로 인해 생겨난다. 극지방을 제외한 대부분 지역에서 이 밤과 낮은 일정하게 반복되고, 사람들은 그 반복에 따라 잠자고 깨고 밥 먹고 일하며 삶을 살아간다.

꽃피는책의 '인생 산책자를 위한 밤과낮 에디션'은 세

계 문학사에 거대한 발자취를 남긴 작가들의 산문을 두 권에 나눠 엮은 책이다. 밤과 낮은 하루의 시간을 반으로 가르는 과학적 구분이지만, 우리 삶을 구성하고, 지배하고, 이끌고, 관통하는 여러 주제를 그 온도와 명암에 따라 가르는 정서적 구분이기도 하다. 불면, 고독, 상실, 죽음 등은 밤의 영역으로, 자연, 사랑, 가족, 반려 등은 낮의 영역으로 바라보는 것처럼 말이다. 그리고 이렇게 나뉜 두 개의 시간, 두 가지 주제들은 빛과 그림자처럼, 동전의 앞뒷면처럼 원래 한 쌍이기에 단면으로는 존재할 수 없는 삶을, 그 삶이 이뤄지는 시공간을 은유한다.

'인생 산책자를 위한 밤과낮 에디션'에는 여러 시대와 여러 나라의 작품이 수록되어 있다. 강문희, 김영글, 정인혜 세 사람이 각기 일본어권, 유럽어권, 영미권 작품을 맡아 옮겼다. 셋 모두 번역 일에 오래 발 담그지는 않았지만, 문학이 내어주는 너른 품에 삶의 많은 시간을 기대고 살아온 이들이다. 옮긴이들은 작품 선별 과정부터 동참해 독자로서 좋아했던 작가의 문장을 새로운 시각으로 되짚어보는 시간을 가졌다.

번역 과정에서 여성이나 동물을 바라보는 구시대적 관

점이 엿보일 때는 고민이 깊어지기도 했다. 고전이라 불릴 만한 옛 작품을 대할 때면 으레 겪는 문제다. 현재의 시선에 비추어 과거의 표현을 수정하거나 삭제하는 것이 타당한지, 나아가 시대에 따른 가치관의 변화로 작품의 문학적 성취를 매번 새로이 평가하는 게 옳은지는 작품 밖에서 더 길고 더 깊게 논의해야 할 질문일 것이다. 우선은 시대적 한계로 받아들이고, 독자들이 작품 속에서 만나는 시차조차 자연스러운 시간의 흐름으로 읽어주기를 기대하기도 했다. 덧붙이면, 저작권 문제를 고려해 사망 시기가 1960년 이전인 작가로 목록을 추리다 보니 여성 작가의 작품을 많이 수록하지 못했는데, 못내 아쉬움으로 남는다.

시간이 이상할 정도로 훌쩍 흘러가 버리는 때가 있다. 방에 앉아 책을 읽다가, 주말에 좋아하는 무언가를 사부작사부작하며 붙들고 있다가 문득 그 사실을 깨닫곤 한다. 분명 낮이었는데 사위가 어두워 정신을 차려보면 밤이고, 밤이었는데 시간이 곧장 새벽녘으로 내달려 어느덧 창밖에 여명이 밝아 오는 것이다. 번역에 몰두하는 동안 오랜만에 그런 순간을 다시 만났다. 구획 지어진 삶의 틀에 맞춰 사느라 종종 잊어버리지만, 사실 밤과 낮은 이어져 있다. 행복한 글 읽기와 번역의 시간을 준 꽃피는책 출판사, 원고를 함께 살피며 알맞은 번역어를 찾도록 도와준 편집부와 기획에 동참해준 최해경 팀장님께 감사의 마음을 전한다.

    우리가 인생이라는 길고도 짧은 행로를 걷는 동안 빛과 어둠은 교대로 길을 비추고, 교대로 길을 감춘다. 영원한 낮도, 영원한 밤도 없기에 그 길은 걸어볼 만한 길이다. 그리고 좋은 문학 작품은 언제나 그 길의 훌륭한 동반자가 되어준다. 오래전 세상을 떠난 작가들이 남긴 문장에는 행간마다 진지한 사유의 흔적이 서려 있고, 삶을 바라보는 시선이 살아 꿈틀댄다. 때로는 시리도록 명징하고 때로는 봄볕처럼 따뜻한 그 사유와 시선에 감응하며 독자 여러분 각자의 인생 산책을 이어가기를, 그 시간에 충만함이 깃들기를 빈다.

2025년 5월
옮긴이들을 대신하여
김영글

차례

들어가는 글 5

공간, 오랫동안 그곳에 남아

헤르만 헤세 … 정원에서		13
조지 오웰 … 물 아래 달		22
아쿠타가와 류노스케 … 스미다강		28
헨리 데이비드 소로 … 내 손으로 집 짓기		38
어니스트 헤밍웨이 … 모로 성 연안 청새치 낚시		47

계절, 낯설지 않은 서정

로베르트 발저 … 그라이펜 호수		63
조지 오웰 … 두꺼비를 생각하며		67
알도 레오폴드 … 삼월, 기러기가 돌아오다		75
시마자키 도손 … 밤이 짧은 계절		83
알베르 카뮈 … 알제의 여름		89
다자이 오사무 … 아, 가을		110
조지 기싱 … 겨울 1		115

여행, 그해 일어난 일 중 지금까지 좋은 일

어니스트 헤밍웨이 … 슈룬스에서 보낸 겨울		123

로버트 루이스 스티븐슨 … 도보 여행	139
미야자와 겐지 … 영국 해안	153
알퐁스 도데 … 오렌지	176
알베르 카뮈 … 수수께끼	183

사랑, 네가 좋으면 나도 좋아

폴 부르제 … 진실한 감정	197
니이미 난키치 … 꽃을 묻다	215
나쓰메 소세키 … 유리문 안에서	222
오리구치 시노부 … 부재중일 때	229
너새니얼 호손 … 아이와 나	239

반려, 우린 모두 누군가의 첫사랑이었다

윌리엄 포크너 … 그의 이름은 피트였다	251
데라다 도라히코 … 새끼 고양이	255
카렐 차페크 … 민다, 혹은 개를 키운다는 것	273
버지니아 울프 … 충실한 친구에 관하여	296
찰스 디킨스 … 두 큰까마귀	303
베아트릭스 포터 … 산토끼 길들이기	307

작가 소개 311 | 원문 출처 322

공간,
오랫동안
그곳에 남아

정원에서

헤르만 헤세

정원을 가진 사람이라면 이제 봄에 해야 할 일들을 생각할 시기가 되었다. 텅 빈 화단 사이 오솔길을 생각에 잠겨 걷다 보면, 화단 북쪽 끄트머리는 희누르스름한 눈으로 뒤덮여 봄은 아직 먼 얘기처럼 느껴진다. 그러나 초원과 개울 가장자리나 따사로운 포도밭 비탈에는 이미 갖가지 초록빛 생명이 움트고 있다. 제일 먼저 핀 노란 꽃들은 풀밭에 숨어 어린아이처럼 명랑하고 수줍으면서도 용감한 눈빛으로 기대를 불러일으키는 고요한 세계를 바라본다. 하지만 정원은 갈란투스를 뺀 모두가 아직 잠들어 있다. 이곳에는 봄이 제 발로 찾아오지 않는다. 벌거벗은 화단은 누군가 흙을 고르고 씨를 뿌려주길 묵묵히 기다리고 있다.

주말 산책을 즐기는 사람과 자연을 사랑하는 사람에게는 좋은 시기가 돌아온 셈이다. 이곳저곳을 다니며 생명이 소생하는 기적을 즐거이 구경할 수 있으니 말이다. 갓 피어난 환하게 빛나는 꽃이 푸른 초원을 수놓고, 수액이 차오른 꽃망울이 나무를 뒤덮은 풍경이 눈에 들어온다. 사람들은 은빛 버들가지를 잘라 방 안에 꽂아두곤 때가 되면 싹을 틔우고 꽃을 피우는 생명의 그토록 숭고한 과정이 얼마나 편안하고 자연스레 진행되는지 감탄하며 기쁜 마음으로 바라본다. 그들은 상념을 즐기되 걱정은 하지 않는다. 지금 눈앞에 있는 것을 감상하면 그만, 밤 서리나 풍뎅이 유충이나 생쥐가 끼칠 해를 염려하진 않는 것이다.

하지만 정원을 가진 사람은 그런 한가함을 누리고 있을 수만은 없다. 그들은 여기저길 거닐며 겨우내 처리했어야 할 일들을 놓쳤다는 사실을 깨닫는다. 올핸 무얼 심을까 궁리하며 지난해 제대로 가꾸지 못했던 화단과 나무를 근심 어린 눈으로 살핀다. 저장해 둔 씨앗과 구근을 다시 세어 보고, 농기구를 점검하다 부러진 삽자루와 정원용 가위에 슨 녹을 발견한다.

물론 모든 이들이 그런 건 아니다. 프로 정원사는 겨우내 정원 일에서 신경을 거두지 않고, 아마추어라도 부지런한 사람과 현명한 주부들은 만반의 준비를 해둔다. 이들은 연장 부품을 잃어버리는 일이 없고, 가위가 녹슬거나 씨앗 포대가 눅눅해지게 두지도 않는다. 창고에 보관해 둔 구근과 양파도 썩거나 없어진 게 없다. 새해엔 뭘 심을지 미리 숙고해 계획을 짜놓고, 필요할지 모를 비료도 주문해 둔다. 모든 것이 모범적으로 준비된 상태. 감탄과 찬사를 받을 만하다. 그들의 정원은 올 한 해도 내내 아름다움을 뽐내 견줘볼 엄두조차 내지 못하는 우리네를 겸연쩍게 만들 것이다.

그런 이들과 달리 우리 같은 부류의 아마추어나 게으름뱅이, 몽상가 등 겨울잠에 빠진 곰 같은 사람들은 다시 온 봄에 화들짝 놀란다. 아무것도 느끼지 못한 채 느긋하게 동면을 즐기는 동안 부지런한 이웃이 해놓은 온갖 일들을 보고는 뒤늦게 당황한다. 그러곤 부끄러워진다. 갑자기 마음이 조급해진다. 놓친 시간을 만회하려 가위 날을 갈거나 씨앗 상인에게 다급히 편지를 쓰느라 반나절, 아니 하루를 통째로 날려버리는 건 그래서다.

어쨌든, 결국 우리도 채비를 마치고 일에 착수한다. 처음 며칠간은, 늘 그렇듯, 좋은 예감으로 가득 차 마음이 들뜬다. 하지만 역시 쉽지가 않다. 이마에 올해 첫 땀방울이 맺힌다. 부드러운 장화가 질척한 흙바닥에 박히고 삽자루를 쥔 손바닥이 부어올라 아프기 시작한다. 그러면 삼월의 부드러운 햇볕마저 이내 뜨겁게 느껴진다. 그렇게 몇 시간이 지나 피곤함에 등까지 아파질 즈음 우리는 집으로 들어온다. 난로의 온기가 이상스레 낯설고 기묘하게 느껴진다. 저녁엔 등불 아래서 정원에 관한 책을 펼친다. 솔깃한 얘기도 많지만, 힘들기만 하고 재미는 없는 작업에 대한 설명도 많다. 아무려나, 자연은 너그럽다. 결국엔 우리의 정원에도 시금치와 상추가 가득 자랄 것이고, 얼마간의 과일도 열릴 것이며, 눈요기가 되어줄 생기발랄한 여름꽃도 한껏 피어날 것이다.

첫 삽을 꽂고 애써 땅을 일구다 보면 풍뎅이, 딱정벌레, 애벌레, 거미줄 따위가 나타난다. 우리는 이상스레 잔인한 쾌감을 느끼며 그것들을 잡아 없앤다. 어디선가 지빠귀가 울고 박새의 지저귐도 들려온다. 덤불과 나무들은 겨울을 무사히 넘겼다. 나뭇가지에 달린 갈색 봉오리들이 윤기 흐르는 얼굴로 희망찬 미소를 짓는다. 장미 덤불은 희미한 바람결에 가는 줄기를 흔들며 꽃을 활짝 피울 꿈에 잠겨 고개를 끄덕인다.

시간이 지날수록 모든 것에 차츰 익숙해진다. 도처에서 여름을 예감한다. 그 길고 지루한 겨울을 어떻게 견뎌냈는지 이해할 수 없다는 듯 우리는 설레설레 고개를 젓는다. 지난겨울은 얼마나 암담했던가. 어두컴컴한 다섯 달을 정원 없이 보내야 했으니. 향기도 꽃도 푸른 잎도 없이! 그러나 이제 모든 것이 다시 시작한다. 아직은 황량하나 정원을 돌보는 사람의 눈에는 보인다. 씨앗과 상상 속에 이미 모든 것이 들어 있다. 곳곳에서 생명이 숨 쉰다. 이쪽에는 연둣빛 상추와 재미나게 생긴 완두콩이, 저쪽에는 딸기가 자랄 것이다.

우리는 파헤친 땅을 평평하게 고르고, 끈을 따라 반듯하고 보기 좋게 선을 그어 씨 뿌릴 자릴 마련한다. 어떤 색깔 어떤 모양의 꽃을 심을지, 미리 생각해둔 대로 화단을 구획한다. 파란 꽃과 흰 꽃을 가득 심고는 사이사이 미소를 얹듯 빨간 꽃을 심는다. 이쪽에는 물망초, 저쪽에는 목서초로 가장자리를 화려하게 장식하고, 화사한 미나리아재비도 아낌없이 심어준다. 여름날 포도주를 곁들인 가벼운 식사를 위해 무 심을 자리도 여기저기 비워둔다.

기쁨과 흥분으로 넘실대던 천진난만한 마음은 일이 진행됨에 따라 차분히 가라앉는다. 대신, 이 작고 무해한 정원은 놀랍게도 새로운 생각으로 우리를 사로잡고, 그 생각의 여운을 곱씹게 만든다. 그 생각이란 정원을 가꾸는 일에 깃든 창조자의 쾌락과 오만이다. 우리는 한 조각의 땅을 우리의 생각과 의지대로 꾸밀 수도 있고, 여름에 어울리는 과일과 색깔과 향기를 취향껏 창조해낼 수도 있다. 몇 평짜리 헐벗은 땅에 지나지 않던 작은 공간을 온갖 빛깔이 찬란하게 요동치는 곳으로, 눈부신 천국의 정원으로 만들 수 있는 것이다. 하지만 그것만으론 부족하다. 우리는 모든 욕망과 상상력을 동원해 자연이 원하는 것을 이해해야 하고, 결국은 자연이 알아서 하도록 내버려둬야 한다. 자연은 냉엄하다. 적당히 아첨하고 속이려 들면, 겉으로는 속아주는 척하지만, 종국에는 자신의 권리를 더 엄격하게 요구한다.

취미로 정원을 가꾸는 사람이라면 그 몇 달밖에 안 되는 따뜻한 계절에도 많은 것을 관찰할 수 있다. 원한다면 즐거운 것만을 볼 수도 있다. 창조하고 형성하는 땅의 힘, 다양한 형태와 색채로 드러나는 자연의 장난기와 상상력, 그리고 왠지 인간을 떠오르게 해 웃음을 주는 작은 생명들의 삶. 가만히 보면 식물 중에도 착한 것과 나쁜 것이 있다.

알뜰한 것이 있는가 하면 헤픈 것도 있다. 자족적으로 당당하게 사는 것이 있는가 하면 어떻게든 다른 식물에 기생하려는 것도 있다. 어떤 식물은 기질과 생활 습관이 평범하고 수수한데 또 어떤 식물은 귀족이나 미식가처럼 까다롭다. 이들 사이에도 좋은 이웃과 나쁜 이웃이 있다. 우정과 미움도 있다. 어떤 식물은 제멋대로 피고 지며 방탕하게 살아가는 반면 어떤 식물은 창백하고 불쌍한 모습을 한 채 굶주리며 근근이 살아간다. 어떤 식물은 스스로 열매를 맺고 퍼지며 놀랍도록 무성하게 우거지는데 또 어떤 식물은 애써 돌봐줘야만 가까스로 씨앗이나마 남긴다.

나는 정원의 여름이 그토록 급하게 왔다 간다는 사실이 언제나 놀랍고 애처롭다. 겨우 몇 달밖에 안 되는 그 짧은 시간 동안, 정원에서는 여러 종의 식물이 뿌리내리고 피어나고 살아가다 시들어선 죽는다. 어린 허브를 심은 화단에 물과 비료를 주면 얼마 지나지 않아 빽빽하게 자라선 번영을 이룬다. 그러고는 두세 달이 지나기도 전에 늙어버린다. 그렇게 목적을 다 이룬 허브는 새로운 생명에게 자리를 내준다. 정원처럼 여름이 무섭도록 빠르게 스쳐 가는 곳은 없을 것이다. 한편, 정원은 생명이 순환하는 과정을 세상 어느 곳에서보다 가까이, 그리고 빈틈없이 관찰할 수 있는 공간이기도 하다. 정원은 생명이 싹트는 시기가 오기 무섭게 쓰레기와 사체로 뒤덮인다. 잘린 싹과 부러진 줄기, 익사하거나 말라 죽은 식물들이 매주 늘어나 사과, 레몬, 달걀껍데기 같은 온갖 종류의 음식물 쓰레기와 섞여선 거름더미가 된다.

시들고 썩었다고 하찮은 건 아니다. 정원에선 어떤 것도 허투루 버려지지 않는다. 정원사가 세심하게 보관해둔 그 볼썽사나운 쓰레기 더미는 곧 햇빛, 비, 안개, 공기, 찬바람에 분해된다. 한 해가 거의 지나고 여름의 기운이 다시 스며들 즈음이면, 쓰레기는 모두 썩어 이미 흙으로 돌아간 뒤다. 이들이 땅을 검고 비옥하게 만든 덕에 새싹은 칙칙한 죽음의 잔해를 뚫고 다시금 얼굴을 내밀 수 있다. 사체들이 싱그럽고 아름다운 온갖 빛깔과 형태로 힘차게 되살아나는 것이다. 자연의 순환은 이렇듯 단순하고 명징하다. 그것은 인간에게 너무도 많은 생각을 안겨주고, 종교들로 하여금 예감에 찬 경외감으로 그 의미를 헤아리게 만들지만, 작은 정원에서는 그저 빠르고 분명한 순서로 묵묵히 진행되는 일일 뿐이다. 모든 여름은 지난여름의 죽음을 양분 삼아 태어난다. 모든 식물은 흙으로 돌아간다. 흙에서 올 때와 같이 고요하고 단호한 몸짓으로.

즐거운 봄을 기다리며 내 작은 정원에 콩과 상추, 목서초, 갓냉이 따위의 씨앗을 심는다. 죽은 식물의 잔해를 거름으로 주면서 지나간 생명의 시간을 회상하고, 다가올 생명의 시간도 상상해본다. 누구나 그런 것처럼 나도 이 질서정연한 자연의 순환을 자명한 섭리로, 내밀하고 아름다운 생의 본질로 받아들인다. 씨앗을 심거나 수확할 때면 지구상 모든 생명체 가운데 오직 인간만이 이러한 순환의 섭리에서 벗어나고 싶어 한다는 사실이 떠오른다. 그럴 때면 만물이 필멸한다는 사실에 만족하지 못하고 생을 나만의 것으로 여기며, 늘 특별한 무언가를 소유하려는 인간이라는 존재가 그저 기이하게만 보인다.

Im Garten, 1908

물 아래 달

조지 오웰

'물 아래 달'은 내가 가장 좋아하는 호프집이다. 버스 정류장에서 이 분 거리밖에 안 되지만 골목 안에 있어 술에 취한 사람들이나 소란스러운 무리는 토요일 밤에도 이곳은 찾지 못하는 것 같다.

손님은 꽤 많은 편인데, 대부분 단골로 저녁마다 늘 같은 자리에 앉아 맥주 못지않게 대화에도 열중한다.

유독 좋아하는 호프집이 있느냐고 묻는다면 맥주 이야기가 먼저 나와야 자연스러울 테지만, 내가 '물 아래 달'을 가장 좋아하는 이유는 사람들이 흔히 말하는 분위기 때문이다.

우선 이곳은 건물 전체와 내부 장식이 엄격한 빅토리아 양식을 따른다. 유리를 깐 탁자라든가 여타 현대 양식의 끔찍함은 찾아볼 수 없고, 가짜 지붕보나 난롯가의 벽감 자리, 떡갈나무를 흉내 낸 플라스틱 판자도 없다. 결이 살아 있는 목조와 바 뒤의 장식용 거울, 무쇠 벽난로, 담배 연기로 검누렇게 물든 화려한 천장, 벽난로 선반 위에 걸린 황소 머리까지 모든 게 멋지지는 않지만 견고한 19세기식 편안함을 선보인다.

겨울에는 적어도 바 두 곳에서 난롯불이 잘 타오르며, 빅토리아식 자리 배치는 움직이기 편하도록 넉넉한 공간을 선사한다. 일반 바와 살롱 바, 여성 전용 바에 저녁 식사 때 마실 맥주를 드러내놓고 사는 게 부끄러운 사람들이 이용하는 병맥주를 파는 공간이 있다. 위층에는 식당도 있다.

게임은 일반 바에서만 하기 때문에 다른 곳에서는 날아다니는 다트를 피하느라 계속 수그린 채 다니지 않아도 된다.

'물 아래 달'은 언제나 차분하게 이야기를 나눌 수 있을 만큼 조용하다. 라디오나 피아노도 없고 크리스마스이브나 특별한 날 노래를 부르더라도 점잖은 편이다.

바텐더는 손님들 이름을 대부분 알고 한 명 한 명 친근하게 대한다. 모두 중년 여성인데, 그중 둘은 꽤 놀라운 색으로 머리를 염색했으며, 나이나 성별 상관없이 모두에게 '손님'이라고 부른다. ('자기'가 아니라 '손님'이라고 부르는 것이다. '자기'라고 부르는 곳은 예외 없이 기분 나쁜 저속한 분위기가 풍긴다.)

여느 호프집과는 달리 궐련도 팔고 잎담배도 판다. 이뿐만 아니라 아스피린과 우표도 팔며, 기꺼이 전화도 쓰게 해준다.

정찬을 즐길 순 없지만 스낵바가 있어 간肝 소시지가 들어간 샌드위치나 홍합 요리(이 집의 특별식이다), 치즈, 피클을 비롯해 호프집에만 있을 법한 캐러웨이씨가 들어간 커다란 비스킷을 먹을 수 있다.

주중 엿새는 위층에서 알찬 점심 식사도 가능하다. 고기 한 덩이와 두 가지 채소, 잼을 발라 말아놓은 빵 등으로 차린 식사를 3실링 정도면 먹을 수 있다.

이 점심 식사에서 특별한 즐거움은 흑생맥주를 마실 수 있다는 점이다. 런던에 있는 호프집 중에서 흑생맥주를 파는 데가 10퍼센트나 될런지 알 수 없지만 '물 아래 달'은 그중 하나다. 부드럽고 크리미한 흑맥주인데, 백랍잔에 담으면 더 맛있다.

'물 아래 달'에서는 술잔에 각별히 신경을 쓴다. 그러니까 500밀리리터 맥주를 손잡이 없는 유리잔에 담아내는 실수 따윈 절대 하지 않는다. 유리나 백랍잔 말고도 이제 런던에선 찾아보기 어려운 산뜻한 느낌의 분홍빛 도자기잔도 있다. 많은 사람이 투명한 잔에 마시는 것을 좋아해 도자기잔은 삼십 년쯤 전에 사라졌다. 하지만 나는 도자기잔에 담긴 맥주가 더 맛있다.

대단히 놀랍게도 '물 아래 달'에는 정원이 있다. 가게 바깥쪽으로 난 좁다란 길을 지나면 플라타너스들이 있는 제법 큰 정원이 나온다. 나무 아래엔 작은 초록빛 탁자들이 있고 주변에 철제 의자가 놓여 있다. 정원 한구석에는 아이들이 탈 수 있는 그네와 미끄럼틀이 있다.

여름날 저녁에는 가족 모임도 열리는데, 플라타너스 아래 앉아 아이들이 미끄럼틀에서 내려오면서 신나 꽥꽥거리는 소리를 들으며 맥주나 사과주를 마실 수 있다. 더 어린아이들을 태운 유아차는 입구 근처에 세워둔다.

'물 아래 달'에는 좋은 점이 많지만 그중에서도 최고는 이 정원이 아닐까 싶다. 아버지 혼자만 외출하고 어머니는 집에서 아이를 돌볼 필요 없이 가족 모두가 올 수 있으니 말이다.

엄밀히 말하자면, 아이는 정원까지만 허용된다. 하지만 아이들은 슬쩍 안으로 들어와 부모가 마실 술을 들고 가기도 한다. 내가 알기로 법에 어긋나는 행동이지만, 이런 법은 어겨야 마땅하다. 호프집에서 아이들을 배제하고, 그래서 결국 어느 정도의 여성들도 배제해, 온 가족이 모여야 할 장소를 그저 술에 진탕 취하는 곳으로나 만드는 건 청교도적 허튼짓이기 때문이다.

'물 아래 달'은 호프집이 마땅히 따라야 할 이상을 보여준다. 적어도 런던 지역에서만큼은 말이다. (시골 호프집에서 기대하는 바는 조금 다르다.)

하지만 이젠 밝혀야겠다. 아마도 통찰력 있고 환상에 빠지지 않는 독자라면 이미 눈치챘을지 모르겠다. '물 아래 달' 같은 곳은 어디에도 없다.

이름이 같은 호프집은 있을 수 있다. 하지만 나는 그곳을 모를뿐더러, 내가 이야기한 특성들을 다 갖춘 곳이 있는지도 모른다.

맥주가 맛있는 호프집은 알지만 식사는 할 수 없고, 식사는 할 수 있지만 시끄럽고 번잡한 곳이나 조용한데 맥주가 대체로 시큼한 곳은 안다. 정원이라면, 당장 내가 떠올릴 수 있는 런던의 호프집은 세 곳밖에 없다.

물론, 공정하게 말하면 나는 '물 아래 달'에 근접한 호프집을 몇 곳 알고 있다. 앞에서 완벽한 호프집이 가져야 할 열 가지 특성을 이야기했는데, 이 중 여덟 가지를 갖춘 곳도 안다. 하지만 그곳은 흑생맥주가 없고, 도자기잔도 없다.

누구라도 흑생맥주와 벽난로, 저렴한 식사, 정원, 다정한 바텐더가 있고 라디오 소리는 들리지 않는 호프집을 안다면 알려주시길. 이름이 '레드 라이언'이나 '레일웨이 암스'처럼 아주 평범해도 괜찮으니.

The Moon Under Water, 1946

스미다강

아쿠타가와 류노스케

나는 스미다강 끄트머리 근처 마을에서 태어났다. 집을 나와 옻칠한 검은 담벼락이 모밀잣밤나무 어린잎으로 뒤덮인 요코아미의 골목길을 지나면, 곧바로 넓은 강줄기가 한눈에 내려다보이는 '백 개의 말뚝'[1] 부근에 이른다. 어릴 때부터 중학교를 졸업할 때까지 나는 거의 매일 그 강을, 그리고 강물과 배를, 다리와 모래톱을, 물 위에서 태어나 물 위

---

1 물살에 강기슭이 깎이는 걸 막기 위해 세워둔 많은 수의 말뚝을 뜻하는 말로 스미다강의 유명한 풍광 중 하나였다.

에서 사는 사람들의 부산스러운 모습을 바라보곤 했다. 한여름 오후 뜨거운 모래를 밟으며 수영을 배우러 가는 길이면 맡고 싶지 않아도 콧속으로 스며들던 강의 냄새도 시간이 흐른 지금은 친밀하게 떠오른다.

어째서 나는 이토록 스미다강을 사랑하는 걸까. 진흙탕처럼 탁하고 뜨뜻미지근한 그 강물에 왜 이리도 그리움을 느끼는 것일까. 나도 잘 모르겠다. 다만 예전부터 이 강을 볼 때마다 왠지 모르게 눈물이 날 것 같은, 말로 형용하기 힘든 위안과 쓸쓸함을 동시에 느꼈는데, 내가 스미다강을 사랑하는 게 이 위안과 쓸쓸한 느낌 때문인 건 아닐까 싶다. 정말이지 내가 사는 세계에서 멀어져 그리운 사랑과 추억의 나라에 온 듯한 느낌이 들었다. 은회색 물안개와 푸른 기름 같은 강물, 멀리서 들려오는 탄식 같은 뱃고동 소리, 석탄선의 다갈색 삼각돛 등이 어우러져 끊임없이 애수를 불러일으키는 강 풍경은 어린 내 마음을 물가에 선 버드나무 잎새처럼 떨게 했다.

최근 삼 년, 나는 교외에 있는 잡목림이 울창한 언덕 위 고요한 서재에서 독서에 열중했으나, 그럼에도 한 달에 두세 번은 잊지 않고 스미다강을 보러 갔다. 멈춘 듯 움직이고 흐르지 않는 듯 흐르는 스미다강은 고요한 서재가 주는 끊임없는 자극과 긴장에 안타까울 정도로 흔들리는 내 마음을 긴 여행을 마친 순례자가 이윽고 고향의 흙을 밟았을 때 느낄 호젓한 자유와 그리움으로 바꿔줬다. 스미다강이 있어 나는 다시금 본래의 순수한 감정을 갖고 살아갈 수 있는 것이다.

나는 푸른 물에 맞닿은 아카시아 새하얀 꽃잎이 초여름 부드러운 바람에 팔랑이며 떨어지는 것을 몇 번이고 보았다. 안개가 잦은 십일월의 밤, 물 위 어둑한 허공을 채우는 물새의 울음소리를 몇 번이고 들었다. 내가 보고 들은 그 모든 것은 스미다강에 대한 나의 사랑을 재확인하게 해준다. 마치 여름 강물 속에서 태어난 검은 잠자리의 날개처럼 쉽사리 전율하곤 했던 소년의 마음은 그때마다 새로운 경이로 벅차올랐다. 밤 고기잡이배 뱃전에 서 소리 없이 흐르는 검은 강을 응시하며 밤과 물속에 감도는 죽음의 숨결을 느꼈을 땐 기댈 곳 없는 쓸쓸함에 얼마나 애가 탔는지.

나는 흘러가는 스미다강물을 볼 때마다 교회 종소리에 잠겨 저무는 이탈리아 수상 도시 베네치아를 떠올린다. 물에 잠긴 달빛이 푸르게 비치는 발코니의 장미와 백합, 다리에서 다리로 꿈결처럼 미끄러지는 검은 관 모양 곤돌라 같은 베네치아의 풍물에 한껏 정열을 쏟은 단눈치오[2]의 마음을 새삼 그리워하며.

스미다강이 부드럽게 감싸안은 강가 모든 곳은 내겐 잊을 수 없는 그리운 고향이다. 아즈마 다리에서 강을 따라 이어진 고마가타, 나미키, 구라마에, 다이치, 야나기바시든, 다다노야쿠시 앞, 우메보리, 요코아미의 강기슭이든 어디리도 그렇다. 이곳들을 지나는 모든 이의 귀에는 햇볕에 바랜 흰 석회벽 사이로, 격자문이 달린 집들 사이로, 은갈색 싹이 움튼 버드나무와 아카시아나무 사이로 갈고 닦은 유리판처럼 푸르게 빛나는 스미다강의 변함없는 흐름이, 그 그리운 울림이 차가운 물내음과 함께 전해지리라. 아아, 그리운 스미다강의 물소리.

풀잎처럼 푸른 강은 낮에도 밤에도 속삭이듯 토라진 듯 입맛을 다시듯 기슭 돌 절벽을 스쳐 흐른다. 한죠나 나리히라 같은 먼 옛날 무사 얘기에선 어떤지 모르겠지만, 멀게는 에도시대 수많은 조루리[3] 작가들이 가장 많이 가져다 쓴 것

---

[2] 가브리엘레 단눈치오(Gabriele d'Annunzio, 1863~1938) 이탈리아의 시인, 소설가, 극작가.
[3] 浄瑠璃. 샤미센 반주에 맞춰 이야기를 읊는 일본의 전통 예능이다. - 옮긴이

이, 가깝게는 가와타케 모쿠아미 옹[4]이 살인 현장[5]의 분위기를 효과적으로 전하기 위해 센소지의 종소리와 함께 가장 많이 가져다 쓴 것이 바로 이 스미다강의 쓸쓸한 물소리였다. 유녀 이자요이와 승려 세이신이 사랑을 이루기 위해 몸을 던질 때도,[6] 겐자부로가 거리의 광대 오코요에게 반할 때도,[7] 땜장이 마츠고로가 박쥐가 나는 저물 무렵 저울을 짊어지고 료고쿠 다리를 건널 때도[8] 스미다강은 지금처럼 선창

4 가와타케 모쿠아미(河竹黙阿弥, 1816~1893) 에도 막부 말기에서 메이지에 걸쳐 활약한 가부키 및 교겐(둘 모두 일본 전통 연극임) 작가. – 옮긴이

5 도쿄 다이토구에 위치한 센소지浅草寺 부근은 지금과 달리 옛날엔 인적이 드물었던 지역으로, 이곳엔 연쇄살인귀 노파가 나그네를 돌로 쳐 죽이는 이야기가 전해오는데, 이를 '아사지가하라의 마귀할멈' 이야기라 부른다. – 옮긴이

6 모쿠아미의 가부키극 「이자요이세이신十六夜清心」. 육체관계를 맺은 유녀 이자요이가 임신한 것을 알게 된 승려 세이신은 죽는 수밖에 없다고 판단, 함께 이나세가와강에 투신한다. 하지만 이자요이는 단골이었던 하쿠렌(실은 세이신의 형)의 배에 걸려 목숨을 건지고 세이신도 죽는데 실패한 채 뭍으로 올라온다. 세이신은 길을 지나던 절의 심부름꾼 모토메에게 도움을 받는데, 모토메가 가진 돈을 보곤 욕심이 생겨 말다툼 끝에 죽이고 만다. 이 일을 계기로 세이신은 재물과 권력을 누리는 삶을 살기로 결심한다. – 옮긴이

7 가부키극 「오코요 겐자부로おこょ 源三郎」. 호족인 자코지 겐자부로가 거리의 광대인 오코요와 이룰 수 없는 사랑에 빠지지만, 우여곡절 끝에 오코요가 무사의 딸임이 밝혀지면서 이야기는 원만하게 끝을 맺는다. 모쿠아미가 「몽결접조추夢結蝶鳥追」로 각색했다. – 옮긴이

8 모쿠아미의 가부키극 「땜장이 마츠鋳掛松」. 땜장이인 마츠고로는 료고쿠 다리를 지나다 강에 떠 있는 유람선에서 야단스럽게 노는 소리를 듣

과 물가에 핀 푸른 갈대에, 놀잇배의 뱃머리에 나른하게 속삭였을 것이다.

이 물소리를 특히 더 그리운 마음으로 들을 수 있는 건 나룻배에 타고 있을 때다. 내 기억이 틀림없다면, 아즈마 다리에서 새로 난 대교 사이엔 원래 다섯 개의 나루터가 있었다. 그중 고마가타, 후지미, 아타카 나루터는 점차 쇠락하더니 결국 없어졌고, 지금은 하마초로 가는 이치노 다리 부근 나루터와 스가초로 가는 오쿠라 다리 부근 나루터 두 개만이 옛 모습 그대로 남아 있다. 어릴 적에 비하면 강의 흐름도 바뀌었고 갈대와 물억새가 우거졌던 모래톱들도 흔적 없이 메꿔져 버렸지만, 이 두 곳에서만은 옛날과 같은 얕은 배가 옛날처럼 노인 뱃사공을 태우고 물가 버드나무 잎처럼 푸른 강물로, 옛날과 다름없이 하루에도 몇 번씩 나아가는 것이다.

> 고는 놀고 있는 사람들을 가만히 지켜본다. 그러곤 곧 돈만 있으면 저처럼 놀며 살 수 있다고 생각, 땜질 용구들을 강에 던져버리고 악의 길로 들어선다. 도적이 된 마츠고로는 이윽고 쫓기는 신세가 되는데, 와중 은인인 모리토야 소지로를 구하기 위해 준 돈이 공금임이 밝혀져 소지로가 외려 감옥에 갇혔다는 걸 알게 된다. 이에 마츠고로는 할복으로 참회하는 한편 소지로를 감옥에서 구한다. '료고쿠 다리' 장면의 심리 연기가 압권이며, 막부 말기 허무적이고 찰나적인 풍조와 맞물려 큰 호평을 받았다. - 옮긴이

나는 종종 볼일도 없으면서 나룻배를 탔다. 물결에 요람처럼 가벼이 흔들릴 때면 배는 즐거운 편안함으로 나를 감쌌고, 날이 저물수록 사무치도록 절절한 쓸쓸함과 기쁨을 함께 전해줬다. 배가 나지막해 뱃전 바깥은 바로 녹색의 매끄러운 물이었는데, 저 멀리 새 대교가 가로막기 전까지는 청동처럼 둔탁한 빛을 내는 넓은 수면을 바라볼 수 있었다. 해 질 녘이면 양쪽 강가 집들은 온통 쥐색으로 물들고, 곳곳 장지문에 비친 노란 불빛은 아지랑이처럼 피어 사방에 퍼졌다. 밀물이 들면, 회색 돛을 반쯤 편 작은 배가 한 척, 두 척, 드문드문 강을 거슬러 오는데, 노 젓는 이가 있는지 없는지도 모를 정도로 고요했다. 나는 이 고요한 배와 함께 넓고 푸른 강 냄새를 맡으면, 호프만스탈[9]의 시 「체험」을 읽었을 때처럼 늘 형언할 수 없는 쓸쓸함과 마음속 정서의 물결이 아지랑이 아래를 흐르는 스미다의 물결과 같은 선율로 노래하는 듯한 기분을 느꼈다.

강의 울림만이 나를 매료하는 건 아니다. 스미다강의 빛은 그 어디서도 찾아볼 수 없는 차분함과 따스함을 갖고

---

9 후고 폰 호프만스탈(Hugo von Hofmannsthal, 1874~1929) 오스트리아의 시인, 극작가.

있다. 가령 바닷물은 벽옥의 빛깔처럼 너무 무거운 초록빛이다. 그런가 하면 조수의 간만을 전혀 느낄 수 없는 상류의 좁은 강물은 에메랄드의 빛깔처럼 너무 가볍고 경박한 빛이 난다. 그러나, 담수면서 조수를 품은 평원의 넓은 강물은 차가운 푸른빛과 탁한 누런빛이 뒤섞여 있어 왠지 인간미가 느껴지고, 그 인간적인 친밀함은 알 수 없는 그리움의 맛을 낸다. '도쿄'라는 대도시를 조용히 흐르는 스미다강은 검붉은 점토가 많은 간동평야를 관통하기에 그 빛이 특히 탁한데, 주름지고 심통 가득한 유대인 노인처럼 투덜대며 흐르는 그 물빛은 아무리 봐도 차분하고 온화하며 감촉이 좋을 것 같은 느낌을 준다. 게다가 도시 한복판을 지나기는 하지만, '바다'라는 커다란 신비와 맞닿은 채 끊임없이 교류를 지속하고 있어서인지, 스미다강의 물빛은 강과 강을 잇는 수로의 물처럼 어둡지도 않다. 더구나 잠들지도 않기에 짐짓 살아 움직이고 있는 듯 느껴진다. '무시무종'[10]인 '영원'의 불가사의를 향하고 있는 듯한 그런 움직임 말이다.

---

10 "시작도 없고 끝도 없다"라는 뜻으로, 진리 혹은 윤회의 무한성을 이르는 말이다. - 옮긴이

아즈마 다리, 우마야 다리, 료고쿠 다리 사이를 지나는 푸른 강물이 커다란 교각의 화강암과 벽돌을 향유처럼 적실 때, 나는 끝 모를 기쁨을 느낀다. 강기슭 근처 나룻배의 흰 등과 은빛 잎새 휘날리는 버드나무를 비추고, 수문에 다다라선 샤미센 음이 흐르는 뜨뜻미지근한 오후를 적시고, 붉은 히비스커스 곁에선 한숨짓고, 온순한 집오리 깃털로 어지러운 인기척 없는 생선 창고 아래에선 그저 조용히 반짝이는 그 묵직한 물빛엔 말로는 다할 수 없는 온정이 담겨 있다. 또 료고쿠 다리를 거친 강은 새 대교와 에이타이 다리를 지나 하구에 가까워질수록 물빛에 진한 쪽빛이 섞여선 소음과 분진으로 가득 찬 공기 아래서 새하얗게 짓무른 햇빛을 양철 지붕처럼 반사하고, 석탄 실은 배와 흰색 페인트가 벗겨진 고풍스러운 기선을 천천히 흔드는데, 자연의 호흡과 인간의 호흡이 뒤섞인 그 물빛엔 도시의 강물 빛이 갖고 있던 따스함이 여전히 담겨 있다.

무엇보다, 해 질 녘 강 위에 자욱하게 낀 수증기와 노을에 담긴 희미한 빛은 스미다강에 비유를 초월한 미묘한 색조를 선사한다. 그런 때면 나는 홀로 나룻배 뱃전에 팔을 걸치고선 물안개 가득한 저물 무렵의 수면을 그저 바라만 봤다. 그리고 그 암녹색 물 저편, 어둑한 집들 위 하늘로 커다랗고 붉은 달이 얼굴을 내미는 걸 보면서 나도 모르게 눈물을 흘렸다. 평생을 잊지 못할 그 풍경을 보며 말이다.

드미트리 메레시콥스키[11]는 말했다. "모든 도시는 저마다의 냄새를 갖고 있다. 피렌체의 냄새는 하얀 아이리스 꽃, 먼지와 안개, 그리고 오래된 그림에 칠해진 니스의 냄새다." 만약 누군가 도쿄의 냄새는 무엇이냐 묻는다면, 나는 주저 없이 스미다강이 냄새라고 답할 것이다. 냄새뿐만이 아니다. 내가 사랑해 마지않는 도쿄의 색과 소리도 스미다강의 물빛과 울림이어야 한다. 나는 스미다강이 있어 도쿄를 사랑하고, 도쿄이기에 삶을 사랑한다.

언제인가 한 나루터가 없어졌다고 들었다. 오쿠라 다리 나루터가 사라지는 것도 머지않았다.

大川の水, 1914

---

11 드미트리 메레시콥스키(Dmitri Sergeyevich Merezhkovsky, 1866~1941) 러시아의 시인, 소설가.

내 손으로 집 짓기

헨리 데이비드 소로

1845년 삼월 말경, 나는 도끼를 빌려 집 지을 터와 가장 가까운 월든 호숫가 숲으로 갔다. 그러고는 목재로 쓰려 높다랗고 화살처럼 곧은 백송을 베기 시작했다. 아직은 어린나무였다. 처음 하는 일이라 도구를 빌려야 했는데, 이는 다른 사람이 내 작업에 관심을 갖도록 허락하는 행위이기도 하니 아주 너그러운 일이라 할 수 있다. 도끼 주인은 쥐고 있던 도끼를 건네며 가장 아끼는 것이라 말했다. 나중 나는 그것을 더 잘 벼려 돌려주었다. 내가 나무를 벤 곳은 소나무가 숲을 이루고 그 사이로 호수가 보이는 완만한 언덕이었다. 숲 안에는 소나무와 히코리나무가 자라는 작은 공터가 있었다. 호수는 군데군데 얼음이 녹은 곳이 보였지만 다 녹지는 않아 전체적으로 어둡고 물이 흥건했다. 낮에 일하는 동안에는 눈발이 날리기도 했다. 하지만 집에 가려고 철길로 나오면 길게 펼쳐진 노란 모래 더미가 안개 낀 대기에서 빛났고, 철로는 봄 햇살에 반짝였다. 우리와 함께 새로운 해를 시작하려고 일치감치 돌아온 종달새와 딱새, 그리고 다른 새들이 지저귀는 소리가 들렸다. 땅이 녹듯 겨우내 불만족스럽던 마음이 녹아내리고, 겨울잠에 빠져 있던 생명은 기지개를 켜는 즐거운 봄날이었다. 하루는 도끼날이 빠져 초록 히코리나무를 베 쐐기를 만들어선 돌로 박아 넣었다. 그런 다음 물에 담가 불리려고 하는데 줄무늬뱀 한 마리가 호수로 들어가는 게 보였다. 내가 그곳에 머무는 동안 뱀은 십오 분도 넘게, 누가 봐도 편안하게 호수 바닥에 누워 있었다, 아직 겨울잠에서 완전히 깨지 않아서인 듯싶었다. 그 모습을 보니 인간도 비슷한 이유로 천박하고 원시적인 상황에 머물러 있다는 생각이 들었다. 하지만 봄의 일깨움에 사람들은 더 고귀하고 더 천상에 가까운 삶으로 고양될 것이다. 나는 서리가 내린 아침에 길을 가다 몸 일부분이 아직 마비 상태라 뻣뻣하게 누워 태양이 녹여주기를 기다리는 뱀들을 본 적도 있다. 비가 와 눈이 녹고 안개가 자욱했던 사월 첫째날, 나는 이른 아침 기러기 한 마리가 홀로 호수 위를 헤매며 길을 잃은 것처럼, 아니면 안개 속 영혼처럼 끼룩거리는 소리를 들었다.

하여 나는 며칠 동안 남에게 이야기할 만하거나 학자 같은 생각은 하지 않고, 좁다란 도끼로 베고 잘라 대들보와 샛기둥과 서까래를 만들며 흥얼거렸다.

사람들은 많은 걸 안다고 말하네.
하지만 봐! 그들이 가진 날개
기술과 과학을,
수천 가지 기구를.
부는 바람,
그게 우리 몸이 아는 전분데.

대들보는 사방 15센티미터 사각으로 잘랐다. 샛기둥은 대부분 양면을, 서까래와 바닥 목재는 한 면만 다듬었고 나머지는 나무껍질째 두었다. 그래서 똑바르기도 하거니와 톱질한 것들보다 훨씬 더 강했다. 이때는 다른 도구들도 빌려와 나무 밑동마다 조심스럽게 장부구멍을 내고 장부[1]도 만들었다. 숲에서 보내는 하루는 그리 길지 않았지만 그래도 대개 버터 바른 빵을 끼니로 들고 갔고, 정오가 되면 베어낸 초록 소나무 가지들 한가운데 앉아 음식을 쌌던 신문을 읽었다. 두 손이 송진 범벅이었기에 향이 빵에도 배었다. 집 짓기를 마치기 전, 나는 소나무와 적이 아닌 친구 사이가 되어 있었다. 몇 그루를 베어냈지만 소나무를 더 잘 알게 되어서였다. 가끔은 숲을 거닐던 사람이 내 도끼질 소리에 이끌려 와, 내가 만든 목재 더미를 앞에 두고 신나게 얘길 나누기도 했다.

서두르진 않았지만 시간을 최대한 활용했기에 사월 중순쯤에는 틀이 갖춰져 집을 올릴 준비가 되었다. 나는 이미 제임스 콜린스의 판잣집을 사뒀다. 아일랜드 출신으로 피츠버그 철도에서 일하는 사람이었다. 제임스 콜린스의 판잣집은 보기 드물게 상태가 좋다고들 했다. 집을 보러 찾아갔을 때 그는 집에 없었다. 나는 집 주변을 걸었다. 창문이 높은 데다 깊어 처음엔 안에서 날 보지 못했다. 지붕이 뾰족한 작은 집이었고 달리 눈에 띄는 건 없었는데, 사방에 1.5미터는 됨직한 흙이 퇴비 더미처럼 쌓여 있었다. 지붕은

---

1 목재를 서로 잇기 위해 또 다른 목재에 만드는 가늘고 긴 부분을 말한다.

햇볕에 많이 뒤틀리고 약해지기는 했지만 그래도 제일 양호한 부분이었다. 문지방은 없었고 출입문 아래쪽엔 닭이 나다닐 만한 틈이 나 있었다. 콜린스 부인이 문으로 나와선 안쪽을 둘러보라고 했다. 내가 다가가자 닭은 안쪽으로 내몰렸다. 집 안은 어두웠고 바닥 대부분은 눅눅하고 축축해 오한을 일으키는 흙바닥이었다. 여기저기 깔린 판자는 쉽게 부서질 것 같았다. 부인은 내게 지하창고는 60센티미터 정도 깊이의 흙구덩이니 들어가지 말라고 경고하며 지붕 안쪽과 벽, 침대 아래에 깔린 나무판자를 보여주려 등불을 밝혔다. 부인은 "머리 위쪽과 사방을 두른 판자는 쓸 만하고 창문도 하나는 괜찮은 편"이라고 했다. 창문은 원래는 완전한 사각형 모양으로 두 개인데 최근에는 고양이만 지나다녔다고 했다. 난로와 침대, 앉을 곳, 이곳에서 태어난 아기, 비단 양산, 테에 금칠한 거울, 어린 떡갈나무에 못을 박아 건 신식 커피 분쇄기가 다 한자리에 있었다. 얼마 뒤 제임스가 귀가해 거래는 곧 성사되었다. 그날 밤 4달러 25센트를 지불하면 제임스가 다음 날 오전 다섯 시까지 집을 비우고, 그사이 누구에게도 팔지 않기로 했다. 여섯 시면 내 집이 되는 것이다. 제임스는 아침 일찍 와주면 좋겠다고 했다. 확실하진 않지만 대지 임대료와 연료비를 터무니없이 부당하게 청구하는 이가 있을지도 모른다고 했다. 이것이 유일한 골칫거리라고 그는 장담했다. 여섯 시에 그와 그의 가족을 길에서 만났다. 침대, 커피 분쇄기, 거울, 닭 등 고양이만 없는 큰 꾸러미 하나가 짐의 전부였다. 고양이는 숲으로 가 야생 고양이가 되었다. 나중에야 알게 되었는데, 마멋을 잡으려 둔 덫에 걸려 고양이는 결국 죽고 말았다.

그날 아침 나는 집을 해체하고 판자에서 못을 뽑아냈다. 그리고는 수레에 판자를 싣고 호숫가 쪽으로 옮겨 풀밭 위에 펼쳐놓았다. 햇볕으로 소독하고 뒤틀린 걸 바로 잡기 위해서였다. 숲길을 따라 수레를 미는데 아침 일찍 일어난 개똥지빠귀가 한두 소절 노래를 불러줬다. 내가 판자를 옮기는 사이 이웃인 아일랜드 출신 실리 씨가 아직 상태가 좋고 굽지 않아 쓸 만한 못과 꺾쇠, 대못 같은 것들을 주머니에 슬쩍 넣는 걸 봤다고 어린 패트릭이 알려줬다. 내가 돌아왔을 때는 시간이나 때운다는 듯 서성이다 불현듯 무슨 생각이라도 떠오른 것처럼 태평하게 황량한 터를 둘러보기도 했다. 그는 별다른 일은 없다고 했고 구경꾼을 대표하듯 자리해서는 별로 중요하지도 않은 일인데 마치 트로이의 신상들을 옮기는 일인 양 느끼게 해주었다.

나는 남쪽으로 비탈이 진 언덕 부근에 지하창고를 팠

다. 예전에 마멋이 굴을 파놓은 곳이었다. 가로세로 1.8미터로, 옻나무와 블랙베리 뿌리를 뚫고, 겨울에도 감자가 절대 얼지 않는 깊이 2미터 정도로 식물 가장 아랫부분까지 파 내려가니 고운 모래가 나왔다. 양옆을 경사지게 하고 돌은 쌓지 않았다. 하지만 햇볕이 들지 않아 모래는 그 자리 그대로 유지되었다. 이렇게 만드는 데 두 시간밖에 걸리지 않았다. 땅을 파는 일은 특별히 즐거웠다. 어떤 위도에서건 사람들은 일정한 온도를 유지시키기 위해 땅을 파기 때문이다. 도시의 화려한 집 아래에도 옛날부터 뿌리채소를 저장하던 지하실이 여전히 있고, 오래전 건축물이 사라진 땅에서도 후손들은 그 흔적을 찾을 수 있다. 집은 굴로 들어가는 입구에 놓인 현관일 뿐이다.

마침내 오월 초, 도움이 꼭 필요하지는 않았지만 돈독히 지내려는 심산으로 이웃들의 도움을 받아 집 뼈대를 세웠다. 상량식에서 나보다 더 영광스러울 사람은 없었다. 이들이 나중 더 고귀한 집을 짓는 데 참여할 운명임을 믿어서였다. 벽을 마감하고 지붕을 올리자마자, 7월 4일부터 나는 이 집에서 살기 시작했다. 판자의 한쪽 끝을 얇게 깎아 세심히 겹쳐두었기에 비도 완벽하게 막을 수 있었다. 판자를 두르기 전, 호수에서 언덕으로 수레 두 대 분량의 돌을 들고 와 한쪽 끝에 굴뚝 기초 공사를 해두었다. 가을에는 괭이질을 끝낸 뒤 난방이 필요해지기 전 굴뚝을 세웠다. 그사이 요리는 이른 아침 바깥에서 했다. 지금 생각해도 이 방법은 어떤 면에서 보면 더 편리하고 적합했다. 빵이 다 구워지기 전에 세찬 바람이 불면, 불 위로 판자를 몇 개 고정해 덮어두고 그 아래 앉아서 빵을 지켜보았다. 그렇게 즐거운 몇 시간이 흘렀다. 당시에는 일손이 바빴기에 책은 조금밖에 읽지 못했다. 하지만 음식을 싸거나 식탁보로 썼던, 땅에 떨어진 신문 쪼가리들은 『일리아드』만큼이나 즐거움을 주었다. 실은 그 책을 읽는 것만큼 즐거웠다.

사실 집은 내가 한 것보다 더 계획적으로 지어야 할 가치가 있다. 예를 들어 문이나 창문, 지하창고, 다락방이 인간 본성의 어떤 면을 토대로 하는지 고려해야 한다. 일시적인 필요보다 더 나은 이유를 찾은 뒤 골조를 세우기 시작해야 할 것이다. 사람이 제 집을 손수 짓는 것과 새가 제 둥지를 손수 트는 것에는 서로 통하는 이치가 있다. 사람이 제 집을 손수 세우고 자신과 가족을 위해 소박하지만 정직한 음식을 구한다면, 새가 열중할 때 노래하듯 인간도 모두 시인이 될지 누가 알겠는가? 하지만 아, 우리는 다른 새가 지어놓은 둥지에 알을 낳고 시끄럽고 음조도 맞지 않는 소리로 여행자들에게 즐거움도 주지 못하는 찌르레기와 뻐꾸기처럼 행동한다. 손수 집 짓는 즐거움을 목수에게 영원히 내줘야 하는가? 수많은 사람의 경험 안에서 건축은 어떤 의미인가? 나는 여태껏 어디에서도 제 집을 손수 짓는 것처럼 소박하고 자연스러운 일을 하는 사람을 만나지 못했다. 우리는 공동체 안에서 산다. 인간 몫의 1/9을 맡은 사람이 재단사 혼자인 것은 아니다.[2] 목사도, 상인도, 농부도 마찬가지다. 노동은 어느 만큼 나뉠 수 있을까? 분업의 궁극적인 목적은 무얼까? 나를 대신해 다른 사람이 생각하고 있을지도 모른다. 하지만 그렇다고 해서 스스로 생각하기를 멈추고 다른 사람에게 맡기는 건 바람직하지 않다.

Economy, 1854[3]

2 '한 사람이 완성되려면 재단사 아홉 명이 필요하다'는 속담을 인용한 말이다. – 옮긴이
3 이 글은 『월든』 1장 「경제」의 일부다.

모로 성 연안 청새치 낚시

어니스트 헤밍웨이

아바나의 암보스 문도스 호텔 북동쪽 코너 방에서 밖을 내다보면, 북쪽으로는 오래된 성당 너머로 항구 입구와 바다가 펼쳐진다. 동쪽은 카사블랑카반도를 향하는데 항구까지 지붕이 늘어선 모습과 그 너머 항구의 너비가 한눈에 들어온다. 특정 종교의 교리에 반할 순 있지만, 두 발을 동쪽으로 두고 잠들면 카사블랑카 쪽에서 떠오른 태양 빛이 열린 창문으로 마구 들어와 얼굴을 환하게 해 깰 수밖에 없다. 전날 밤 어디에서 잠들었건 햇빛은 아랑곳하지 않는다. 일어나지 않겠다면 반대쪽으로 돌아눕거나 이불 속으로 들어

갈 수도 있겠다. 햇빛이 점차 강해져 그리 오래 도움이 되지는 않을 테지만 말이다. 유일한 방법은 덧문을 닫는 것뿐이다.

덧문을 닫으려 일어나면 항구 건너편 요새 위에 걸린 깃발이 이쪽을 향해 곧게 펼쳐져 있는 게 눈에 들어온다. 북쪽 창으로는 곶 너머로 부드러운 아침 햇살이 잔물결을 이루는 것이 보여 무역풍이 일찌감치 당도했음을 알게 해준다. 샤워를 하고, 카키색 낡은 바지와 셔츠를 입는다. 말려둔 모카신을 가져와 신고, 내일 밤까진 마를 수 있게 젖은 신은 창가에 둔다. 엘리베이터를 타고 아래로 내려간다. 데스크에서 신문을 집어 들고 코너를 돌아 카페로 가 아침 식사를 한다.

아침 식사에 관해선 대립하는 두 가지 학파가 있다. 두세 시간이 걸리는 낚시를 할 게 아니라면 푸짐한 식사도 괜찮을 수 있다. 푸짐한 식사는 어쨌든 좋겠지만 나로서는 그다지 그쪽 편을 들고 싶지 않다. 그래서 비시[1]와 찬 우유를 한 잔씩 마시고, 쿠바 빵 한 조각을 먹으며 신문을 읽고는 보트 쪽으로 내려간다. 저 태양 아래서 위장을 가득 채

---

[1] 프랑스 중부의 온천지인 비시Vichy산 광천수를 말한다.

운 채 낚시를 했는데 더 이상 그런 방식으로는 하고 싶지 않다.

보트 뒤쪽을 가로질러 놓인 아이스박스에는 한쪽엔 미끼가, 다른 한쪽엔 맥주와 과일이 얼음에 파묻혀 있다. 대형 청새치를 잡는 데 가장 좋은 미끼는 450그램에서 1.4킬로그램 정도 나가는 신선한 삼치나 대방어다. 가장 좋은 맥주는 아투에이,[2] 가장 좋은 과일은 제철 필리핀 망고와 얼린 파인애플, 그리고 아보카도다. 점심으로 보통은 후추와 소금, 짓 짠 라임즙으로 간을 한 샌드위치와 아보카도를 함께 먹는다. 물고기가 다니지 않는 때라면 해변으로 가 닻을 내리고 수영을 하거나 뜨거운 음식을 요리한다. 겨자를 조금 넣어 아보카도에 곁들일 프렌치드레싱을 만들 수도 있다. 15센트면 다섯 명은 배불리 먹을 크고 맛있는 아보카도를 살 수 있다.

보트의 이름은 아니타, 10미터 정도 길이로 바다에서 물고기를 쫓기에 충분한 속도를 가진 매우 유능한 배다. 키웨스트에서 온 조 러셀이 선장 겸 선박주다. 쿠바에서 처음으로 키웨스트에 술을 들여온 사람이기도 한데, 대다수 키

---

2 Hatuey, 쿠바산 에일 맥주 이름이다. – 옮긴이

웨스트 사람은 하스돔에 관해 아는 것보다 황새치에 대해 더 잘 안다. 자파티 31번지에 사는 올해 쉰네 살의 선원 카를로스 구티에레즈는 청새치와 황새치에 대해서라면 최고의 전문가다. 겨울에는 소형 어선 선장으로 일하고 여름에는 내다 팔 청새치를 잡는다. 육 년 전 드라이 토르투가스에서 만났는데, 그가 쿠바에서 놓친 대형 청새치 이야기를 그때 처음 들었다. 표현 그대로, 돌고래의 머리를 백핸드로 내리찍을 수도 있는 카를로스는 열두 살 때 처음 아버지와 청새치 낚시를 나간 이후 내내 청새치의 습성을 연구해왔다.

샌프란시스코 광장 쪽 부두에서 배가 출발하면 청어 떼가 미끄러지듯 널뛴다. 항구를 빠져나오는 동안엔 줄을 지어 닻을 내린 어선들을 따라 띄워놓은 살림통[3] 근처에서 더 많은 무리가 널뛰는 걸 볼 수 있다. 항구 입구 쪽에 있는 모로 성 앞바다에는 멋진 산호초가 수심 40미터 아래 펼쳐져 있다. 물통돔과 붉돔을 바닥낚시로 잡고, 고등어와 때로는 대방어를 채낚기하는 작은 배들을 여러 척 지나친다. 나갈수록 바람은 상쾌해지고 청새치잡이가 탄 작은 배들이 드문드문 흩어져 있는 걸 볼 수 있다. 그들은 수심 깊은 곳

---

3 물고기 등을 산 채로 보관하기 위해 물 위에 띄워놓는 구멍 뚫린 상자다.

에서 이동하는 물고기를 잡으려 70미터에서 130미터까지 내려가는 무거운 낚싯대를 네 대에서 여섯 대까지 써서 낚시를 한다. 우리는 수면으로 올라와 먹이를 먹거나, 이동하거나, 26미터에서 37미터 아래서 돌아다니는 물고기를 당겨 올린다. 물고기들은 두 개의 큰 티저[4]와 미끼를 보곤 덤벼든다. 그러면 대개 머리와 등 부분이 일시에 물 밖으로 튀어나온다.

청새치[5]는 멕시코 만류의 흐름을 거슬러 동에서 서로 이동한다. 멕시코 만류는 안정적으로 흐르는 편이 아닌데도 이들이 반대로 이동하는 걸 본 사람은 없다. 초승달이 뜨기 바로 직전 흐름이 늦춰지면서 서쪽으로 강하게 움직이기도 한다. 하지만 북동 무역풍이 우세한 이곳에서 청새치는 주로 물 위로 올라와 바람을 따라 이동한다. 가볍고, 강철 같고, 연보랏빛이 나는 낫처럼 생긴 꼬리로 오르락내리락하며 사나운 물살을 가른다. 물속에선 노랗게 보이는 대형 어류로 수면 0.5미터에서 1미터 정도 아래서 헤엄칠

---

4 물고기를 유혹하기 위해 다는 가짜 물고기 모형이다.

5 이하 '청새치marlin'는 이 글에 등장하는 청새치류의 총칭이다. '줄무늬 청새치striped marlin'는 실제로는 '청새치'지만, 총칭과 구분하기 위해 그렇게 표기했다.

때면, 거대한 가슴지느러미는 측면에 바짝 접어 붙이고 등지느러미는 아래로 두어 재빠르게 움직이는 둥근 통나무처럼 보인다. 곧게 올라온, 끝이 굽은 얇은 꼬리만 빼면 말이다.

조류가 동쪽으로 강하게 흐를수록 더 많은 청새치가 모인다. 모두는 같은 방향으로 달리는 고속도로 위 자동차들처럼, 해변에서 400미터부터 6.5킬로미터 정도 떨어진 소용돌이치는 해류에서 어둠의 경계를 따라 나아간다. 우리는 청새치들이 그렇게 멋지게 헤엄치는 기간에 사투를 벌이기도 했다. 그러는 삼십 분 동안 여섯 마리가 보트 더 가까이로 스쳐 지나가는 것을 보기도.

청새치가 얼마나 많은지 알려주는 증표로, 아바나 시장에서 제공한 공식 보고서가 있다. 올 삼월 중순부터 칠월 중순까지, 작은 청새치 11,000마리와 큰 청새치 150마리가 산타크루즈 델노르테, 하루코, 구아나보, 코히마르, 아바나, 초레라, 마리아나오, 하이마니타스, 바라코아, 바네스, 마리엘과 카바나스 등지에서 잡혀 시장으로 왔다고 한다. 앞서 말한 마을들에서 동쪽으로는 마탄자스와 카르데나스에서도, 서쪽으로는 바이아 온다에서도 청새치가 잡히는데 그곳 청새치는 아바나로 실려 오지 않는다. 이 보고서는 대어들이 움직이기 시작한 지 겨우 두 주밖에 되지 않았을 때 작성된 것이다.

이번 시즌 우리는 사월 중순부터 칠월 18일까지 릴낚시로 청새치 쉰두 마리와 돛새치 두 마리를 잡았다. 가장 큰 흑새치는 212킬로그램에 길이는 4미터 정도였다. 줄무늬 청새치는 155킬로그램에 3.2미터 정도가 가장 컸다. 가장 큰 백새치는 40킬로그램에 2.3미터 정도 길이였다.

사월과 오월, 백새치가 가장 먼저 움직이기 시작한다. 그다음 아직 덜 자란 밝은 빛 줄무늬를 가진 줄무늬 청새치가 등장한다. 청새치의 줄무늬 빛은 죽으면 옅어진다. 이들은 오월에 가장 많아지며 유월까지 움직인다. 그다음은 흑새치와 줄무늬 청새치가 함께 나타난다. 줄무늬 청새치는 칠월에 가장 큰 무리를 이뤄 움직이다가 점점 줄어든다. 대형 흑새치는 구월과 그 이후까지 나온다. 줄무늬 청새치가 움직이기 직전 작은 청새치들 대개가 줄어들어 이따금 작은 참다랑어나 가다랑어 떼가 나타나는 것을 빼면 이때 멕시코 만류는 텅 비어 보인다. 먹이 때문이든, 나이 때문이든, 수심 때문이든 청새치의 색은 참으로 다양하다. 새로운 종에 이름을 붙여 악명을 떨치려 한다면 이 시기에 북부 쿠바 해변을 따라 현장조사를 하면 된다. 내 눈에는 색과 성별만 다를 뿐 다 같은 물고기인데, 이 지면에 적기에는 이론이 꽤 복잡하다.

청새치는 네 가지 방식으로 미끼를 건드린다. 첫째는 굶주린 채, 다음은 분노에 차, 셋째는 단순히 장난으로, 마지막은 이도 저도 아닌 상태로. 낚싯줄을 충분히 풀어둔 상태에서 줄이 얽히지 않고 바늘이 단단히 고정되었다면 누구나 배고픈 물고기를 낚을 수 있다. 그 이후 벌어지는 일은 또 다른 문제다. 핵심은 물고기가 뛰어올라 달아나려 하기 시작할 때 재빨리 드래그[6]를 풀고, 바다로 헤엄쳐갈 때 보트로 쫓는 것이다. 배고픈 청새치는 입과 등, 윗지느러미, 꼬리를 밖으로 내밀고 미끼를 물어뜯는다. 미끼 하나를 다 먹으면 돌아서서 또 다른 미끼로 달려든다. 입에서 미끼를 빼내면 바늘에 미끼가 남아 있는 한 계속해서 덤벼든다.

분노한 물고기는 오랫동안 우리를 헷갈리게 한다. 분노한 물고기는 다가와 마치 물속에서 폭탄이 터지듯 미끼를 문다. 하지만 줄이 느슨하면 미끼를 놓아버린다. 드래그를 조여 미끼와 경주하게 하면 이번엔 물진 않고 두드리기만 할 것이다. 이렇게 행동하는 물고기를 잡으려면 물고기

---

6 낚싯대에서 낚싯줄이 풀리는 정도를 조절하는 장치다.

가 두드릴 때 강하게 잡아채는 수밖에 없다. 드래그를 조이며 배의 속력을 올린 다음 물고기가 미끼를 두드릴 때 낚싯대를 세게 당긴다. 이 청새치는 미끼가 살아 있는 것처럼 보이는 한 죽이려고 마구 공격한다.

아마도 먹이를 잘 먹었을, 장난스러운 청새치는 지느러미를 돋운 채 미끼 뒤편에서 다가와 길쭉한 입으로 물살을 가르며 입과 뾰족한 아래턱 사이로 가볍게 미끼를 채갈 것이다. 이때 채가는 쪽으로 줄을 풀면 미끼를 놔버린다. 내가 말하는 미끼는 당연히 그날 잡은 신선한 것이어야 한다. 미끼가 신선하지 않으면 당신도 예상할 수 있듯 이 청새치는 맛보는 즉시 뱉어낸다. 이런 청새치는 보트의 속력을 올리고 미끼를 꿴 낚싯대를 수면 위로 들어 올려 물게 해야 한다. 물고기가 미끼를 물면, 낚아 올리기 전까지는 줄을 너무 풀어줘선 안 된다.

이도 저도 아닌 상태의 물고기는 최대 5에서 6킬로미터 정도 보트를 따라올 것이다. 미끼를 발견하면, 방향을 돌려 멀리 갔다 다시 돌아와선 물속 깊은 곳에서 헤엄치며 따라온다. 미끼에 관심 없지만 호기심은 있다. 만약 이 물고기가 가슴지느러미를 양옆에 붙인 채 헤엄쳐온다면 미끼를 물지 않을 것이다. 물고기는 그저 자신의 길을 갈 뿐이고 우린 거기에 있을 뿐이다. 그게 다. 물려는 청새치라면 미끼를 본 순간 등지느러미를 세우고 넓고 밝은 푸른빛 가슴지느러미를 펼친 채 따라오는데, 그 모습은 마치 물속을 지나는 거대한 바닷새처럼 보인다.

흑새치는 멍청한 물고기다. 엄청나게 힘이 세고 멋지게 뛰어오를 수 있으며, 당신의 건장한 등을 부러뜨릴 수도 있지만, 체력이 줄무늬 청새치만 못하고 지능도 마찬가지다. 내 생각에 그들은 대부분 나이 들고, 암컷이며, 전성기가 지났다. 나이 때문에 색이 달라진 게 아닌가 싶다. 젊었을 때는 몸이 더 푸르고 살도 더 하얗다. 낚싯줄을 한 번도 늦추지 않은 채 쉬지 않고 흑새치와 힘껏 싸우면 같은 크기의 줄무늬 청새치보다 더 빨리 잡을 수 있다. 어마어마한 힘 때문에 초반 사십 분은 아주 위험하다. 이때 위험하다는 건 겨루는 동안을 말한다. 수면 위로 올라온 물고기가 사람에게 위험한 경우는 없다. 겨루는 그 시간 동안 쉬지 않고 몸을 놀리게 한다면 흑새치는 다른 줄무늬 청새치보다 빨리 지칠 것이다. 210킬로그램짜리의 입천장에 바늘이 걸렸는데, 그 흑새치는 목줄[7]을 전혀 엉키게 하

---

7   낚싯바늘을 매어 낚싯줄에 연결하는 줄이다.

지 않고 깔끔하게 여덟 번 뛰어올랐다. 단단히 물리자 처음에는 보트 뒤편으로 끌고 갔지만 네 번에 걸쳐 소리를 내다 육십오 분 만에 물 위 작살 쪽으로 끌려와 지느러미와 꼬리를 물 밖으로 드러냈다. 하지만 내가 그보다 이틀 전 훨씬 더 큰 줄무늬 청새치와 두 시간 이십 분 동안 대결하다 놓치고, 그 전날 흑새치와 사십오 분 동안 겨룬 경험이 없었더라면 이 녀석과 그런 힘겨루기를 할 수 있을 만큼 단련되진 못했을 것이다.

    물고기가 늘 조류를 거슬러 헤엄치려 하는 곳, 최고 수심 700미터에서 1.3킬로미터 정도에 조류는 시속 8킬로미터인 곳에서 낚시를 하려면 큰 물고기와 싸우는 기술을 많이 배워야 한다. 다만 오래된 한 가지 미신은 폐기해야 하는데, 수심 300미터의 압력이 이 물고기를 죽일 수 있다는 것이다. 청새치는 배에 바늘이 걸렸을 때만 밑바닥에서 죽는다. 이 물고기들은 밑바닥까지 가는 데 익숙하다. 종종 거기서 먹이를 찾는 것이다. 청새치는 늘 같은 깊이에서 사는 저서성 어류가 아니라 오르락내리락하며 어느 깊이에서도 지낼 수 있게 태어났다. 나는 410미터 아래서 들려오는 청새치 소리를 들은 적이 있다. 모든 낚싯대가 두 배로 구부러져선 물속에 비스듬히 잠겼고, 낚싯줄은 무게로 인해 아래로, 아래로, 아래로 내려갔다. 내려가는 낚싯줄을 지켜보며 릴에 가능한 모든 압력을 가해 물고기를 체크했다. 물고기는 낚싯줄이 전부 풀린 걸 확실히 알 수 있을 때까지 아래로, 아래로 내려갔다. 갑자기 물고기가 소리를 멈추고, 나는 몸을 일으켰다. 똑바로 서선 엉덩이를 지지할 수 있는 곳에 끼워 넣은 뒤 천천히 청새치를 끌어 올리는 작업을 했다. 릴의 더블라인 매듭이 보이고 청새치가 점점 작살 쪽으로 왔다. 하지만 다음 순간, 물고기는 물고 있던 낚싯줄을 끊어버렸다. 청새치는 수면 바로 밑에서 헤엄쳐나가더니 길고 깔끔하게 열 번 뛰어올랐다. 한 시간 삼십 분 간의 싸움이었다. 잠시 뒤 다시 소리가 들렸다. 청새치는 모두 괜찮은 물고기다. 150킬로그램 정도 되는 놈은 총 마흔네 번 뛰어올랐다.

쿠바에서는 사월부터 시작, 여름 내내 청새치를 잡을 수 있다. 유월 중순까지 대어는 아주 우연히 마주쳐 우리는 그동안 황새치 네 마리밖에 보지 못했다. 하지만 칠월이나 팔월에 나가면 150킬로그램이 넘는 물고기를 잡을 수 있기에 언제든 돈을 벌 수 있다. 넘는다는 말은 그보다 훨씬 더 무겁단 의미다. 한 어부가 시장에 가지고 온 가장 큰 청새치는 530킬로그램이었는데, 머리가 잘리고 내장도 모두 제

거되고 꼬리와 옆구리살도 도려내진 뒤 무게였다. 널빤지 위 530킬로그램은 스테이크용으로 썰릴 준비가 된 판매용 살덩어리뿐이었다. 자, 말해달라. 그 청새치는 물속에선 무게가 얼마나 나갔고, 뛰어오를 때는 어떤 모습이었는지.

Marlin off the Morro: Cuban Letter, 1933

세설,
낯설지 않은
서정

그라이펜 호수

로베르트 발저

상쾌한 아침, 나는 이름난 큰 호수가 있는 도심을 벗어나 거의 알려지지 않은 작은 호수가 있는 마을 쪽으로 걷기 시작한다. 가는 와중 마주치는 건 평범한 사람이 평범한 길에서 만날 수 있는 것들뿐이다. 부지런히 밭을 일구는 농부에게 "안녕하시오" 인사를 건네는 게 전부다. 예쁜 꽃을 찬찬히 들여다보는 게 전부다. 즐겁게 혼잣말을 웅얼거리는 게 전부다. 풍경에 주의를 기울이며 걷진 않는다. 아직은 특별한 게 없으리라 생각하기 때문이다. 걷다 보면 어느새 첫 번째 마을을 지난다. 크고 널찍한 집, 근심을 잊고 쉴 수 있는 정원, 물보라 이는 분수, 아름다운 나무, 농장과 여관들. 흘긋 본 이 장면들을 나는 바로 잊어버린다.

그렇게 하염없이 걷다 보면 어느 순간 고요하게 숨죽인 전나무의 초록빛 우듬지 너머로 반짝이는 호수가 눈에 들어온다. 나는 생각한다. 저것이야말로 나의 호수라고. 내가 가야 하는 호수, 나를 끌어당기는 호수라고. 그 호수가 왜 나를 끌어당기는지, 어떻게 끌어당기는지, 애정과 관심을 가진 독자라면 묘사가 없더라도 그려볼 수 있을 것이다. 나와 함께 길을 건너고 초원과 숲, 개울과 들판을 가로질러 작은 호수로 곧장 다가가서는 상상 속에나 존재하던 아름다움이 예기치 않게 눈앞에 나타난 데 감탄을 금치 못할 것이다.

그렇더라도, 묘사 본연의 열광적인 시선에 한번 기대 보자. 희고 드넓은 침묵이 펼쳐진다. 그 침묵을 살랑거리는 초록빛 침묵이 다시금 에워싼다. 호수와 호수를 둘러싼 숲, 하늘이 보인다. 눈부시게 푸른 가운데 조금 흐린 하늘, 그리고 물. 물과 하늘은 어찌나 닮았는지, 물이 하늘이고 하늘이 푸른 물이다. 달콤하고 푸르고 따뜻한 고요. 이 아름답고도 아름다운 아침. 나는 할 말을 잊고 만다. 이미 너무 많은 말을 한 것만 같다. 모든 것이 너무도 아름답고 모든 것이 오직 아름다움을 위해 존재하기에 무엇부터 말해야 할지 더는 모르겠다.

타오르는 태양이 호수를 비추면 호수에는 태양이 그대로 담긴다. 호수를 둘러싼 생명들의 나른한 그림자가 수면 위에서 조용히 흔들린다. 어떤 교란도 없다. 손 닿을 듯 가까운 것이나 아득하게 머나먼 것이나 모두 사랑스럽다. 세상의 온갖 빛깔이 어우러져 황홀하고 매혹적인 아침의 세계를 이룬다. 저 멀리 거대한 아펜첼산맥의 봉우리가 우직하니 솟아 있지만 풍경 속에서 불협화음을 내진 않는다. 그저 높고 멀고 흐릿한 초록빛으로 호수를 따사롭게 감싼 자연의 일부로 보일 따름이다. 아, 얼마나 부드러운가. 얼마나 고요한가. 얼마나 순결한가. 주변 풍경 덕분에 거의 아무도 모르는 조그만 호수 하나가 이토록 고요하고 부드럽고 순결해 보이는 것이다.

묘사하자면, 정말로 이런 식이 된다. 황홀과 감격에 찬 묘사. 더 이상 무슨 말을 할 수 있을까? 처음부터 다시 시작하더라도 나는 이 풍경이 말해준 그대로를 반복할 수밖에 없다. 내 마음을 받아쓴 것만 같은 묘사이니 말이다.

호수에는 이리저리 헤엄치는 오리 한 마리뿐이다. 나는 재빨리 옷을 벗어 던지고 오리를 따라 한다. 멀리까지 신나게 헤엄쳐 나간다. 숨이 차오르고 팔에 기운이 빠지고 다리가 뻣뻣해질 때까지. 오직 신이 나 뭔가를 한다는 건 얼마나 즐거운 일인가! 머리 위로는 조금 전 별다른 간절함 없이 묘사했던 하늘이 펼쳐져 있고, 아래로는 감미로운 심연이 고요히 가라앉아 있다. 불안과 두려움이 가슴을 조여와 뭍으로 헤엄쳐 돌아오니, 몸은 덜덜 떨리는데 웃음이 터져 나온다. 숨을 쉴 수가, 거의 숨을 쉴 수가 없을 정도다.

호수 건너편에서 오래된 그라이펜 성이 인사를 건네온다. 하지만 지금 난 역사를 돌아보는 데 아무 관심이 없다. 그저 이곳에서 보낼 저녁과 밤 생각에 마음이 들뜰 뿐이다. 마지막 햇살이 수면에 어른거릴 때 이 작은 호수가 어떤 모습일지, 헤아릴 수 없이 많은 별이 밤하늘을 수놓으면 또 어떤 모습일지, 곰곰이 떠올려보는 것만으로도 행복하다. 나는 다시 헤엄을 치러 들어간다.

Der Greifensee, 1899

두꺼비를 생각하며

조지 오웰

제비가 돌아오기 전, 수선화가 피어나기 전, 스노드롭이 피고 너무 오래지 않은 때, 두꺼비는 제 나름의 방식으로 다가오는 봄에 인사를 건넨다. 지난가을부터 묻혀 있던 땅속 구멍에서 나와 가장 가까운 물가로 최대한 빨리 기어간다. 무언가가 깨어날 때라 알려준 것이다. 땅이 부르르 떨려서일 수도, 기온이 몇 도 올라가서일 수도 있다. 그 와중, 몇몇은 계속 자느라 종종 한 해를 그냥 보내기도 한다. 실제로 누가 봐도 건강하게 잘 자고 있는 두꺼비들을 한여름에 파내준 적이 더러 있기도 하다.

이 시기 두꺼비는 오랜 금식 끝에 아주 영적인 모습을 하고 있는데, 마치 사순절 말기를 향해 가는 엄격한 가톨릭 신도 같다. 움직임은 느릿하나 결의에 차 있고, 쪼그라든 몸과 대조돼 두 눈은 비정상적으로 커 보인다. 덕분에 다른 시기에는 볼 수 없는, 두꺼비가 세상 어느 생명체보다 아름다운 눈을 가졌음을 보게 된다. 금, 좀 더 정확히 말하자면 인장 반지에서 때때로 보는 황금빛 준보석 같다. 금록석이라 불렸던 것 같은 그.

물에 들어가면 두꺼비는 며칠 동안 작은 곤충을 먹으며 힘을 키우는 데 집중한다. 머지않아 평소 몸집으로 커지고 이내 산란기에 접어든다. 수컷 두꺼비라면 일단 그것이 무엇이든 팔로 감으려 든다. 나무 막대, 심지어 손가락을 갖다 대도 놀라운 기세로 달라붙는데, 오랫동안 살핀 뒤에야 암컷이 아니라는 걸 깨닫는다. 물속에서 열 마리, 스무 마리가 넘는 두꺼비들이 성별을 구분할 수도 없게 서로 달라붙어 보기 흉한 모습으로 뒤엉켜 뒹구는 걸 볼 수 있다. 하지만 점차 짝을 찾고, 수컷은 암컷 등에 올라탄다. 그제야 수컷과 암컷이 구분된다. 수컷이 더 작고, 어두운 색깔이며, 두 팔로 암컷의 목을 움켜쥔 채 위에 올라타 있어서다. 하루 이틀이 지나면 갈대가 굽이지게 안팎으로 알을 길게 낳아 놓는데, 이는 곧 보이지 않는다. 몇 주 뒤 물은 작은 올챙이로 가득 찬다. 올챙이들은 재빨리 자라 뒷다리가 나오고 앞다리가 나온 다음 꼬리가 사라진다. 마침내 한여름이 되면 새로운 세대의 두꺼비가 사람 엄지손톱보다 작지만 모든 기관은 완벽하게 갖춘 채 물 바깥으로 기어 나와 새로운 게임을 시작한다.

두꺼비의 산란이 몹시 깊은 인상을 남겼기에 이 이야기를 한다. 종달새나 앵초와 달리 두꺼비를 예찬하는 시인은 거의 없기 때문이기도 하다. 파충류나 양서류를 좋아하는 사람이 많지 않음을 나 역시 잘 알고, 진정 봄을 즐기려면 두꺼비에게 관심을 가져야 한다고 권하는 것도 아니다. 크로커스, 개똥지빠귀, 뻐꾸기와 산사나무도 인기가 없다. 요지는, 봄의 기쁨은 누구나 만끽할 수 있으며 아무런 돈도 들지 않는다는 것이다. 가장 지저분한 거리에조차 봄은 이런저런 징조로 자신을 드러낸다. 비록 굴뚝 통풍관들 사이로 좀 더 밝고 푸른 하늘빛을 보이거나 공습받은 자리에 난 선명한 초록빛 딱총나무 싹에 불과하더라도 말이다. 런던 심장부에 어떻게, 말 그대로 인가도 받지 않고, 자연이 계속 존재하는지 실로 놀랍다. 나는 황조롱이가 뎁포드 가스공장 위를 날아가는 걸 본 적이 있고, 유스턴가에선 찌르레기가 부르는 최상의 노래도 들어보았다. 반경 6킬로미터 안에 수백만은 아니라도 수십만 마리의 새가 살고 있는 게 분명한데, 이들이 집세로 반 페니도 내지 않는다고 생각하니 기쁘기까지 하다.

봄이라고 하면 영국 은행 주변의 비좁고 음울한 거리도 빠뜨릴 수 없다. 봄은 모든 여과장치를 다 투과할 수 있는 신종 독가스처럼 어디든 스며든다. 봄을 흔히 '기적'이라고 일컫는데, 이 닳고 닳은 말은 지난 오륙 년 사이 새로운 생명을 얻었다. 우리가 최근까지 견뎌야 했던 겨울이 지난 후, 봄은 기적처럼 왔다. 봄이 진짜 올 것이라고 믿는 게 점점 더 어려워졌는데도 말이다. 1940년부터 이월이면 나는 이번 겨울이 영원히 계속되리라 느껴졌다. 하지만 두꺼비처럼, 페르세포네는 언제나 같은 때 죽음에서 다시 살아난다. 삼월 말 무렵이면 갑자기 기적이 일어나 내가 사는 퇴락한 빈민가도 바뀐다. 광장 아래 검었던 쥐똥나무가 밝은 초록빛으로 바뀌고 밤나무 잎이 짙어지며, 수선화가 피어나고 꽃무가 싹을 틔운다. 경찰 상의도 경쾌한 파란빛을 내 긍정적으로 보인다. 생선장수는 손님들을 미소로 맞고, 심지어 참새들도 훈훈한 공기를 느끼고는 지난 구월 이후 처음으로 목욕할 힘을 냈는지 꽤 다른 색을 띤다.

　봄과 다른 계절의 변화에 기쁨을 느끼는 게 이상한 일일까? 좀 더 명확히 말하면, 이것이 정치적으로 비난받을 일일까? 우리 모두가 신음하는 와중에, 어쨌든 신음해야 하는 자본주의 체제에 속박당해 신음하는 와중에 찌르레기의 노래 덕분에, 시월의 노란 느릅나무 덕분에, 돈도 들지 않고 사회 갈등을 지적하는 좌파 신문 편집자의 개입도 없는 다른 어떤 자연 현상 덕분에 삶은 종종 더 살 만한 가치가 생긴다고 말하는 것 말이다. 의심할 여지 없이 많은 사람이 그렇다고 여긴다. 경험한바, 내가 '자연'을 호의적으로 언급한 글에는 독설이 담긴 편지들이 따라붙었다. 이들 편지의 핵심 단어는 보통 '감상적'인데, 내가 보기에는 두 가지 생각이 뒤섞인 것 같다. 한 가지는 삶에서 느끼는 어떤 즐거움이 정치적 수용주의를 야기한다는 것이다. 이는 사람은 불만족스러워해야 한다는, 욕구를 몇 배로 늘려야지 단순히 이미 가진 것에서 즐거움을 느끼는 일을 늘려서는 안 된다는 생각으로 이어진다. 또 다른 생각은 지금은 기계의 시대이기에 기계를 싫어하거나 기계의 지배를 제한하려는 것은 시대착오적이고 반동적이며 약간은 우스꽝스럽기까지 하다는 것이다. 이런 주장은 자연을 사랑하는 것은 자연이 실제로 무엇인지 모르는 도시인의 기벽이라는 말로 뒷받침된다. 진짜 흙과 함께하는 사람들은 흙을 사랑하지 않으며, 새나 꽃도 실용적인 관점으로만 볼 뿐 흥미가 없다는 것이다. 시골을 사랑하려면 도시에서 살아야 한다고, 그저 연중 따뜻한 시기의 주말에나 가끔 들러 거닐어야 한다고 그들은 생각한다.

이 두 번째 생각은 명백한 잘못이다. 한 예로, 민요를 포함하는 중세 문학에는 거의 조지안스[1]와 같은 자연에 대한 열정이 충만하다. 게다가 중국이나 일본 같은 농경 사회에서도 나무와 새, 꽃, 강, 산 등을 예술의 중심에 둔다. 정치적 수용주의를 야기한다는 첫 번째 주장은 좀 더 교묘하게 틀린 말이다. 분명 우리는 현실에 불만을 품어야 한다. 나쁜 일에서 최선을 찾으려고 해서는 안 된다. 그러나 우리가 실제 삶의 모든 즐거움을 억누른다면 우리가 준비해야 하는 미래는 무엇인가? 봄의 귀환도 환영하지 못하는데 노동이 줄어들 유토피아에서 무엇으로 행복하겠는가? 기계가 안겨줄 여가를 어떻게 보낼 것인가? 나는 경제와 정치 문제가 정말로 완전히 해결된다면 삶이

---

[1] 워즈워스적 자연스러움을 추구한 20세기 초 시인들을 말한다.

더 복잡해지지 않고 단순해지지 않을까, 그렇다면 앵초가 처음 피어나는 모습을 보는 즐거움이 아이스크림을 먹으며 주크박스 음악에 귀 기울이는 것보다 더 크지 않을까 늘 궁금했다. 내 생각엔 어린 시절에 나무나 물고기, 나비, (내가 든 첫 번째 예로 돌아가) 두꺼비 등에 품었던 애정을 간직한다면 조금 더 평화롭고 그럴듯한 미래가 가능하지 않을까 싶다. 덧붙여, 강철과 콘크리트만을 숭배해야 한다는 교리가 이끄는 대로 가면 인간은 자신의 잉여에너지를 증오와 맹목적인 지도자 추종에 다 쓸 것이라고 난 굳게 확신한다.

여하튼 봄이 왔다. 이곳 런던 N1 구역도 봄이다. 누구도 우리가 봄을 즐기는 걸 막을 수는 없다. 그렇게 생각하니 만족스럽다. 두꺼비가 짝짓는 모습이나 산토끼 두 마리가 덜 여문 옥수수밭에서 권투 시합을 하는 모습을 얼마나 많이 지켜보았던가. 그와 함께 마음만 먹으면 내 즐거움을 가로막을 수 있는 주요 인사들을 얼마나 많이 생각했던가. 하지만 다행히 아무도 막을 수 없다. 아프거나 배고프거나 두려운 일이 있거나, 혹여 감옥이나 휴가지에 갇힌 게 아니라면, 봄은 여전히 봄이다. 공장에 핵폭탄이 쌓이고 경찰이 도시에 깔리고 확성기에서 거짓말이 흘러나오지만, 지구는 여전히 태양 주변을 돈다. 독재자도 관료도 이 순리가 마음에 들지 않겠지만 막을 수는 없다.

        Some Thoughts on the Common Toad, 1946

삼월, 기러기가 돌아오다

알도 레오폴드

제비 한 마리가 여름을 데려오진 않지만, 삼월 해빙기에 어둠을 가르는 기러기 떼는 봄 그 자체다.

해빙기 홍관조는 봄의 노래를 들려주다 뒤늦게 실수했다는 걸 깨달으면 다시 겨울의 침묵 속에 들어 제 실수를 돌이킬 수 있다. 일광욕하러 나왔다 눈보라를 맞은 얼룩다람쥐도 다시 잠들러 돌아가면 된다. 하지만 호수에 난 구멍을 찾아 300여 킬로미터에 걸쳐 까만 밤을 바친 철새는 쉽사리 돌이킬 수 없다. 기러기의 도착엔 돌아갈 다리를 불태운 예언자의 확신이 서려 있다.

하늘을 처다보지도, 기러기 소리에 귀 기울이지도 않는 이에게 삼월 아침은 칙칙할 뿐이다. 언젠가 파이 베타 카파[1] 휘장을 두른 학식 높은 여성을 알고 지낼 땐데, 그녀는 단열 처리가 잘된 자기 집 지붕 위에서 기러기가 일 년에 두 번씩 계절이 바뀌는 것을 알려주는 걸 본 적도 들은 적도 없다고 했다. 교육은 혹 주의를 기울이는 능력을 내어주고 덜 가치 있는 것을 얻는 과정인 것일까? 주의력을 내준 사람의 기러기는 곧 깃털 무더기로만 남는다.

우리 농장에서 계절을 알리는 기러기는 위스콘신 법규를 포함해 많은 것을 안다. 십일월에 남쪽으로 향하는 무리는 자신들이 좋아하는 모래톱이나 진흙탕을 보고도 끼룩거리지도 않고 우리 위를 높이, 거만하게 지나간다. '까마귀가 날 듯 곧게'라는 말에서 '곧다'도 남쪽으로 30여 킬로미터 떨어진 가장 가까운 큰 호수로 향하는 기러기들의 정확한 행렬에 비하면 굽은 것이다. 무리는 그곳에서, 낮에는 너른 물 위에서 어정거리고 밤에는 막 베어 그루터기만 남은 밭에서 옥수수를 슬쩍한다. 십일월의 기러기 떼는 습지와 연못은 새벽부터 어두워질 때까지 희망에 찬 총들이 함

---

[1] Phi Beta Kappa, 미국 대학 우등생 모임의 이름이다. – 옮긴이

께한다는 걸 잘 안다.

삼월 기러기 떼는 다르다. 깃털에 난 산탄 자국이 증언하듯 겨울엔 언제든 총에 맞을 수 있지만 이제는 봄 휴전이 시행 중임을 안다. 이들은 이제 총이 없는 땅과 섬 위를 낮게 가로지르며, 오랫동안 잃어버린 친구 대하듯 모래톱마다에서 수다를 떨며 강의 우각호牛角湖를 휘돈다. 이제 막 녹아 생긴 물웅덩이와 연못에 인사하며 늪지와 초원 위를 이리저리 누빈다. 마지막엔 습지 위에서 정례화된 선회를 몇 차례 한 다음 날개를 펼친 채 검은 랜딩기어를 내리고 먼 언덕 쪽으로 하얀 엉덩이를 보이며 조용히 연못으로 미끄러진다. 물에 닿자마자 새로이 도착한 우리 손님들은 끼룩거리는 소리와 함께 물을 튀겨 연약한 부들에서 겨울의 마지막 상념을 털어낸다. 우리 기러기들이 집으로 돌아왔다!

매년 이맘때면 난 습지에서 눈만 내놓은 사향쥐였으면 싶다.

첫 기러기 떼가 자리를 잡고 나면 이주하는 무리가 지날 때마다 요란하게 끼룩거려 초대를 한다. 며칠 안에 습지는 이들로 가득 찬다. 우리 농장에서는 두 가지 척도로 봄의 충만함을 잰다. 심은 소나무 수와 도착한 기러기의 수.

최고 기록은 1946년 4월 11일, 642마리이다.

가을처럼, 우리의 봄 기러기들도 매일 옥수수밭 나들이를 한다. 하지만 밤에 몰래 슬쩍하는 일은 없다. 이들 무리는 낮에 옥수수 그루터기 사이를 시끄럽게 왔다 갔다 한다. 떠날 때마다 늘 큰 소리로 맛을 논하고, 돌아올 때는 항상 더 시끄럽다. 일단 자리를 잡고 나면 귀가할 때 의례적 습지 선회는 생략한다. 이들은 환영하듯 아래서 고함치는 쪽을 향해 두 발을 벌리고 하늘에서부터 구르듯 내려온다. 마치 단풍잎처럼 좌우로 미끄러지며 고도를 낮추는 것이다. 뒤이어 추측건대, 그날 만찬의 좋았던 점에 관해 수다를 떠는 것 같다. 이 시기 기러기들은 겨우내 덮여 있던 눈 덮개 속에서 옥수수를 찾아 헤매던 까마귀나 솜꼬리 큰토끼, 들쥐, 꿩이 발견하지 못해 버려둔 옥수수를 먹는다.

특이점은 기러기 떼가 먹이로 고르는 옥수수 그루터기는 대개 전에 목초지였던 자리에 있는 것이란 점이다. 기러기의 목초지 자리 옥수수 편애가 영양가가 높아서인지 목초지 시절부터 대를 이어 전해진 조상의 관습 때문인지는 아무도 모른다. 아마도 목초지 자리 옥수수밭이 더 넓은 편이라는 단순한 사실 때문인지도 모른다. 옥수수 나들이 전후에 매일 벌어지는 우레 같은 논쟁을 내가 이해할 수 있다면 목초지를 편애하는 이유도 이내 알 수 있을 텐데. 하지만 그럴 수가 없다. 그리고 나는 그게 신비로 남는 것에 아주 만족한다. 우리가 기러기에 대해 모든 것을 안다면 세상이 얼마나 무료하겠는가!

봄 기러기의 하루 일과를 지켜보면, 혼자서 더 많이 주변을 날고 더 많이 우는 고독한 기러기들이 많다는 걸 알게 된다. 사람들은 그들의 끼룩거리는 소리가 음울하다고 여기며, 짝을 잃어 상심한 수컷이거나 잃어버린 자식을 찾아 헤매는 암컷이라 속단한다. 하지만 노련한 조류학자는 새의 행동을 그렇게 주관적으로 해석하는 것이 위험하단 걸 안다. 나는 오랫동안 이 의문에 답을 내리지 않았다.

그러다 학생들과 함께 육 년 동안 한 무리를 이룬 기러기들의 수를 세고 난 뒤 혼자 다니는 기러기에 대해 뜻하지 않은 통찰을 얻었다. 산술적으로 계산해보니 한 마리가 홀로 다니는 경우보다 여섯 마리나 여섯 마리의 배수가 무리로 다니는 경우가 훨씬 잦았다. 이 말은, 기러기 무리는 가족이나 가족 단위 무리의 집합으로, 봄에 혼자인 기러기는 위에 제시된 우리가 좋아하는 그 상상이 이유일 수 있다는 것이다. 겨울 사냥에서 살아남은 유족이 헛되이 가족을 찾아다니는 것 말이다. 이제 나는 혼자인 기러기들과 함께 그들을 위해 마음껏 슬퍼할 수 있게 되었다.

이렇게 조류 애호가의 감상적인 속단을 냉철한 추론으로 확인하는 경우는 흔치 않다.

바깥에 앉아 있어도 충분히 따뜻한 사월 밤에는 습지에서 벌어지는 회의에 귀 기울이는 게 즐겁다. 도요새의 날갯짓 소리, 멀리서 들려오는 올빼미 울음소리, 구애하는 검둥오리의 콧소리 정도만 들릴 뿐 오랜 시간 고요하다. 그러다 갑자기, 귀에 거슬리는 끼룩 소리가 울려 퍼지고, 동시에 대혼란의 메아리가 이어진다. 물 위를 내려치는 날갯짓, 물을 휘저어 추진을 받은 어두운 돌출부의 재빠른 움직임, 격렬한 논쟁을 구경하던 새들의 의례적인 갈채가 담긴. 마침내 한 기러기가 나직하게 마지막 말을 남기면 소음은 들릴락 말락 한 한담으로 가라앉는다. 기러기 사이에서 이런 한담은 여간해선 멈추지 않는다. 나는 다시 한번 사향쥐였으면 하게 된다!

할미꽃이 만개할 때 우리의 기러기 회의는 사그라진다. 그리고 오월이 오기 전, 우리의 습지는 개똥지빠귀와 뜸부기만이 생기를 불어넣는 그저 축축한 풀밭으로 되돌아간다.

강대국들이 1943년 카이로에서 국가 간 연합의 필요

성을 깨달은 건[2] 역사의 아이러니다. 전 세계 기러기들은 오래전부터 그런 생각을 품고 있었고, 매년 삼월이면 그래서 그 본질적 진실에 목숨을 건다.

처음엔 대빙하 연합만 있었다. 그다음 삼월 해빙기 연합이 찾아왔고, 국제 기러기 연합의 북쪽을 향한 대이동이 함께했다. 홍적세 이후로 매년 삼월이면 기러기는 중국 바다에서 시베리아 스텝 지대로, 유프라테스강에서 볼가강으로, 나일강에서 러시아 무르만스그항구로, 영국 링컨셔에서 노르웨이 스피츠버겐제도로 연합을 부르짖으며 날았다. 홍적세 이후로 매년 삼월이면 기러기는 노스캐롤라이나 커리턱에서 캐나다 래브라도로, 노스캐롤라이나 마타머스킷에서 캐나다 엉게이버로, 일리노이 홀스슈 호수에서 캐나다 허드슨만으로, 루이지애나 에이버리섬에서 북극해제도 배핀랜드로, 텍사스 팬핸들에서 캐나다 매켄지로, 캘리포니아 새크라멘토에서 캐나다 유콘으로 연합을 울부짖으며 날았다.

기러기의 이 국제 교역으로 일리노이에서 버려진 옥수수는 구름을 뚫고 북극 툰드라까지 전해지고, 유월 백야

---

2 유엔의 모태가 된 카이로 선언을 가리킨다. – 옮긴이

의 넘치는 햇빛과 결합해 그 사이에 자리한 모든 땅에서 기러기 새끼들을 키운다. 이런 음식과 햇빛의 물물교환, 겨울 따뜻함과 여름 한적함의 물물교환 안에서 전체 대륙은 해마다 삼월의 진흙 위 어두운 하늘에서 떨어지는 야생의 시라는 순이익을 얻는다.

March, the Geese Return, 1949

밤이 짧은 계절

시마자키 도손

매일 비가 내렸고, 이젠 장마 끄트머리다. 거리를 채우는 대나무 장대 장수 목소리가 안성맞춤인 계절. 누에콩 장수가 오는 때는 이미 지났고, 청매실 장수도 오기에 조금 늦었고, 나팔꽃 장수가 시원스럽게 나팔꽃을 외치는 소리를 듣는 건 아직 이르다. 지금은 풋고추를 짊어진 사내가 보일 때다. '내가 살면 거기가 도시'라고들 하지만, 산골에서 태어난 내겐 꼭 그렇지도 않다. 내가 살면 오히려 거기가 시골이란 느낌이 든다. 실제로도 이곳은 도심 속 시골인데, 아무려나 도심 근처인지라 물건 파는 사람들 목소리는 아침저녁으로 끊이질 않는다.

'보자, 이제 슬슬 모기장을 꺼내야 하나?' 이건 아직 장마가 끝나지 않았을 때, 그러니까 오월부터 모기장을 치고 지낸다 써 보낸 사람에게 답장 삼아 심심파적으로 적어둔 것이다. 모기장이 필요한 게 고작 한 달이나 한 달 반 정도밖에 되지 않는 이곳에서 모기장을 꺼내 치는 건 사실 즐거운 일일 뿐이다. 모기장 안에 반딧불이를 풀어두고 놀던 옛 하이쿠 시인들은 분명 모기장을 즐기는 법을 아는 사람들이다. 하이쿠 시인들만큼은 아니겠지만, 감기 걱정 하나 없이 발을 쭉 뻗고 자는 건 뭐라 말할 수 없게 기분 좋은 일이다. 베개 가까이 머리카락에 닿는 모기장의 촉감도 마찬가지. 모기장은 또 안에서 보는 것만큼이나 바깥에서 보는 것도 좋다. 안으로 들어온 모기를 지지기 위해 피워둔 초의 파란 불빛을 모기장 바깥에서 바라보는 일은 여름밤만의 즐거움이다.

낡아도 좋은 것이 있는데 그중 하나가 발이다. 잘 보관한 낡은 발에는 새 발과는 다른 맛이 있다. 발을 두 겹으로 쳐놓고 보는 일도 재미있다. 발에 비치는 여러 물건의 그림자를 또 다른 발을 통해 볼 땐 특히나 여운이 깊다.

그러나 부채만큼은 새것이 좋다. 이즈음 도쿄에서 파

는 부채는 한 계절 쓰면 망가지는 조잡한 것들뿐이다. 둥근 대나무 손잡이 한 갈래에서 부챗살이 여러 갈래로 나뉘어 뻗어가는 듯한 튼튼한 부채는 좀체 찾아볼 수 없다. 쥘부채는 찾기가 더 어렵다. 요즘 사람들의 변덕스러운 취향을 보여주는 게 단지 부채뿐일까. 모양이 바람직하고 생김새도 시원스러워 부쳤을 때 바람이 기분 좋은 부채를 골랐을 때의 기쁨이란 이루 말할 수 없다. 무더운 한여름, 인사차 손님이 그런 부채를 들고 올 때는 그 기쁨이 한층 더하다.

이 계절 또 하나의 즐거움은 맨발이다. 겹옷에서 홑옷으로, 셔츠에서 무명 속옷으로 점점 맨몸이 된 우린 드디어 맨발이 된다. 나는 인간의 신체 중 발에 제일 먼저 눈이 간다던 양말 장수를 떠올린다. 그런 직업적인 의미를 접어두고도 발이 다종다양한 표정을 갖고 있다는 점에 나는 감탄을 금할 수 없다. 맨발의 표정만큼 여름밤의 생기를 잘 표현할 수 있는 건 분명 없으리라.

모기장, 발, 맨발을 두서없이 적어보았다. 내친김에 내가 좋아하는 차와 음식에 관해서도 적어보려 한다.

차에도 계절이 있다. 그리고 이를 가장 잘 느낄 수 있는 건 바로 햇차가 나올 즈음이다. 하지만 향기가 좋으면서도 그 향기를 제일 잃기 쉬운 게 햇차 아닌가. 차를 즐기는 이는 세 번쯤 우려 마시고 나면 그새 주전자 속 어린잎이 그 맛을 잃는 걸 자주 경험한다. 햇차가 나올 즈음이면 나는 햇차에 묵은 차를 곁들여 마시는 걸 즐긴다. 유월 지나 칠월이 되면 햇차와 묵은 차가 잘 구별되지 않는 것도 재미있다. 햇차 하면 생각나는 사람이 있다. 매년 정기적으로 햇차를 보내오는 시즈오카에 사는 미지의 친구다. 일 년 중 단 한 번의 소식이 햇차와 함께 오는 것이다. 그렇게 잊지 않고 소식을 전해오는 사람도 드물다. 햇차의 계절이 오면 시즈오카 소식을 기대하며 슬슬 기다림을 시작하는 건 그 때문이다.

간단한 식사로도 만족하는 우리 집에선 가끔이지만 직접 만든 야나가와[1]가 식탁에 오르는 일을 최고로 친다. 나는 여름에 먹는 걸 좋아하는데, 나이를 먹고는 더 그렇다. 순나물, 푸른 껍질 강낭콩, 박, 가지 등 모든 종류의 채소도 좋아하는데, 이 계절에 나오는 것들은 모양새까지 시원스러워 더 호감이 간다. 겨울이면 우리 집은 이웃에서 얻은 술지게미를 항아리에 넣고는 입구를 단단히 봉해두는데, 이 항아리에 햇가지를 절이는 일도 여름 즐거움 중 하나다.

---

1 미꾸라지에 우엉 등을 더해 끓인 일본식 추어탕을 말한다. - 옮긴이

밤이 짧은 이 계절, 내 마음을 끄는 또 하나는 긴 저물녘이다. 일 년 중 반절이 낮이고 나머지 반절은 밤이나 마찬가지인 저 먼 북국을 상상하지 않더라도, 황혼과 여명이 매우 가까워져 오후 7시 지날 무렵에야 어두워지는 날이 새벽 3시 반이나 4시만 돼도 밝아지는 걸 생각하면 무척이나 즐겁다. 우리가 아직 한창 단꿈을 꾸고 있을 무렵 바깥이 이미 밝아지고 있다는 걸 생각하면 더 그렇다.[2]

한여름 밤은 조릿대 퉁소 좁은 마디처럼
그렇지, 머지않아 밝아올 텐데

깊어가는 이 계절의 공허함은 여기 쓰려 해도 쓸 수 없다. 이 계절엔 내가 좋아하는 아련한 달도 있다. 여름 달은 너무 밝지 않아 좋다. 찾아온 이 계절엔 이슬에 젖은 파초잎에서 또르르 굴러떨어지는 차가운 물방울도 있다. 그 물방울이 있어 이 계절은 또한 특별한데, 보고 있노라면 정말

---

2 이 단락은 물리적 시간만을 기준으로 보면 오류다. '긴 저물녘'에 관한 서술로만 볼 수 없기 때문이다. 도손은 '긴 저물녘'을 낮도 아니고 밤도 아닌 긴 시간, 즉 '긴 황혼과 긴 여명(미명)'을 동시에 의미하는 개념으로 쓴 듯하다.

이지 정신이 번쩍 드는 느낌이다. 긴긴 장마가 이어지는 때엔 종종 뜰에 핀 파초를 보러 나간다. 나가선, 푸른 꿈을 품은 듯한 회색빛 어린잎이 조금씩 벌어지는 광경을 가만히 바라보며 꽤 오래 있곤 한다.

短夜の頃, 1930

알제의 여름

알베르 카뮈

어떤 도시는 우리와 비밀스러운 사랑을 나눈다. 파리, 프라하, 피렌체 같은 내륙 도시들은 벽을 쌓은 듯 세계와 경계를 짓고 있다. 그러나 특혜받은 어떤 지역들, 이를테면 알제처럼 바다에 면한 도시는 입처럼 혹은 상처처럼 하늘을 향해 열려 있다. 알제에선 우리가 사랑하는 것이 누구나 경험할 수 있는 일상 속에 있다. 어느 모퉁이를 돌아도 시야에 들어오는 바다, 특유의 가벼운 햇빛, 아름다운 거주민들, 그리고 무엇이든 거리낌이 없는 개방성에서 풍기는 오히려 더 은밀한 향기. 파리에선 사람들이 탁 트인 공간과 자유롭게 날아가는 새들의 날갯짓 소리를 그리워하지만, 적어도 여기선 자연의 충만함을 느낄 수 있다. 그렇기에 열망에 대한 확신도 가질 수 있고, 자신의 영혼이 얼마나 풍요로운지도 가늠할 수 있다.

하지만 알제에서 오래 살아보면 이 넘쳐흐르는 자연이 얼마나 영혼을 메마르게 하는지도 알게 된다. 터득하거나 교육받거나 더 나아지고자 하는 사람은 이곳에서 얻을 게 없다. 교훈이라곤 없기 때문이다. 이 고장은 그 어떤 약속도, 묵시도 없다. 다만 아낌없이 베풀 뿐이다. 모든 것이 숨김없이 눈앞에 드러나 있고, 만끽하는 순간 그것을 이해할 수 있다. 그 쾌락에는 치료법이 없고, 그 기쁨에는 남겨둘 희망이 없다. 필요한 건 오직 현실을 꿰뚫어 볼 줄 아는 영혼, 다시 말해 위안 없이 현실을 견뎌낼 수 있는 영혼뿐이다. 이 고장은 마음에서 우러나는 대로 움직이되 명료한 의식으로 행동할 것을 동시에 요구한다. 자신이 품어 키운 인간에게 찬란함과 비참함을 동시에 주는 이상한 고장이다. 이곳에선 감수성이 예민한 사람이 타고나는 관능적 풍요로움이 극도의 궁핍과 닿아 있다. 진실은 늘 쓴맛을 담고 있는 법이다. 그러니 내가 가장 가난한 사람들 곁에 있을 때만큼 이 지역의 본모습을 사랑하게 되는 때는 없다고 말한들 놀라운 일은 아닐 것이다.

이곳 사람들은 젊은 시절 내내 오직 자신의 아름다움에 걸맞은 삶만을 추구한다. 그다음은 내리막과 망각이다. 육체를 걸고 도박을 하는 것인데, 어차피 지는 걸 알고 하는 게임이다. 알제에서 젊고 생기 넘치는 남자들은 모든 것을 승리의 구실이자 안식처로 여긴다. 항구부터 태양, 바다가 내다보이는 집 테라스에 걸린 붉고 흰 깃발, 꽃과 경기장, 매끈한 다리를 가진 여인들까지 모든 걸 말이다. 그러나 젊음을 잃은 자들에게는 마음 둘 곳이 없다. 우울을 숨길 장소조차 없다. 다른 고장들, 예컨대 이탈리아에는 수많은 전망대가 있고, 유럽 이곳저곳엔 수많은 수도원이 있으며, 프로방스 지방에는 그린 듯한 곡선의 언덕들이 있다. 사람들은 그곳들에서 타인과의 만남을 회피할 수도, 자기 자신으로부터 슬그머니 해방될 수도 있다. 그러나 여기서는 모든 것이 고독과 젊은이의 피를 요구한다. 괴테는 죽기 직전에 빛을 조금 더 달라는 말을 남겼는바, 이는 역사적인 말이 되었다. 알제의 빈민가 벨쿠르나 바벨우에드에서는 노인들이 카페 안쪽 자리에 앉아 머리에 왁스를 바른 젊은이들이 떨어대는 허풍에 귀를 기울인다.

알제에서 이런 시작과 끝을 제대로 보여주는 건 다름

아닌 여름이다. 여름이면 거리가 텅 빈다. 가난한 사람들만이 한 하늘 아래 남는다. 낮이면 그들은 항구 쪽으로 내려간다. 따뜻한 바다와 여인들의 구릿빛 육체 같은 보물이 있는 곳으로. 그리고 풍요를 만끽하고 난 저녁이면 기름먹인 천으로 만든 식탁보와 석유등 따위가 장식의 전부인 삶의 무대로 돌아온다.

알제에서는 '수영을 한다'고 말하지 않고 '수영을 때린다'고 말한다. 표현이 중요한 건 아니다. 젊은이들은 항구에서 수영을 하다 부표 위에 올라가 숨을 돌린다. 예쁜 여자가 올라 있는 부표 곁을 헤엄쳐 지날 때면 남자는 친구들에게 이렇게 소리친다. "내가 말했지. 갈매기라니까!" 건강한 즐거움이 도처에 가득하다. 대부분 젊은이는 매일 햇볕 아래서 벌거벗은 몸으로 놀다 정오가 되면 간단한 점심을 먹곤 하는 이런 생활을 겨울까지 지속한다. 육체의 청교도라 할 수 있는 나체주의자들의 따분한 설교집을 읽어서 이러는 건 아니다. (정신적 이론 못지않게 사람을 성가시게 하는 육체적 이론도 있다.) 그저 햇볕을 쬐는 게 좋아서다.

요즘 시대는 이런 풍속의 중요성을 충분히 쳐주지 않는다. 2,000년 만에 처음으로 육체가 벌거벗은 채 해변에

드러누운 것인데 말이다. 스무 세기 내내 인류는 그리스인의 대담성과 천진함을 점잖게 만들기 위해 애써왔고, 육체의 가치를 깎아내리고 복잡한 의상을 덧입히느라 여념이 없었다. 지중해 해변을 질주하는 이곳 젊은이들은 이제 그 역사를 뛰어넘어 델로스의 격투기 선수들이 보여주던 장엄한 몸짓을 되살리고 있다. 이토록 육체 가까이서, 육체를 경유해 살다 보면, 육체가 저마다 미묘한 차이를 지니며 그 나름의 삶과 조금 이상한 표현일지 모르겠지만 그 나름의 심리학•을 지니고 있음을 알게 된다.

정신의 진화와 마찬가지로 육체의 진화에도 나름의 역사가 있고, 진보와 후퇴와 결핍이 있다. 미묘한 차이를 결정짓는 건 색채다. 여름날 바다에서 수영을 하다 보면 주변 모든 이의 피부가 허여멀건 색에서 일제히 금색으로, 그

• 앙드레 지드가 육체를 찬양하는 방식을 난 별로 좋아하지 않는다고 말한다면 우습게 들릴까? 지드는 육체의 욕망을 억누름으로써 욕망이 더욱 강렬해지기를 원한다. 그래서 결국 그는 사창가 은어로 까다로운 선생님, 또는 지적인 선생님이라 불리는 이들과 비슷해진다. 기독교 역시 욕망을 금지하려 들지만, 실제론 금욕을 찾는다고 보는 편이 더 자연스럽다. 통 제조공이자 청년부 수영 챔피언인 내 친구 뱅상은 여기에 대해 훨씬 더 분명한 입장을 갖고 있다. 그는 목이 마르면 물을 마시고, 여자 생각이 나면 하룻밤 잘 여자를 찾는다(아직 그런 일은 일어나지 않았지만, 그 여자를 사랑하게 되면 결혼하겠다 한다). 그런 뒤에는 늘 이렇게 말한다. "이제 좀 낫군." 이 말이야말로 포만감에 대해 할 수 있는 옹호의 가장 생생한 한 줄 요약이라 할 수 있겠다. - 원주

러고는 갈색으로 변한 다음, 마침내는 육체가 취할 수 있는 변화의 극한이라 할 담배 색으로 변해버리는 걸 볼 수 있다. 올려다보면 늘어선 집들은 조각 쌓기 놀이의 하얀 입방체처럼 조그맣게 보인다. 수면 높이에서 보면 투박한 백색의 아랍 도시를 배경으로 수많은 육체가 구릿빛 벽 장식처럼 띠를 이루며 펼쳐져 있다. 팔월 중턱에 들어 햇볕이 강해지면 하얀 집들은 더욱 눈 부신 빛을 발하고 사람들의 피부는 한층 더 짙은 열기를 품는다. 그럴 때, 태양과 계절의 리듬에 맞춰 돌과 살이 주고받는 그 대화 속에 어찌 동화되지 않을 수 있겠는가?

    오전엔 내내 바다에 뛰어든 채 시간을 보낸다. 물이 튀어 오를 때마다 웃음을 터뜨리고, 붉고 검은 화물선 주위로 힘차게 노를 젓는다. 노르웨이에서 온 화물선은 온갖 종류의 목재 향을 풍기고, 독일에서 온 것은 기름 냄새로 가득하며, 지중해안을 도는 것에선 포도주와 오래된 술통 냄새가 난다. 햇빛이 하늘 구석구석에서 넘쳐흐르는 시간이 되면 갈색 육체들을 실은 오렌지색 카누가 광란의 속도로 뭍을 향해 돌아온다. 과일처럼 청량한 빛깔의 날개를 단 한 쌍의 노가 리드미컬한 반복운동을 돌연 멈추고 카누가 항구의 잔잔한 수면을 한참이나 미끄러져 갈 때, 물 위를 부드럽게 떠가는 이것이 신들이 보낸 화물선이며 여기 실린 화물이 바로 나의 형제들이라는 사실을 어찌 확신하지 않을 수 있겠는가?

한편, 도시 반대쪽 끝에선 여름이 그와는 대조적인 또 다른 풍요를 제공한다. 바로 침묵과 권태다. 침묵은 음지에서 태어난 것이냐 양지에서 태어난 것이냐에 따라 그 특성이 다르다. 우선 도청 광장에 내려앉은 정오의 침묵이 있다. 광장 가장자리에 늘어선 나무 그늘에서는 아랍인들이 오렌지 꽃으로 향을 낸 아이스 레모네이드를 한 잔당 5수[1]씩에 파는데, "시원해요, 시원해!" 하고 외치는 소리가 인적 없는 광장을 가로지른다. 그리고 그 외침이 잦아들면 태양 아래로 다시금 침묵이 내려앉는다. 상인들의 항아리 속에서 얼음이 구르는 작은 소리까지 들린다. 그런가 하면 시에스타의 침묵도 있다. 마린가의 골목에 있는 누추한 이발관 앞에 서면 속 빈 갈대를 엮어 만든 발 뒤에서 구성지게 앵앵대는 파리 떼 소리가 그 침묵을 가늠하게 해준다. 또 다른 곳, 이를테면 카스바에 있는 무어인의 카페에서는 사람의

---

[1] 1수는 1/20프랑이다.

육체가 침묵에 잠겨 있다. 육체들은 그곳에서 빠져나가지도, 찻잔 앞을 떠나지도 못한 채 제 혈관의 맥박 소리와 시간 속에 갇혀선 가만히 머물러 있는 것이다.

그러나 침묵의 백미는 바로 여름날 저녁의 침묵이다. 낮이 밤으로 옮아가는 사이의 짧은 순간들, 그 순간들은 대체 어떤 은밀한 신호와 부름으로 차 있기에 내 안의 알제와 그토록 단단히 연결돼 있는 것일까? 알제에서 멀리 떨어져 있을 때면 나는 그 고장의 황혼빛을 마치 행복의 약속처럼 떠올려보곤 한다. 도시가 내려다보이는 언덕 위엔 유향나무와 올리브나무 사이로 난 길이 있는데, 바로 그쪽이 내 마음이 향하는 방향이다. 초록색 지평선 위로 검은 새 떼가 날아오르는 풍경이 보인다. 태양이 갑작스레 자리를 비운 하늘은 어쩐지 긴장이 풀려 있다. 붉은 구름 떼가 기지개를 켜다 돌연 대기 속으로 모습을 감춘다. 얼마 지나지 않아 첫 별이 나타나선 형상을 갖추고, 이내 어두워진 하늘 위에서 선명히 빛난다. 그러곤 단숨에 세상을 삼켜버리는 밤. 이런 알제의 여름날 저녁은 내 안에 맺힌 그토록 많은 매듭을 말없이 풀어준다. 그 매력을 어디에 비할 수 있을까? 저녁은 내 입술 위에 감미로움만 남긴 채 싫증 날 겨를도 없이 밤 속으로 사라져버린다. 집요한 잔상의 비밀이 거기 있

알베르 카뮈

는 것일까? 이 여름날 저녁의 다정함은 강렬하지만 덧없다. 하지만 적어도 그 다정함이 머무르는 동안만큼은 마음을 송두리째 빼앗길 수 있다.

파도바니 해변에선 매일 댄스홀이 문을 연다. 해변을 향해 활짝 열린 거대한 직사각형 상자 속에서 동네 가난한 청년들은 날이 저물도록 춤을 춘다. 나는 그곳에서 종종 어떤 특별한 순간을 기다려보곤 했다. 낮 동안에는 비스듬히 친 원목 차양이 댄스홀을 가리고 있다가 해가 지고 나면 차양이 올라간다. 그러면 댄스홀은 하늘과 바다로 된 한 쌍의 조개껍질 속에서 신비로운 초록빛 광채로 가득 찬다. 창문에서 멀리 떨어진 자리에 앉으면 보이는 건 오직 하늘과 춤추는 사람들의 머리가 차례로 지나가며 만들어내는 그림자뿐이다. 이따금 왈츠가 연주될 때면 초록색 배경 위로 검은 실루엣들이 마치 축음기 회전판 위에 오려 붙인 종이 인형처럼 빙글빙글 돌아간다. 밤은 순식간에 찾아오고 그와 동시에 조명이 켜지는데, 그 미묘한 순간이 얼마나 감동적이고 비밀스러운지는 설명하기 어렵다. 다만, 오후 내내 춤을 추던 큰 키의 아름다운 여자는 기억한다. 여자는 땀에 젖어 허리부터 다리까지 착 달라붙은 파란색 원피스에 재스민 꽃을 엮은 목걸이를 하고 있었는데, 춤을 추는 내내 고개를 젖히며 웃어댔다. 여자가 춤을 추며 테이블 옆을 지나가면 꽃 냄새와 살냄새가 뒤섞인 향이 남았다. 어두워지자 파트너에게 바짝 기댄 몸은 더 이상 보이지 않았지만, 흰 재스민 꽃과 검은 머리가 하늘을 배경으로 교차하는 반점들처럼 빙글빙글 돌고 있는 건 보였다. 여자가 부푼 목을 뒤로 젖힐 때면 웃음소리가 들렸고, 그와 함께 파트너의 옆얼굴이 갑자기 앞으로 기울어지는 게 보였다. 내가 순수함에 관해 품은 생각이 있다면, 이런 저녁들로부터 얻은 것이다. 맹렬한 욕망으로 가득 찬 존재들과 그들의 욕망이 소용돌이치는 하늘을 분리해 생각할 순 없다는 사실을 나는 배운 것이다.

알제의 동네 영화관에선 박하사탕을 팔곤 하는데, 껍데기에는 사랑이 싹트는 데 필요한 모든 것이 빨간 글자로 이렇게 새겨져 있다. "1. 질문들: '언제 저와 결혼해주실 건가요?', '저를 사랑하나요?'" "2. 답변들: '봄이 오면요', '미치도록요.'" 어느 정도 분위기가 조성됐다 싶으면 그 사탕을 옆에 앉은 이에게 건넨다. 상대는 같은 방식으로 답하거나 못 알아들은 체한다. 벨쿠르에선 이런 식으로 결혼에 골인하는 것을 보곤 했다. 그저 박하사탕 하나 교환한 것으로 일생을 약속하는 것이다. 이 고장 사람들이 얼마나 아이처럼 순수한지 보여주는 좋은 예다.

젊음의 특징으로 쉽게 행복을 느끼는 자질을 꼽을 수 있을 것이다. 그러나 젊음의 특징은 뭐니 뭐니 해도 거의 낭비에 가깝도록 열렬히 표출하는, 삶에 대한 안달이다. 바벨우에드에서도 그렇지만 벨쿠르에서도 사람들은 어린 나이에 결혼한다. 그러곤 아주 일찍부터 일을 시작해 한 사람이 평생 할 경험을 십 년 동안에 다 해버린다. 서른 살 먹은 남성 노동자라면 자신이 가진 카드 패를 모두 쓴 셈이다. 그는 아내와 자식들 사이에서 삶의 종말을 기다린다. 그에게 주어진 행복은 짧고 무자비한 것이었다. 삶도 마찬가지였다. 그는 그렇게 모든 걸 다 주었다가 모든 걸 다 빼앗는 고장에서 태어났다는 사실을 깨닫게 된다. 이런 풍요와 범람 속에서 삶은 돌연하고 까다로우면서도 관대한 열정의 곡선을 커다랗게 그려나간다. 인생은 건축해야 할 대상이 아니라 불살라야 할 대상이다. 그렇다면 잘못을 반성하거나 더 나은 사람이 되는 것은 그다지 중요한 숙제가 아닌 것이다.

예컨대 알제에서 지옥이란 개념은 그저 한가한 농담에 불과하다. 그런 상상력은 성인군자들에게나 허용되는 것이다. 이곳에선 어디를 가든 도덕이 그저 무의미한 단어라는 걸 나는 잘 알고 있다. 이곳 사람들에게 원칙이 없어서가 아니다. 이들 역시 도덕관을 갖고 있다. 다만 무척이나 특수하다. 남자들은 자기 어머니를 함부로 대하지 않는다. 집 밖에서는 아내의 체면을 세워준다. 임신한 여성을 배려한다. 상대가 하나일 때 둘 이상이 덤벼 싸우지 않는다. 그건 '못난 짓'이기에. 이런 기본적 계율을 따르지 않는 사람이 있으면, "그는 사내놈이 아냐!"라는 말로 정리하고 끝내 버린다. 그게 정의롭고 강한 것으로 여겨지는 것 같다. 아직도 이곳에선 이런 거리의 규범을 지키는 사람이 많다. 내가 알기로는 사적 이해관계를 넘어선 유일한 규범이다. 반면 이곳 사람들은 장사꾼의 윤리 같은 건 모른다. 나는 경찰들에게 양팔을 붙잡힌 채 지나가는 사내를 측은히 바라보는 사람들을 자주 목격했다. 그들은 사내가 도둑질을 했는지, 부모를 죽였는지, 아니면 단순히 체제 비판적인 사람인지 알기도 전에 '불쌍한 것'이라고 토를 단다. 혹은 존경의 뉘앙스를 곁들여 이렇게 말하기도 한다. "저 친구, 해적이네그려."

세상에는 일상에서 긍지를 느끼기 위해 태어난 사람들

이 있다. 이들은 권태에 대해 기이한 취향을 가진 사람들이다. 죽음을 가장 격렬하게 혐오하는 것도 바로 이들이다. 성적 쾌감을 빼면 이들이 즐기는 오락이란 하찮은 것뿐이다. 지난 수십 년간 공놀이 모임과 친목회 회식, 3프랑짜리 영화와 지역 축제 따위가 삼십대 이상의 여흥을 책임지고 있다. 알제에서 일요일은 사람들이 몹시 꺼리는 날 중 하나다. 이런 분별없는 사람들이 삶의 심오한 공포를 어찌 신화로 윤색할 줄 일겠는가? 이곳에서는 죽음과 관련된 것은 무엇이든 우스꽝스럽고 가증스럽다. 종교도 우상도 없는 이 민족은 군중으로 살다 홀로 죽는다.

브뤼가의 묘지는 이 세상에서 가장 아름다운 풍경 중 하나를 마주하고 있지만 나는 그보다 더 흉측한 장소를 알지 못한다. 어둠으로 둘러싸인 악취미 집합소 같은 이곳은 죽음이 본색을 드러내는 장소 특유의 소름 끼치는 슬픔을 적나라하게 보여준다. 하트 모양의 묘비엔 이런 글귀가 새겨져 있다. "모든 것은 사라진다. 오직 추억만이 남는다." 묘비는 모두 망자를 사랑했던 이들이 헐값으로 마련한 보잘것없는 영원이다. 그리고 거기엔 언제나 절망에 복무하는 문장이 적혀 있는데, 그 문장들은 죽은 자에게 이인칭으로 말을 건넨다. "우리의 추억은 그대를 저버리지 않으리라." 기껏해야 시커먼 부패물에 불과한 것에다 육체와 욕망을 빌려주는 척 음산한 시늉을 하는 것이다. 꽃과 새가 피곤할 정도로 잔뜩 새겨진 또 다른 대리석 한가운데엔 이런 경솔한 맹세가 씌어 있다. "그대의 무덤에 꽃이 끊기는 날 결코 없으리라." 하지만 안심해도 좋다. 그 문장 주위로 금박을 두른 석고 꽃다발이 장식되어 있으니까. 산 사람들(저 불멸의 존재들이 그토록 화려한 이름을 갖게 된 건 아직 살아서 삶의 궤도를 열심히 돌고 있는 이들 덕분이다) 입장에선 시간을 절약할 수 있으니까. 시대에 따라 세상도 달라지다 보니 때로는 고전적인 꾀꼬리 장식 대신 휘황찬란한 진주가 박힌 비행기 장식이 보일 때도 있다. 논리적 연결 고리는 전혀 없지만, 어쨌든 장식 속 비행기를 조종하는 바보 같은 천사에겐 끝내주게 멋진 날개 한 쌍이 달려 있다.

　죽음에 관한 이런 이미지들이 그럼에도 삶과 결코 분리되어 있진 않다는 걸 어떻게 설명하면 좋을까? 이곳에서는 여러 가치가 서로 연결되어 있다. 알제의 장의사들이 텅 빈 영구차를 몰며 거리를 지나는 예쁜 아가씨들에게 즐겨 하는 농담은 "자기야, 탈래?" 하고 소리치는 것이다. 어처구니없는 농담이긴 하지만 여기서 어떤 상징을 발견하지 말라는 법은 없다. 어떤 이의 부고를 읽고는 한쪽 눈을 찡긋하면서 "불쌍한 사람, 이젠 노래도 못 부르겠군" 하고 말한다든가, 남편을 한 번도 사랑한 적 없는 여인이 "신이 그이를 내게 주셨다가 도로 데려가셨다우" 하고 말하는 걸 들으면 누군가는 모독으로 여길 수도 있다. 하지만 사실 난 죽음이 왜 신성한 것인지 모르겠다. 공포와 경외 사이의 간극만을 알 뿐이다. 삶만을 권하는 이 나라에서 죽음이 얼마나 공포스러운 것인지는 묘지 구식구식에서 내뿜어지는 숨결에서도 느낄 수 있다. 그런데 바로 그 묘지 담벼락 아래서 벨쿠르의 청년들은 밀회를 하고, 아가씨들은 키스와 애무에 몸을 맡긴다.

이런 민족성을 모든 사람이 이해할 순 없으리란 걸 안다. 이탈리아가 그렇듯 이곳에선 지성이 설 자리가 없다. 이 민족은 정신에는 관심이 없다. 다만 육체를 숭배하고 찬양한다. 육체로부터 생생한 활력과 순수한 냉소를 얻으며, 혹독하게 심판받아 마땅할 유치한 허영심도 얻는다. 사람들은 흔히 그런 '정신구조'를, 즉 세상을 바라보고 삶을 살아가는 방식을 비난한다. 사실, 그토록 삶을 강렬하게 살다 보면 어느 정도는 부정의를 동반하기 마련이다. 여기 이 민족은 과거도 전통도 없는 민족이다. 그러나 그들에게 시가 없는 건 아니다. 나는 그 시의 특성을 잘 알고 있다. 굳건하고 관능적이며, 흔히 말하는 감미로움과는 거리가 먼 그들의 하늘이 품은 것과 같은 바로 그 감미로움을 품고 있는 시. 진실로 내 마음을 흐트러트리기도 하고 결집하게도 하는 단 하나의 시. 문명화된 민족의 반대말은 야만적인 민족이 아니라 창조적인 민족일 것이다. 해변에 드러누워 게으름을 피우는 이 야만인들을 보며 나는 그들이 어쩌면 그들 자신도 의식하지 못하는 채로 마침내 인간의 진정한 위대함을 발견할 수 있는 어떤 문화의 형상을 빚고 있는 중이 아닐까 하는 엉뚱한 기대를 한다.

자신을 현재 속에 전적으로 내던지는 이 민족은 신화도, 위안도 없이 살아간다. 이들은 모든 소유물을 땅 위에 놓아둔 채 살며 죽음에 대해서는 무방비 상태. 육체적 아름다움은 주체할 수 없을 만큼 충분히 타고났다. 그 아름다움과 더불어 물려줄 미래가 없는 풍요에 동반하게 마련인 기이한 탐욕 역시 타고났다. 이곳 사람들의 모든 행동엔 안정에 대한 환멸과 미래에 대한 무관심이 엿보인다. 사람들은 서둘러 생을 산다. 만일 여기서 예술이 태어난다면 그건 지속성에 대한 혐오에 복무하는 예술일 것이다. 그 옛날 도리아 사람들이 나무를 깎아 만든 첫 번째 도리아식 기둥처럼 말이다. 하지만 이 민족의 거칠고 맹렬한 얼굴에서, 감미로움이 자취를 감춘 여름 하늘에서, 어떤 초월과 더불어 하나의 척도를 발견할 수 있다는 것 또한 사실이다. 그것들 앞에선 입에 올려선 안 될 진실이란 없으며 어떤 기만적인 신도 희망이나 구원의 징조를 남기지 못한다. 그 하늘과 그 하늘을 바라보는 얼굴 사이에 신화, 문학, 윤리, 종교 따위가 끼어들 자리는 없다. 오직 돌과 육체와 별, 그리고 손으로 만지고 느낄 수 있는 진실들만이 존재할 뿐이다.

땅과의 유대감, 몇몇 사람에게 느끼는 사랑, 마음 붙일 장소가 언제나 거기 있음을 아는 것, 한 번뿐인 삶에서 이 정도면 이미 적지 않은 확신을 가진 셈이다. 물론 아주 충분치는 않으리라. 하지만 어떤 순간이면 내 모든 것이 이 영혼의 고향을 갈망한다. "그렇다. 우리가 돌아가야 할 곳은 거기다." 플로티노스가 꿈꿨던 합일을 이 땅에서 다시 찾는 게 이상한 일이겠는가? 이곳에서 '하나 됨'은 태양과 바다라는 단어로 표현된다. 그것은 육체의 맛을 통해 느껴지며, 바로 그 맛이 합일을 씁쓸하게도, 위대하게도 만든다. 나는 인간을 초월한 행복이란 없다는 것을, 뜨고 지는 해의 곡선을 벗어난 시간 바깥의 영원이란 없다는 사실을 배운다. 이 하찮으면서도 본질적인 재화들, 이 상대적 진실들만이 나를 감동케 한다. 그 외의 것들, 이른바 '이상적인 것들'을 다 이해할 만큼의 충분한 자리가 내 영혼에는 없다. 어리석은 척해야 한다는 의미는 아니다. 천사들의 행복에서 아무 의미도 찾을 수 없을 뿐이다. 나는 다만 저 하늘이 나보다 더 오래 지속되리라는 사실을 알 뿐이다. 내가 죽은 이후에도 계속될 것 말고 무엇을 영원이라 부르겠는가?

내가 말하려는 건 자신의 처지에 안주하는 나약한 인간의 자기연민이 아니다. 이건 전혀 다른 이야기다. 인간이 된다는 건 언제나 쉬운 일이 아니다. 순수한 인간이 된다는 건 더욱 그렇다. 내게 순수해진다는 건 내 피가 뜀박질하는 소리가 오후 두 시의 태양이 내보내는 격렬한 맥박 소리와 합쳐지는 곳, 그리하여 나와 세계의 혈연관계가 선명해지는 이 영혼의 고향을 되찾는 것이다. 사람이 고향을 알아보는 때는 늘 고향을 잃어버리는 순간이다. 자기 자신으로 인해 큰 고통을 겪은 이들에게 고향은 자신을 부정하는 장소다. 잔인하게 말하고 싶지도 않고 과장하고 있다는 인상을 주고 싶지도 않다. 어쨌든, 결국 삶 속에서 자신을 부정하는 일은 무엇보다도 자신을 죽이는 일이다. 삶을 고양하는 모든 것은 동시에 삶의 부조리함을 증가시키기도 한다.

알베르 카뮈

알제의 여름을 겪으며 나는 고통보다 더 실용적인 건 단 하나, 바로 행복한 삶이라는 걸 이해하게 됐다. 이것은 삶을 회피하는 길이 아니라 더 거룩한 삶을 향하는 길일 수 있다. 거짓 없이 살도록 우릴 이끌기 때문이다.

많은 이들이 삶을 사랑하는 척하면서, 실제론 사랑 그 자체를 회피한다. 사람들은 향락을 추구하고 삶을 '실험'하려 애쓴다. 하지만 그건 모두 정신적인 관점일 뿐이다. 삶을 진정으로 누리려면 드문 자질을 다고나야 한다. 인간의 삶은 정신의 도움 없이도 이뤄진다. 후퇴와 전진 속에서, 고독과 실존의 교차 속에서 삶 그 자체를 영위해 나가는 것이다. 벨쿠르의 노동자들을 보라. 그들은 군말 없이 일하며 아내와 자식을 먹여 살린다. 그런 모습을 보면 누구나 마음 깊은 곳에서 은밀한 부끄러움을 느끼게 된다. 물론 난 환상은 품지 않는다. 내가 말하는 이런 삶 속에 사랑은 많지 않다. 아니, 거의 보이지 않는다고 말하는 게 옳을지도 모른다. 하지만 적어도 이런 삶은 그 어떤 것도 회피하지 않는다.

내가 결코 이해할 수 없는 단어가 있다면 그것은 죄라는 단어다. 나는 이 사람들이 삶에 대해 죄를 지은 적이 없다고 믿는다. 삶에 대한 진정한 죄가 있다면, 그건 아마도 절망하는 것이 아니라, 다른 삶의 가능성 때문에 주어진 삶의 냉혹한 위대함을 회피하는 일일 것이다. 이 사람들은 속이는 법이 없다. 삶에 대한 열정이 넘치던 스무 살 적 그들은 여름의 신이었다. 그리고 희망이라곤 거의 남아 있지 않은 나이에 이른 지금도 여전히 여름의 신이다. 언젠가 그들 중 두 사람의 죽음을 목격한 적이 있다. 그들은 공포로 가득 차 있었지만 침묵했다. 그편이 오히려 나았다. 인류의 온갖 죄악이 우글거리는 판도라의 상자에서 그리스인들은 죄악을 모두 꺼낸 뒤 마지막으로 희망을 꺼냈다. 그런데 희망은 사실 그중 가장 끔찍한 죄악이었다. 이보다 더 감동적인 상징을 나는 알지 못한다. 흔히 생각하는 것과 달리 희망은 체념과 똑같은 것이기 때문이다. 산다는 건 자신을 체념하지 않는 것이다.

이것이 알제의 여름이 주는 신랄한 교훈이다. 그러나 이미 계절은 움직여 여름은 소강상태에 접어들었다. 그 많은 폭력과 긴장의 시간을 지나 구월 첫 비가 내리면, 해방된 대지가 처음으로 눈물을 흘린 듯 젖어 들고, 며칠 새 이 고장은 감미로움에 물든 듯 촉촉해진다. 그 무렵이면 캐롭나무들이 알제 전역에 사랑의 향기를 퍼뜨린다. 비가 내린 저녁이면 대지는 여름 내내 태양에 바쳤던 몸을 누이고는 아몬드 향이 나는 정액으로 배를 온통 적신 채 휴식을 취한다. 그러면 그 향기는 다시금 인간과 대지의 결혼을 축복하며 이 세상에서 유일한, 진정 굳센 사랑을 일깨운다. 언젠가는 썩어 없어질 그 너그러운 사랑을.

L'été à Alger, 1939

아, 가을

다자이 오사무

직업 시인이 되고는 언제 어떤 청탁이 들어올지 모르기에 늘 소재를 준비해둔다. 이를테면, '가을에 대해'라는 주문을 받으면, 좋았어, 왔구나, 하고선 가을(アキ)의 첫 글자인 '아(ア)' 서랍을 연다. 거기엔 '사랑(アイ)', '파랑(アオ)', '빨강(アカ)', '가을(アキ)' 등 여러 노트가 있다. 나는 그중 '가을' 노트를 꺼내 들곤 차분히 살피는 것이다.

거기엔 이런 게 쓰여 있다.

잠자리. 투명하다.

가을이면 육체는 죽은 채 정신만 하늘하늘 나는 가냘파진 잠자리의 모양새를 표현한 듯하다. 잠자리의 육체가 가을 햇살에 비쳐 투명하다.

노트엔 이런 것도 쓰여 있다.

가을은 여름이 채 타지 않고 남은 것. 초토焦土다.
여름은, 샹들리에. 가을은, 등롱.
코스모스, 무참함.

언젠가 변두리 메밀국숫집에서 판메밀을 기다리는 사이 식탁 위에 놓인 낡은 화보를 열어봤는데, 관동대지진 때 사진이 실려 있었다. 페이지 전체를 가득 채운 불타 아무것도 남지 않은 허허벌판에 격자무늬 유카타를 입은 여자 하나가 지친 듯 쭈그려 앉아 있는. 나는 이내 가슴이 바싹 타버릴 정도로 그 비참한 여자를 사랑하게 됐다. 지독한 욕정마저 느꼈다. 비참과 욕정은 등을 맞댄 이웃인 건지. 숨이 멎을 듯 괴로웠다. 메마른 들판에 핀 코스모스 앞에서 나는 같은 고통을 느낀다. 나팔꽃 또한 코스모스처럼 나를 일순간 질식시켜 버린다.

이런 문장도 적혀 있다.

가을은 여름과 동시에 찾아온다.

여름 속에 가을이 몰래 숨어 있으니 이미 가을은 와 있는 것이지만, 사람들은 타는 듯한 더위에 속아 이를 알지 못한다. 주의 깊게 귀를 기울여보면 여름이 오자마자 벌레가 울고, 정원으로 눈을 돌리면 도라지가 꽃을 피운다. 잠자리도 본래 가을 곤충이고, 감나무도 여름내 열매를 맺고 있는 게 아닌가. 가을은 교활한 악마다. 여름내 이미 몸단장을 마치고는 코웃음 치며 여름 속에 앉아 있다. 나 정도 형안을 가진 시인이면 이를 간파할 수 있다. 여름이 되자 집안사람 하나가 바다에 갈까, 산에 갈까, 들떠 소란을 피웠는데, 보고 있자니 딱했다. 가을은 벌써 여름 안에 숨어들어 와 있는데 말이지. 가을은 정녕 만만치 않은 상대다.

괴담도 좋지. 안마사. 여, 여보시오.
불러들이다, 가을. 저 뒤편에는 반드시 묘지가 있습니다.
길을 묻자니 여자가 벙어리네 메마른 벌판.

의미를 알 수 없는 문장들이 여러 개 적혀 있다. 무언가를 쓸 작정으로 메모한 것일 텐데, 왜 썼는지 도통 모르

다자이 오사무

겠다.

창밖, 정원의 검은 흙 위를 바스락바스락 기는 추악한 가을 나비를 보다. 남다른 튼튼함에 죽지 않았다. 결코 헛된 모습은 아니어라.

이 문장을 쓸 때 나는 몹시 괴로웠다. 언제 썼는지, 결코 잊을 수 없나. 하지만 여기선 말하지 않는 걸로.

버려진 바다
가을 해수욕장에 가본 적 있는가. 해변엔 떠밀린 망가진 파라솔, 환락의 흔적, '히노마루'가 그려진 버려진 제등, 머리핀, 종이조각, 레코드 파편, 빈 우유병이 있고, 발그스름하게 탁해진 바다에는 파도가 철썩이는.

오가타 씨 댁엔 아이가 있었지.
가을이면 피부가 물기 없이 말라 옷 감촉이 좋아요.
비행기는, 가을에 가장 좋은 거예요.

이 문장들 또한 의미를 모르겠는데, 어느 가을날 어디

선가 들려오는 대화를 엿듣고는 그대로 적어둔 것이리라.

예술가는, 언제나, 약자의 친구여야 하는데.

가을과는 조금도 관계없는 이런 문장도 적혀 있는데, '계절의 사상'이란 걸지도 모르겠다.
그 외, 이런 것도 쓰여 있다.

농가. 그림책. 가을과 부대部隊. 가을누에. 화재. 연기. 절.

이것저것 참 많이도 써놨다.

ア、秋, 1939

겨울 1

조지 기싱

거센 바람이 비구름과 함께 해협에서 몰려오고, 언덕엔 안개가 심하게 일어 종일 집 안에만 있어야 했다. 하지만 한순간도 멍하니 있거나 빈둥거리지 않았다. 그리고 지금, 석탄 난롯불이 꺼져 가는 이때, 이 편안함과 고요함이 너무도 좋아 잠들기 전 무슨 말이라도 해야 할 것 같은 기분이 든다.

 물론 오늘 같은 날씨에도 맞서 싸우며 즐거움을 찾아야 할 것이다. 몸이 건강하고 정신이 평화로운 사람에게 나쁜 날씨란 없는 법이다. 모든 하늘은 제각기 아름답고, 혈관을 내리치는 폭풍은 맥박을 더 힘차게 뛰게 할 것이다. 비바람이 몰아치던 날에도 열의에 차 걸어 다녔던 때가 떠오른다. 요즘 같아서는 목숨을 걸고 나서야 한다. 지금 내게는 이 피난처의 튼튼한 벽, 몰아치는 바람에 맞서는 문짝과 창문을 만든 우직한 기술이 더 소중하다. 잉글랜드 땅, 이 편안한 땅 전역에서 지금 내가 앉아 있는 여기보다 더 편안한 방은 없을 것이다. 옛말에서 편안하다는 말은 정신에 위안을 주고 육체에 휴식을 준다는 뜻이다. 겨울밤에는 피난처로, 안식처로, 이렇게 아늑한 곳도 없다.

이곳에서 처음 겨울을 맞았을 땐 쓰던 난로를 손봐 장작불을 피우려 했다. 하지만 실수였다. 작은 방에서는 나무를 뗄 수 없다. 불이 적당한지 계속해서 지켜봐야 하는데, 불꽃이 크게 일면 방이 너무 뜨거워진다. 불은 기분 좋게 해주는 존재, 동반자이자 영감의 원천이다. 내 방이 수도관이나 히터 같은 끔찍한 최신식 설비로 따뜻해진다면, 앉아서 보고 있노라면 경이로운 세계로 이끄는 타오르는 불의 아름다움을 느낄 수 있겠는가. 과학에겐 단칸방이나 호텔 방 같은 가련한 장소나 효율적으로, 경제적으로 덥히라고 하자. 선택할 수 있다면 나는 차라리 이탈리아 사람처럼 외투를 두르고 앉아 열쇠로 은회색빛 석탄 표면을 부드럽게 끼적일 것이다. 사람들은 우리가 모든 이의 석탄을 전부 태우며 부도덕한 낭비를 하고 있다고 말한다. 나도 안타깝다. 하지만 내 마지막 겨울일지 모르는 이때를 그런 힐난 때문에 우울하게 보낼 수는 없다. 집에서 쓰는 난로 때문에 석탄이 낭비될 수도 있겠지만 진짜 심한 낭비는 다른 데 있다. 너무 뻔해서 어디라고 말할 필요도 없다. 누구도 다정한 석탄 열기가 절반도 넘게 굴뚝 밖으로 날아가기를 바라진 않을 것이나. 그러니 벽난로를 만들 때는 상식적으로 생각하길. 아무튼 영국 최고의 것들은 끝까지 지켜야 하듯 난롯불도 지켜야 한다. (추구해야 할 가치가 있는 대부분이 그렇듯) 자연의 섭리에 따라 언젠가는 과거의 것이 될 터이니, 즐길 수 있을 만큼 즐기는 걸 안 된다고 할 수는 없지 않은가? 머지않아 인간은 알약으로 영양을 섭취할 수도 있다. 그렇다고 이 행복한 경제에 대한 예측 때문에, 고깃덩이를 먹겠다고 자리에 앉은 내가 죄책감을 품어야 할까?

난로 불꽃과 갓을 씌운 램프가 얼마나 잘 어울리는지 보라. 둘이 함께 이 방을 밝혀주고 따뜻하게 한다. 난로 불꽃은 그르렁거리며 부드럽게 타닥거리고 램프도 기름이 심지를 타고 올라갈 때 이따금씩 꼴꼴 소리를 낸다. 익숙한

이 정경은 내게 기쁨을 준다. 이 둘과 어울리는 또 다른 소리는, 시계의 부드러운 째깍거림이다. 나는 열이 날 때의 맥박처럼 부산스러운 작은 시계들의 째깍임은 참을 수가 없다. 주식 중개인 사무실에나 있는 시계들 말이다. 우리 집 시계는 아주 천천히, 콧노래 하듯 째깍인다. 마치 나와 함께 시간의 흐름을 음미하는 듯 들린다. 시각을 알릴 때 내는 작은 목소리는 은처럼 영롱하다. 슬픈 기색 없이 생의 또 다른 한 시간, 값을 헤아릴 수 없는 또 다른 한 시간을 셈하여 나에게 알려준다.

지나는 시간은 우리의 빚.[1]

램프를 끄고 난 언제나 뒤를 돌아본다. 이글거리는 마지막 석탄 불빛으로 방이 아늑히 유혹하니 쉽사리 떠날 수가 없다. 번들거리는 나무에, 의자에, 책상에, 책장에. 그리고 우아한 책의 금박 제목에 따뜻한 불빛이 반사된다. 빛은 이쪽 그림을 비추고 저쪽 어둠을 반쯤 흩어놓는다. 동화 속

---

[1] 마르티알리스(Marcus Valerius Martialis, 40~102년경, 고대 로마의 풍자시인)의 『에피그램 *Epigrams*』 5권 20번째 글 중 한 구절이다.

얘기처럼, 책들은 자기들끼리 말을 나누려 내가 나가기를 기다리는지도 모른다. 사그라드는 불길 안에서 작은 불빛이 혓바닥처럼 솟아오른다. 그림자가 천장과 벽 위로 옮겨 간다. 나는 온전한 만족감에 숨을 깊게 한 번 쉬곤, 밖으로 나와 조용히 문을 닫는다.

Winter 1, 1903

여행,
그해 일어난 일 중
지금까지 좋은 일

슈룬스에서 보낸 겨울

어니스트 헤밍웨이

둘만이었다 셋이 되자, 겨울 추위와 날씨가 결국 우릴 파리에서 몰아냈다. 혼자는 적응하면 전혀 문제 될 게 없었다. 나는 언제든 카페로 글을 쓰러 갈 수 있었고, 카페 크램에서 아침 내 일하다 보면 웨이터가 카페를 쓸고 닦는 동안 점차 따뜻해졌다. 아내는 피아노가 있는 곳이 추워 몸을 따뜻하게 해줄 스웨터를 넉넉히 챙겨 연주하러 갔고 집으로 돌아와 범비[1]를 돌봤다. 그렇다고 겨울에 아기를 카페에

---

1 헤밍웨이의 첫아들 잭 헤밍웨이는 어릴 때 범비라 불렸다.

데려갈 순 없는 노릇이었다. 울지도 않고 주변에서 일어나는 모든 일을 지켜보느라 지루해할 새가 없는 아이라도 말이다. 그때는 아이를 돌봐줄 사람도 없어 범비는 높은 창살이 있는 침대에서 F. 퍼스라는 이름의 크고 멋진 고양이와 함께 행복한 시간을 보냈다. 고양이와 함께 아기를 두는 건 위험하다고 말하는 사람들이 있었다. 아주 무지하고 편견에 찬 몇몇은 고양이가 아이의 숨을 빨아들여 죽게 할 거라고도 했다. 고양이가 위에 올라타 아기가 질식할 수 있다고 하는 사람들도 있었다. F. 퍼스는 높다란 창살 침대 안 범비 곁에 엎드려 크고 노란 두 눈으로 문을 지켜봤다. 그러고는 우리가 나가 있을 때나 가정부 마리가 자릴 비워야 할 때 아무도 범비 곁에 오지 못하게 했다. 아이 봐줄 사람이 따로 필요 없었다. F. 퍼스가 베이비시터였다.

하지만 정말로 가난한 상태라면, 캐나다에서 돌아왔을 때 나는 기자 일을 그만둔 데다 작품도 전혀 팔지 못했기에 진짜 가난했는데, 파리에서 아기와 겨울을 나는 건 너무나 힘든 일이다. 아무리 3개월 무렵의 범비 씨가 일월에 작은 증기여객선을 타고 열이틀 동안 뉴욕에서 핼리팩스를 거쳐 북대서양을 건넌 경험이 있고, 그 여행 중 한 번도 울지 않았으며, 방책으로 둘러싸여 험한 날씨에도 떨어질 염려가 없던 침대에서 행복하게 웃던 아기였다 해도 말이다.

우리는 오스트리아 포어아를베르크의 슈룬스로 갔다. 기차는 스위스를 지나 펠트키르히의 오스트리아 국경에 닿았다. 리히텐슈타인을 통과했고 블루덴츠에 정차했다. 송어가 많이 사는 강의 자갈밭을 끼고 농장과 숲이 있는 계곡을 통과해 제재소와 상점과 여관이 있고 우리가 지냈던, 일년 내내 운영하는 괜찮은 호텔 타우베가 있는 햇살 좋은 시장 마을 슈룬스로 가는 간선 기차가 서는 곳이었다.

타우베의 객실은 넓고 편안했고, 커다란 난로와 널찍한 창문, 털 침대보와 좋은 이불이 덮인 큰 침대가 있었다. 식사는 소박하면서도 훌륭했고, 식당과 두꺼운 나무판자를 덧댄 바는 난방이 잘 되어 있었으며, 무엇보다 친절했다. 계곡이 넓게 트여 있어 별도 잘 들었다. 우리 셋의 숙박비는 하루 2달러였는데, 인플레이션 탓에 오스트리아 실링 가치가 계속 떨어져 숙박료와 식비도 있는 내내 줄어들었다. 그래도 독일 같은 극심한 인플레이션과 빈곤은 없었다. 실링은 오르락내리락했는데 전반적으로 하락 추세였다.

슈룬스에는 스키 리프트나 케이블카가 없었다. 하지만 벌목꾼과 양치기가 낸 산길이 계곡을 따라 높은 곳까지 이어져 있었다. 스키를 들고 더 높은 곳까지 걸어 올라 눈이 아주 깊이 쌓인 곳에 이르면 스키 바닥에 물개 가죽을 붙여 신고 올랐다. 높은 곳엔 잠을 자고 사용한 땔감비만 놓고 떠나면 되는 여름 등반객들을 위한 대형 산악 클럽의 산장이 있었는데 어떤 곳은 땔감을 손수 챙겨야 했고, 높은 산이나 빙벽을 오르는 긴 여정이라면 땔감뿐 아니라 필요한 물건을 짊어질 사람을 따로 구하고 산장에 베이스캠프도 차려야 했다. 린다우어 산장과 마들레너하우스, 비스바데너 산장 같은 곳들이 널리 알려진 베이스캠프용 산장이었다.

타우베 호텔 뒤편에는 과수원과 들판을 가로질러 내려오는 연습용 슬로프가 있었다. 계곡 건너, 바 벽면에 멋진 샤모아[2] 뿔 수집품들이 걸린 아름다운 여관이 있는 차군스 뒤편에도 좋은 슬로프가 있었다. 계곡 먼 끝에 자리한 벌목꾼 마을인 차군스의 뒤쪽부터는 스키를 타기 좋아 산을 넘어 실브레타를 거쳐 스위스의 클로스터스까지 갈 수 있었다.

슈룬스는 범비에게도 훌륭한 곳이었는데, 예쁜 검은 머리 소녀가 범비를 썰매에 태워 볕을 쬐러 나가주고 때론 돌봐주기도 했다. 그럴 때면 아내 해들리와 나는 이 새로운

---

2   유럽, 아시아 산간 지방에 사는 영양류다.

시골 마을 구석구석을 탐방했다. 마을 사람들은 아주 친절했다. 발테르 렌트 씨는 고산 스키를 개척한 사람으로 한때는 아를베르크의 위대한 스키 선수 하네스 슈나이더와 함께 어떠한 눈 상태에서도 쓸 수 있는 스키 왁스를 만들기도 했다. 그가 산악 스키 교실을 시작해 우리도 등록했다. 렌트 씨는 학생들을 가능한 한 빨리 연습용 슬로프에서 끌어내 고산지대로 데려갔다. 지금과는 스키 타는 방식이 달랐고, 뼈가 비틀리는 골절도 흔하지 않아 다리가 부러졌을 때 제대로 대처할 수 없었다. 구조대조차 없었다. 내려가려면 먼저 올라가야 했고, 올라간 만큼 내려와야 했다. 그렇게 했기에 두 다리에 내려올 힘이 충분했다.

렌트 씨는 눈 위에 아무도 발자국을 남기지 않은 산꼭대기로 올라가 산장을 옮겨 다니며 알프스의 능선과 산악 빙하를 달리는 게 스키 타기의 가장 큰 재미라 여겼다. 넘어졌을 때 다리가 부러질 수도 있어 바인딩은 하면 안 됐다. 스키가 분리돼야 다리 부상을 막을 수 있어서였다. 렌트 씨는 로프 없이 타는 빙하 스키를 정말 좋아했는데, 그걸 하려면 빙하 틈새가 눈으로 충분히 덮이는 봄까지 기다려야 했다.

해들리와 나는 스위스에서 처음 함께 스키를 타보고는

푹 빠져들었다. 이탈리아 돌로미테스에 있는 코르티나담페초에 갔을 때는 범비를 임신 중이었는데, 밀라노에서 만난 의사는 아내가 넘어지지 않게 하겠다 약속한다면 스키를 계속 타도 된다고 허락해줬다. 하여 지형과 코스를 신중히 살피고 탈 때는 철저하게 관리했는데, 해들리는 아름다울 뿐 아니라 놀랍도록 튼튼한 두 다리로 스키를 잘 다뤄 넘어지지 않았다. 로프 없이 빙하에서 스키를 탈 때처럼 말이다. 우리 모두 다양한 눈 상태에 대해 잘 알았고, 깊게 쌓인 가루눈에서 어떻게 타야 하는지도 잘 알고 있었다.

우리는 포어아를베르크와 슈룬스를 좋아해 추수감사절 무렵 그곳에 가면 부활절 가까이까지 머물렀다. 그곳에서는 언제나 스키를 탈 수 있었지만, 슈룬스는 그리 높지 않아 눈이 아주 많이 오는 겨울이 아니면 스키를 타지 못하기에 산을 올라야 했다. 등반이 재밌었기에 우리는 그것도 마다하지 않았다. 등반 페이스를 잘 알아두면 심장에 무리가 가지 않고도 쉽게 오를 수 있었고, 륙색의 무게도 자랑스럽게 느껴졌다. 마들레너하우스까지 올라가는 길은 가파르고 몹시 험했다. 하지만 두 번째에는 좀 더 쉬웠고, 종내에는 처음 등반할 때보다 두 배 되는 무게를 지고도 쉽게 걸음을 옮길 수 있었다.

우리는 언제나 배가 고팠고 모든 식사가 멋진 이벤트였다. 순한 맥주나 흑맥주를 마셨는데 가끔은 갓 담근 와인이나 일 년 숙성된 와인을 마셨다. 화이트와인이 최고였다. 이것들 말고도 계곡에서 담근 맛 좋은 체리 브랜디와 키르슈와산에서 자란 용담을 증류한 슈냅스도 있었다. 정찬으론 때로 풍미가 강한 레드와인 소스를 곁들인 토끼 스튜가 나왔고 밤 소스를 곁들인 사슴고기가 나올 때도 있었다. 이럴 때는 화이트와인보다 비쌌음에도 레드와인을 마셨다. 가장 좋은 것이 1리터에 20센트였다. 일반적인 레드와인은 훨씬 쌌는데, 우린 그걸 통에 넣어 마들레너하우스까지 짊어지고 갔다.

우리에겐 실비아 비치[3]가 겨울 동안 빌려준 책들이 쌓여 있었고, 호텔의 여름 정원 쪽 길목에 있는 볼링장에서 마을 사람들과 볼링도 칠 수 있었다. 일주일에 한두 번, 호텔 식당에선 창문을 모두 닫고 문도 걸어 잠근 채 포커판을 벌였다. 당시 오스트리아에서 도박은 불법이었다. 나는 호

---

3 실비아 비치(Sylvia Beach, 1887~1962) 미국 태생 출판업자로 파리에서 주로 생활하며 헤밍웨이가 자주 들렀던 '셰익스피어 앤드 컴퍼니' 서점을 운영했다. 제임스 조이스의 『율리시스』와 헤밍웨이의 첫 책을 펴내기도 했다. - 옮긴이

텔 주인 넬스 씨, 스키 교실의 렌트 씨, 마을의 은행가, 법원 검사, 경찰서장과 게임을 했다. 아주 팽팽한 게임이 벌어졌는데 모두 실력 좋은 신사였다. 다만 스키 교실 수익이 변변치 않았던 렌트 씨는 다소 거칠게 게임에 임했다. 순찰하던 경찰 이인조가 문밖에서 멈추는 소리가 들리면 경찰서장이 귓가로 손가락을 들어 올렸고 우리는 그들이 멀리 갈 때까지 잠자코 있었다.

추운 아침이 오면 날이 밝자마자 하녀가 방으로 들어와 창문을 꼭 닫고는 커다란 도자기 화로에 불을 지폈다. 방은 곧 따뜻해졌고, 갓 구운 빵이나 토스트가 맛있는 과일과 함께 식사로 제공됐다. 커다란 잔에 담긴 커피, 신선한 달걀, 질 좋은 햄도 주문할 수 있었다. 침대 발치에서 잠들던 슈나우츠라는 이름의 개가 있었는데, 스키 여행을 따라 함께 산에 올라서는 언덕을 내려올 때 내 등이나 어깨 위에 타는 것을 좋아했다. 범비 씨의 친구이기도 해서 베이비시터와 함께 범비의 작은 썰매 옆에서 산책을 하곤 했다.

슈룬스는 일하기 좋은 곳이었다. 1925년에서 1926년 사이 가장 어려운 퇴고 작업을 그곳에서 했기에 잘 안다. 6주 만에 초고를 썼던 『태양은 다시 떠오른다』를 소설로 완성해야 했던 때였다. 거기서 어떤 단편을 썼는지는 잘 기억나지 않는다. 그래도 좋게 마무리된 작품이 여러 편 있었다.

마을로 이어지는 길 위의 눈이 떠오른다. 추운 밤 스키와 폴을 어깨에 얹고 불빛을 이정표 삼아 숙소로 걸어가다 보면 끼익 끼익하는 소리가 났다. 마주치는 모두가 '신께서 함께하시기를' 하고 독일어로 인사를 건네곤 했다. 동네 술집에는 징을 박은 부츠를 신은 등산복 차림의 시골 남자들이 늘 자리를 차지하고 있었다. 연기가 자욱했고 박힌 징 때문에 나무 바닥은 상처투성이였다. 오스트리아 알프스 연대에 복무했던 젊은이들이 많았는데, 그중엔 제재소에서 일하는 한스라는 이름난 사냥꾼 청년도 있었다. 우리는 이탈리아의 어느 산악 지대를 둘 다 가봤다는 이유로 좋은 친구가 되었다. 함께 마시며 산에 관한 노래들을 불렀다.

마을 위 언덕에 있는 농장 쪽, 과수원과 들판 사이에 있던 길도 떠오르고 커다란 난로와 눈 쌓인 통나무 더미가 있던 정겨운 농장 집들도 떠오른다. 여자들은 부엌에서 양털을 골라 회색과 검은색 실로 자아냈다. 물레는 발판을 밟아 돌렸고, 실은 염색하지 않았다. 검은색 실은 검은 양털로 자은 것이었다. 자연스럽게 만들어진 양털 실에는 기름기가 그대로 남아 있어 해들리가 그 실로 짠 모자와 스웨터, 긴 목도리는 눈에 젖지 않았다.

어느 크리스마스 시즌에는 학교 교장이 연출한 한스 작스[4]의 연극이 공연됐다. 멋진 연극이었고, 나는 호텔 주인이 번역을 맡아줘 지역 신문에 비평을 실었다. 어느 해에는 머리는 다 밀고 흉터가 가득한 전직 독일 해군 장교가 환등 슬라이드를 켜고 위대했지만 알려지지 않은 유틀란트 해전[5]의 승리에 대해 강연했다. 환등 슬라이드는 두 전함의 움직임을 보여줬고 해군 장교는 당구 큐를 지시봉으로써 겁먹은 젤리코 함장을 가리켰다. 때로는 화를 주체 못해 목소리가 갈라지기도 했다. 학교 교장은 큐로 스크린을 뚫을까 염려했다. 강연 뒤에도 그는 자신을 주체하지 못했고, 술자리에 있는 사람들 모두는 불편해했다. 검사와 은행가만 그와 술을 마셨고 다른 사람들은 테이블을 따로 썼다. 라인란트 지방 출신인 렌트 씨는 그의 강연을 듣지 않았다. 사람들 중에는 스키를 타러 빈에서 온 연인도 있었다. 이들은 높은 산은 꺼려 취르스로 떠났는데 나중에 들으니 눈사태가 나서 죽었다고 했다. 그중 남자가 말하길 강연자는 독일을 망친 쓰레기이며, 이런 자는 앞으로 스무 해 안에 또

---

4 한스 작스(Hans Sachs, 1494~1576) 독일의 시인, 극작가.
5 제1차 세계대전 시기 1916년에 영국과 독일 사이에 벌어진 해전이다.

그런 짓을 벌일 거라고 했다. 함께 있던 여자는 프랑스어로 남자에게 입 다물라고 말하며 여기는 작은 곳이고 넌 이곳을 전혀 모른다고 말했다.

그해에는 눈사태로 많은 사람이 죽었다. 첫 번째 참사는 우리가 지내던 계곡 건너편 아를베르크의 레흐에서 일어났다. 한 독일인 모임이 크리스마스 휴가를 맞아 렌트 씨의 인솔히에 스키를 타고 싶다고 했다. 그해엔 눈이 늦었고, 큰 눈이 내렸을 땐 언덕과 산등성이 슬로프가 아직 햇볕으로 따뜻했다. 눈은 깊이 쌓였으나 가루눈이어서 아직 땅에 달라붙지 않은 상태였다. 스키를 타기엔 아주 위험한 상태여서 렌트 씨는 이 베를린 사람들에게 오지 말라는 전보를 쳤다. 하지만 그들은 이미 휴가가 시작된 데다 무지했고, 산사태에 대한 공포도 없었다. 이들은 레흐에 도착했고, 렌트 씨는 인솔을 거부했다. 그러자 한 사람이 렌트 씨를 겁쟁이라고 부르며 자기들끼리 가겠다고 나섰다. 결국 렌트 씨는 자신이 아는 가장 안전한 슬로프로 그들을 데려갔다. 렌트 씨가 먼저 건넜고 사람들이 따라왔는데 마치 해일이 일어난 것처럼 산비탈 전체가 갑자기 무너져 내렸다. 열세 명을 파냈으나 아홉 명은 죽었다. 전에도 잘되지 않았던 산악 스키 교실은 이날 이후 우리 둘이 거의 유일한 학생이 되었다. 그해 아를베르크에서는 많은 사람이 눈사태로 죽었고, 우린 눈사태에 대해 잘 알게 되었다. 눈사태의 여러 유형, 피하는 방법, 대처법까지. 그해 내 글 대부분은 눈사태가 잦았던 그 시기에 쓰였다.

눈사태가 난 그해 겨울을 떠올릴 때 가장 끔찍한 기억은 눈 속에서 찾아낸 한 남자에 관한 것이다. 그 남자는 우리가 배운 대로 웅크리고 앉은 채 두 팔을 머리 앞으로 둘러 상자 모양을 하고 있었다. 그렇게 하면 눈이 덮쳐도 숨 쉴 공기를 확보할 수 있어서였다. 눈사태 규모가 아주 커 파내기까지 오랜 시간이 걸렸고, 이 남자는 마지막에 발견되었다. 죽은 지 오래되지 않았는데, 목이 너덜너덜해져 힘줄과 뼈가 보였다. 눈의 압력을 견디느라 머리를 이쪽저쪽으로 돌렸기 때문이다. 이 눈사태는 오래돼 단단해진 눈 위에 가벼운 최근 눈이 쌓여 흘러내린 게 분명했다. 우리는 그가 의도적으로 그런 행동을 한 건지, 제정신이 아니어서 그런 건지 알 수 없었다. 하지만 그가 가톨릭 신자인지 아닌지 확인이 안 된다는 이유로 그 지역 신부가 매장을 거부하는 바람에 그건 문젯거리도 아닌 게 되었다.

슈룬스에서 지낼 때를 생각하면 마들레너하우스로 오르기 전에 묵었던 여관까지 계곡을 따라갔던 긴 여행도 떠오른다. 아주 아름다운 오래된 여관이었고, 먹고 마시는 방의 나무 벽은 오랜 세월 갈고 닦여 매끈했다. 탁자와 의자도 마찬가지였다. 음식은 언제나 맛있었고 우리는 항상 배가 고팠다. 별이 가까이 그리고 아주 밝게 보이는 열린 창문 아래서 우리는 깃털을 누빈 이불을 덮고 큰 침대 안에서 바싹 붙어 잤다. 식사를 마친 아침, 산길을 오르기 위해 짐을 싸선 아직 별이 밝은 어둠 속에서 어깨에 스키를 둘러메고 산행을 시작했다. 짐꾼들은 스키가 아주 짧았고, 무거운 짐을 날랐다. 우리는 누가 더 무거운 짐을 지고 오르는지 경쟁을 벌였는데, 산꼭대기 눈 쌓인 빙벽 옆 툭 튀어나온 곳에 지어진 산악회 산장까지 마치 짐말처럼 지치지도 않고 오르는 몬타폰 방언만 쓰는 땅딸막하고 무뚝뚝한 시골 짐꾼들은 아무도 이길 수 없었다. 그 시골 짐꾼들은 산장 돌벽에 기대 짐을 푼 뒤 약속했던 것보다 더 많은 돈을 요구했고, 합의에 이르면 짧은 스키를 타고 땅속 요정처럼 쏜살같이 산 아래로 내려갔다.

우리와 함께 스키를 타던 멋진 독일 소녀가 있었다. 작지만 아름다운 몸매에 산악 스키 타는 솜씨가 뛰어났고, 나는 겨우 멜 정도의 무거운 륙색을 지고도 나보다 더 오래 걸을 수 있었다. 그녀가 말했다.

"저 짐꾼들은 항상 시체로 우릴 운반해 내려가길 바라는 것처럼 쳐다본다니까요. 미리 정한 운반비보다 늘 더 많이 요구하고요. 예외가 없어요."

좀 더 아래쪽이나 중간 지역에 사는 사람들은 위쪽 계곡 끝에 사는 농부들과 완전히 달랐다. 이들 가우에르탈 사람들은 적대적이지 않고 친절했다. 슈룬스에서 겨울을 날 때 나는 높이 쌓인 눈 위에서 반사되는 태양에 얼굴이 심하게 타는 것을 막으려 수염을 길렀고 머리카락도 자르지 않았다. 벌목꾼이 만든 길을 따라 저녁에 느지막이 스키를 타는데 렌트 씨가 말해주기를, 슈룬스 위쪽에서 지나친 주민들이 날 '검은 그리스도'라 부른다고 했다. 몇몇이 포도주 가게 바인스투베로 들어오면서 나를 가리켜 '키르슈를 마시는 검은 그리스도'라고 불렀다는 거다. 하지만 몬타폰 가장 위쪽 끝에 사는 농부들, 마들레너하우스로 오르는 길에 짐꾼으로 고용한 그들에게 우리는 사람이 가지 말아야 할 높은 산에 오르는 외국 악마들이었다. 햇빛이 눈을 녹일 수 있어 우리는 눈사태를 피하고자 해가 뜨기 전에 움직였는데 그들에겐 그것도 믿음직스러워 보이지 않았다. 단지 모든 외국 악마들처럼 약삭빠른 사기꾼으로 보였을 뿐이다.

소나무 향기, 나무꾼의 오두막, 너도밤나무 잎으로 만든

매트리스에서 잠들었던 일, 산토끼와 여우가 낸 길을 따라 숲을 가로질러 스키를 탔던 일이 떠오른다. 수목 한계선보다 높은 산에서 여우를 발견할 때까지 흔적을 따라갔던 것도 기억난다. 여우는 앞발을 들고 섰다가 조심스레 멈추는가 싶더니 갑작스레 덮쳤다. 그러자 들꿩이 하얀 깃털을 퍼덕이며 눈 속에서 뛰쳐나와 산등성이 너머 멀리 날아갔다.

바람이 빚어낼 수 있는 온갖 종류의 눈과 그에 따른 스키 탈 때의 갖가지 위험도 생각난다. 고산 지역 산장에 있을 때 눈보라를 만났는데 마치 이상한 세계가 만들어진 듯해 우리는 처음 본 곳에 온 듯 조심스럽게 길을 찾아야 했다. 그곳에서는 모든 게 새로웠다. 부드럽고 곧게, 다리가 지탱할 수 있는 한 곧게, 발목에 단단히 힘을 주고, 몸을 낮춘 채 속도에 기대, 바스락거리는 가루눈의 고요한 소음 속을 끝없이 끝없이 미끄러지던 멋진 빙하 코스가 마지막으로 떠오른다. 하늘을 나는 것 혹은 다른 어떤 것보다 멋진 경험이었는데, 무거운 륙색을 메고 장거리 등반을 하면 이렇게 할 수 있는 힘이 길러진다. 돈으로 살 수 있는 것도, 꼭대기로 오를 수 있는 표가 있는 것도 아니었다. 겨우내 배우고, 겨우내 몸을 만든 끝에 가능해진 것이다.

산에서 보낸 마지막 해엔 새로운 사람들이 삶에 깊숙

이 들어와 전과는 다르게 되었다. 눈사태가 있던 그 겨울은 마지막으로 보낸 겨울과 뒤이어진 살인적인 여름과 비교하면 유년 시절의 겨울처럼 행복하고 순수했다. 해들리와 나는 우리 사이를 지나치게 믿었고, 자신감과 자만에 차 부주의했다. 그것들이 우리 사이에 어떻게 침투했는지에 관해 나는 나 말고 다른 쪽을 비난하려 한 적이 단 한 번도 없다. 이건 살면서 더 분명해졌다. 세 사람의 마음의 동요가 하나의 행복을 파괴하고 다른 행복을 지었다는 것, 사랑과 좋은 작품, 그리고 거기서 나온 모든 건 이 글에서 할 얘기가 아니다. 그 내용은 썼다가 뺐다. 내게는 복잡하고 소중하며 가르침을 주는 이야기이다. 모든 것이 결국 어떻게 끝났는지에 대한 이야기도 이 글과 관련이 없다. 그 이야기 안에서 비난의 대상은 나밖에 없으며 내가 감당하고 받아들이고 깨달아야 한다. 비난받아선 안 되는 유일한 사람인 해들리는 결국 그 상황에서 잘 빠져나와 나보다, 내가 될 수 있기를 바랐던 것보다 훨씬 좋은 사람과 결혼해 지금은 행복하다. 충분히 그럴 만하다. 그해에 일어난 일 중 지금까지 이어지는 좋은 일이다.

Winters in Schruns, 1964

도보 여행

로버트 루이스 스티븐슨

우리에게 놀라움을 선사하는 도보 여행을 시골을 구경하는 좋거나 나쁜 방법이라 단순하게 생각해선 안 된다. 경치를 감상할 좋은 방법은 많다. 위선적인 호사가들의 말은 차치하더라도 선로 위 기차에서 보는 경치가 가장 생생하다. 하지만 경치 구경은 도보 여행에서 덤일 뿐이다. 인류애로 가득 찬 도보 여행자는 그림 같은 경치를 좇기보다 어떤 즐거움, 즉 아침에 시작하는 걸음이 가져다주는 희망과 활력, 저녁에 쉬며 느끼는 평화와 영혼의 충만함을 좇는다. 그는 배낭을 둘러멜 때와 내려놓을 때 느끼는 기쁨에 차이가 없음을 잘 안다. 출발할 때 느끼는 흥분은 도착할 때 느끼는 기쁨과 같다. 모든 행동은 그 자체로 보상이 되고, 그 보상은 이후 더 큰 보상이 된다. 그렇게 즐거움은 끝없는 사슬처럼 이어진다. 많은 사람이 이해하지 못하는 게 있다. 사람들은 내내 유유자적하거나 그렇지 않으면 내내 한 시간에 8킬로미터씩 걷는데, 둘 중 더 나은 걸 찾지 않고, 낮엔 종일 저녁을 준비하고 저녁엔 줄곧 다음 날을 준비한다.

무엇보다 지나치게 많이 걷는 사람이 이해하지 못하는 게 있다. 그는 자신이 큰 잔으로 벌컥벌컥 들이키는 큐라소를 작은 잔에 담아 마시는 사람을 보면 반감을 품는다. 조금씩 마실 때 맛이 더 섬세하게 느껴진다는 걸 믿으려 하지도 않는다. 그렇게 터무니없이 긴 거리를 걷는 게 자기를 멍하게 만들고 몸을 혹사하는 일이라는 것도 믿으려 하지 않는다. 그래서 오감에는 일종의 서리가 내리고 영혼에는 별도 뜨지 않는 어둠이 내린 채로 한밤중 여관으로 돌아온다. 적당히 걸은 사람이 맞는 온화하게 빛나는 저녁 시간이 그에게는 존재하지 않는다! 피곤한 육체만 남아 잠잘 시간과 나이트캡이 두 배로 필요할 뿐이다. 흡연자라면 파이프에서 아무 맛도 얻지 못하고 환멸만 느낄 것이다. 행복하기 위해 다른 사람들보다 두 배는 더 애쓰면서도 결국 행복을

로버트 루이스 스티븐슨

놓치는 운명, 과유불급의 표본인 것이다.

어쨌든, 제대로 즐기려면 도보 여행은 혼자 나서야 한다. 동행하는 사람이 있으면 둘이라 해도, 이름만 도보 여행이지 소풍이라 해야 어울릴, 영 다른 것이 되어버린다. 도보 여행은 혼자 나서야 한다. 자유가 이 여행의 본질이기 때문이다. 변덕이 이끄는 대로 멈출 때 멈추고 갈 때 가고, 이 길로든 저 길로든 갈 수 있고, 걷기 챔피언에 맞춰 빨리 걷거나 소녀의 걸음에 맞춰 종종거리는 일 없이 자신만의 속도로 갈 수 있어야 하기 때문이다. 그런 뒤엔 모든 감동에 열려 있어야 하고 보이는 것들에서 자기만의 생각을 끌어내야 한다. 어떤 바람과도 어울릴 수 있는 피리가 돼야 한다. 해즐릿[1]은 이렇게 말한다. "나는 걷는 것과 말하는 걸 동시에 할 수 있는 요령이 없다. 시골에 있으면 시골 모습 그대로 별 하는 일 없이 있고 싶다." 이 말은 도보 여행에 대해 말할 수 있는 모든 것의 요지를 담고 있다. 바로 옆에서 재잘대는 목소리 때문에 사색적인 아침 고요가 방해받아선 안 된다. 그리고 야외에서 많이 움직인 뒤에 느낄 수 있는 기분 좋은 도취에 이성을 잃고 굴복하지 않는 한, 도보 여행

---

1 윌리엄 해즐릿(William Hazlitt, 1778~1830) 영국의 인문학자, 작가. – 옮긴이

은 일종의 황홀경과 뇌 활동의 둔화에서 시작해 이해를 넘어서는 평화로 끝나야 한다.

어떤 여행이든 첫날이나 그즈음엔 괴로운 순간들이 있다. 배낭에 완전히 냉담해질 때 비슷한 상황에 놓인 한 크리스천처럼 "세 번 뛰어오르고 계속 노래하라give three leaps and go on singing"[2] 외치며 반쯤은 힘껏 울타리 너머로 배낭을 던져버리고 싶을 때 같은. 하지만 곧 안식을 얻고 여행은 자석이 되어 여행자를 제 영혼 안으로 이끈다. 그러면 어깨 위로 배낭 끈을 들썩이자마자 잠의 찌꺼기가 떨어져 나가고, 여행자는 몸을 한 차례 흔들어 정신을 추스르곤 성큼 발걸음을 내디딘다. 당연히, 길을 걸으며 느낄 수 있는 가능한 모든 기분 중 이때의 기분이 최고다. 물론 근심을 계속 안고 간다면, 상인 아부다[3]의 궤짝을 열어선 추한 노파와 팔짱을 끼고 걷는다면, 어디에 있든, 천천히 걷든 빨리 걷든, 행

---

2 존 버니언(John Bunyan, 1628~1688, 영국의 작가, 설교자)이 쓴 『천로역정 Pilgrim's Progress』 1부 3장에 나오는 구절로 원문은 다음과 같다. "Then Christian gave three leaps for joy, and went on singing."

3 18세기 중반 영국에서 출간된 중동 설화집 『게니 이야기 The Tales of Genii』에 등장하는 인물로 '상인 아부다의 모험' 이야기는 콜리지 등 당대 작가뿐 아니라 후대 찰스 디킨스의 작품에도 큰 영향을 미쳤다. - 옮긴이

복하지 않을 것이다. 스스로에게 더없이 부끄러운 일이다! 같은 시간대에 길을 나선 사람이 서른 명 정도는 있을 텐데, 그중 그보다 멍한 표정을 짓는 사람은 없을 거라 장담한다. 어느 여름 아침, 어둠을 걸친 채 줄지어 가는 도보 여행자 무리를 따라간다면 처음 몇 킬로미터는 별일 없을 것이다. 예리한 눈빛을 한 채 빠르게 걷는 한 여행자는 자기 생사에 몰두힌 채 자신만의 방에서 베틀을 엮고 엮어 풍경을 말로 풀어낸다. 풀밭 사이를 걸으며 주위를 세심히 살피고, 수로 옆에서 잠자리가 나타나길 기다리고, 목초지 출입구에 기대 잠시지만 무심히 소 떼를 바라보기도 한다. 그때 다른 이가 와선 혼자 떠들고, 혼자 웃고, 혼자 몸짓을 한다. 두 눈에서 분노의 불꽃이 튀거나 이마에 화가 드리워져 표정이 시시각각 변한다. 그는 글을 짓고, 연설을 하고, 몹시 격정적인 인터뷰를 진행 중이다. 좀 더 지나면 틀림없이 노래를 부를 것이다. 그가 그쪽 예술 분야의 대가가 아니어도 괜찮지만, 모퉁이를 돌다 둔감하지 않은 농부와 마주친다면 이때 우리의 음유시인이 당황하는 것과 농부가 소스라치게 놀라는 것 중 무엇이 더 나쁠지 나는 모르겠다. 아무려나 잘 움직이지 않는 사람들, 걷기에 익숙지 않거나 기계적인 일상의 걷기에 길들여진 사람들은 도보 여행의 이런 즐거움을 이해할 능력이 없다. 나는 도망친 미치광이로 체포된 사내를 안다. 붉은 수염까지 기른 다 큰 어른이었음에도 어린애처럼 깡충깡충 뛰어다녀서였다. 여기 놀라운 이야기가 있다. 진지하고 배웠다는 사람들도 내게 고백하길, 도보 여행을 할 때 노래를 (아주 못 부르는 노래를) 부르다 앞서 말한 것처럼 예기치 않게 농부와 모퉁이에서 마주쳐 귀가 빨개진 적이 있었다는 것이다. 내가 과장하고 있다고 생각지 않게 해즐릿의 고백을 여기에 옮긴다. 산문「여행길에 대하여」에서 가져온 구절인데, 너무나 훌륭한 글이기에 읽지 않은 모든 사람에게 세금을 물려야 할 정도다.

내 머리 위엔 맑고 푸른 하늘을, 두 발 아래엔 초록 잔디를 달라. 내 앞 굽이진 길, 그리고 식사 시간까지 세 시간 동안 걷기, 생각에 잠기기! 이 외딴 황야에서 게임을 시작할 수 없다면 힘든 일. 나는 웃고, 달리고, 뛰어오르고, 기쁨에 찬 노래를 부른다.

브라보! 당신은 별 관심이 없겠지만, 내 친구가 경찰과 벌인 활극을 일인칭으로 출판한다면? 하지만 오늘날 우리에겐 그런 용기가 없다. 책 속에서조차 우리 모두는 우리 이웃처럼 둔하고 어리석은 척해야 한다. 해즐릿은 그러지 않았다. (실제로, 그의 산문 전반을 통해) 그가 도보 여행에 얼마나 통달했는지 알아보라. 그는 보라색 스타킹을 신고 하루 80킬로미터씩 걷는 운동선수가 아니었다. 세 시간 걷기만으로 충분했다. 그 외 가졌던 건 굽이진 길과 맛있는 음식!

그런데 그의 말 중 반기를 들고 싶은 게 하나 있다. 이 위대한 대가에게도 현명하지 않아 보이는 기술이 하나 있다. 나는 뛰어오르는 것과 달리기는 찬성하지 않는다. 이 두 가지는 호흡을 가쁘게 하고, 뇌를 흔들어 야외에서의 즐거운 혼란에서 벗어나게 하고, 페이스를 망친다. 고르지 않은 걷기는 몸에 적합하지 않은 데다, 정신을 산만하고 초조하게 만든다. 반면, 일정한 보폭으로 걸으면 그것을 지켜야 한다는 의식도 필요 없고, 무언가에 대해 진지하게 생각하는 것도 막아준다. 뜨개질처럼, 복사원의 일처럼 심각한 정신 활동을 중화하고 정지시켜주는 것이다. 우리는 아이들처럼, 아니면 아침잠에 취했을 때처럼 가볍게, 웃으며 이것저것을 생각할 수 있고, 말장난을 하거나 문자 퍼즐을 맞추거나 단어와 운으로 수천 가지 놀이를 할 수 있다. 하지만 정직해야 하는 일에 관해서는, 모여 함께 노력할 때는 원하는 만큼 길고 크게 트럼펫 소리를 낼 수도 있다. 정신의 대가들은 통념을 따르지 않고 각자의 집 불가에 앉아 손을 녹이며 자신만의 생각에 빠질 것이다!

낮 동안 걷다 보면 기분이 다양하게 변하는 걸 알 수 있다. 출발할 때의 흥분부터 도착했을 때의 행복한 무기력까지 그 변화는 실로 대단하다. 하루 동안 여행자는 한쪽 극단에서 다른 쪽 극단으로 옮겨간다. 점점 실제 풍경과 조화를 이루고, 야외 공기에 취해 보폭이 넓어지고, 길가에 자리를 잡을 때까지 마치 기분 좋은 꿈을 꾸듯 자신에 대한 모든 것과 마주한다. 처음은 분명 더 밝지만, 두 번째 단계는 더 평화롭다. 끝을 향해 가면서 많은 말을 하지도, 소리 내 웃지도 않는다. 다만 순수한 동물적 기쁨이, 육체적으로 건강하다는 감각이, 모든 들숨의 즐거움이, 허벅지 아래 근육이 팽팽해지는 매 순간이 그가 혼자임을 위로하며 목적지까지 만족스럽게 이끈다.

잠시 쉬는 것도 빼놓으면 안 된다. 언덕 위 이정표나 넓은 길이 만나는 나무 아래 같은 데 이르면 배낭을 내려놓고 그늘에 앉아 파이프 담배를 핀다. 자신에게로 빠져들고, 새들은 고갤 돌려 쳐다본다. 담배 연기는 천국의 푸른 지붕 아래 오후 속으로 흩어지고, 햇빛은 두 발 위에 따뜻하게

로버트 루이스 스티븐슨

내려앉고, 시원한 공기는 목을 스치며 열린 셔츠 사이로 들어온다. 이럴 때 행복하지 않다면 악마의 마음을 가진 것이다. 길가에서 최대한 꾸물거리고 싶으리라. 마치 밀레니엄이 온 듯, 벽시계와 손목시계를 지붕 위로 던지고 시간이나 계절을 더는 기억하지 않으려 하리라. 살면서 시간을 생각하지 않는 것은 영원을 사는 것과 같다. 배고픔만으로 시간을 알고, 졸음이 오는 것만으로 하루를 끝내는 도보 여행을 해보지 않으면 여름날이 얼마나 긴지 결코 모를 것이다. 나는 시계가 거의 없는 마을을 안다. 그곳 사람들은 일요일에 대한 본능으로 요일은 알지만 그 이상은 아무도 모른다. 한 달의 날짜를 알려줄 사람이 딱 한 명 있는데 그마저도 대개는 틀린다. 그 마을에서 시간이 얼마나 천천히 흐르는지, 현명한 그곳 주민들에게 얼마나 많은 여가 시간이 넘치도록 주어지는지 안다면, 내 생각에 시계들이 정신을 잃고 경쟁하듯 더 빨리 움직이는 런던, 리버풀, 파리 같은 대도시에서 사람들이 우르르 몰려올 것이다. 그 어리석은 순례자들은 모두 주머니 시계 안에 자신만의 고통을 지니고 올 테지만 말이다! 대홍수 전 훨씬 더 좋았던 시절에도 벽시계와 손목시계가 없었다는 걸 알아야 한다. 그때는 당연히 약속도 없었고 시간을 잘 지키는 것도 중요하지 않았다. 밀턴이 말하지 않았던가. "탐욕스러운 자가 지닌 모든 보물을 뺏는다 해도, 한 가지 보석은 남으리. 탐욕, 그 자체는 빼앗지 못하리." 그러니 나는 이 시대 사업가에 대해 이렇게 말하겠다. 그를 에덴에 데려가 영생의 물약을 주는 등 할 수 있는 걸 다 해줘도 그의 마음은 만족하지 못할 것이며 여전히 사업가적 습성을 지니고 있을 것이라고. 오늘날 이런 사업가적 습성을 제일 잘 누그러뜨릴 수 있는 게 바로 도보 여행이다. 내가 말한 그대로, 이 멈춤의 시간엔 거의 완전한 자유를 느낄 것이다.

하지만 최고의 시간은 식사 후 밤에 찾아온다. 기분 좋게 걸은 낮 시간 다음 뒤따라온, 파이프 담배를 피는 순간만 한 건 없다. 이때의 담배 향은 뇌리에 박히는데, 잘 말라서 아주 향기롭고 아주 풍부하고 아주 순수하다. 저녁 시간을 그로그주를 마시며 마무리하는 사람이라면 그런 그로그주는 없다는 걸 알게 될 것이다. 한 모금 한 모금이 온몸에 유쾌한 평온함을 퍼뜨리며 마음속에 안착한다. 책을 읽는다면 단어가 이상하게 생기 있고 조화롭게 읽힐 것이다. 당연히 읽다 말다 하지 않는다. 단어는 새로운 의미를 얻고, 한 문장이 삼십 분 동안 귓가에 맴돈다. 작가는 매 페이지마다 기분 좋은 감정의 일치로 환심을 사려 한다. 마치 꿈속에서 내가 직접 쓴 책처럼 느껴진다. 이렇게 읽은 책은 특별히 아끼며 되돌아보게 된다. 해즐릿은 애정어린 꼼꼼함을 담아 말한다. "1798년 4월 10일, 랑골렌의 여관에서 『신엘로이즈 La Nouvelle Héloïse』[4]를 읽었다. 셰리 한 병과 차가운 닭고기를 두고." 오늘날 우리는 아무리 훌륭한 사람이라도 해즐릿만큼 쓰지 못하니 더 많은 인용을 하고 싶다. 말이 나온 김에 덧붙이면, 해즐릿의 산문집은 이런 여행길에 꼭 필요한 포켓북이다. 하이네의 시집도 마찬가지고 『트리스트럼 섄디 Tristram Shandy』[5]도 괜찮은 경험을 주리라 확신한다.

저녁 날씨가 괜찮고 따뜻하다면, 황혼이 지는 여관 문 앞에서 느긋하게 쉬거나 다리 난간에 기대어 수초와 날쌘 물고기를 보는 것만 한 인생의 호사도 없다. 이런 경험을 한다면 독창적인 단어의 온전한 의미를 기분 좋게 맛보게 된다. 근육은 알맞게 축 처지고 기분은 매우 상쾌하고 매우 건강하고 매우 한가해, 움직이든 가만히 앉아 있든, 무엇을 하든 왕이 된 듯한 기쁨과 자부심도 느끼게 된다. 상

---

4 장 자크 루소의 첫 소설이다.

5 로렌스 스턴(Laurence Sterne, 1713~1768. 영국계 아일랜드의 소설가, 성직자)의 장편소설로 의식의 흐름 기법으로 쓰인 최초 작품으로 인정받는다.

대가 똑똑하든 멍청하든, 취했든 멀쩡하든 누구와도 얘길 나눌 수 있다. 다른 무엇보다, 열의에 찬 산책은 모든 편협함과 자만을 몰아내는데, 그러면 어린이나 과학자의 것 같은 자유로운 호기심만이 남는다. 자신의 오락거리는 모두 제쳐두고 앞에 놓인, 이제는 웃기는 소극 같기도 하고 엄숙하고 아름다운 옛이야기 같기도 한 발전된 시골 유머를 즐긴다.

아니라면, 성질 나쁜 날씨에 갇혀 동행자와 불 옆에서 온밤을 보낼 수도 있다. 과거의 기쁨을 헤아리며 번스가 어떻게 '행복한 생각'을 했던 시간을 조목조목 이야기했는지 기억할 것이다.[6] 그 문구는 시계와 호출 벨로 사방이 둘러싸이고, 심지어 밤에도 타는 듯 붉은 시계판에 시달리는 가련한 현대인들을 당혹스럽게 할 수 있다. 우리 모두는 너무 바빠, 장기적으로 해야 할 일이 너무 많아, 성이 불탄 자리를 자갈이 덮인 견고한 주택단지로 변모시켜야 해서 '생각의 땅'이나 '헛된 언덕'으로 즐거운 여행을 떠날 시간이 없다. 우리가 두 손을 포갠 채 밤새 불가에 앉아 있어야 할

---

6   로버트 번스(Robert Burns, 1759~1796, 스코틀랜드의 음유 시인)와 그의 시 「보리밭 고랑Rigs O'Barley」을 말한다.

때, 실제로 시간은 변한다. 행복한 생각에 빠져 불만 없이 보내는 시간을 찾을 때 세상은 변한다. 우리는 무언가를 하느라, 글을 쓰느라, 물건들을 모으느라, 불멸의 조롱이 담긴 침묵 속에서 우리 목소리를 내기 위해 허둥대느라 한 가지를 잊는다. 이것들 모두는 이름하여 삶의 한 부분들일 뿐이라는 걸 말이다. 우리는 사랑에 빠지고, 거나하게 마시고, 땅 위 이리저리 두려움에 떠는 양처럼 뛰어다닌다. 그러다 모든 것이 끝나면 그제야 스스로에게 묻는다. 집 안 불가에 앉아 행복한 생각에 잠기는 게 낫지 않겠느냐고. 가만히 앉아 생각에 잠기기, 욕망 없이 여자의 얼굴 떠올리기, 질투 없이 남자들의 위업에 기뻐하기, 모든 것과 모든 곳에 공감하기, 그러면서 어디에 있든 무엇을 하든 만족하기. 이것이 지혜와 미덕을 모두 아는 것, 행복 안에서 기거하는 것 아니겠는가? 결국, 행진의 즐거움은 깃발을 들고 가는 자가 아니라 자기만의 방에서 그것을 지켜보는 자가 갖는다. 일단 행진에 끼면 모든 사회적 이단이 가진 그 우스꽝스러움 속에 있게 되는 것이다. 속이는 말이나 허황되거나 공허한 말을 할 때가 아니다. 명성과 부, 배움이 무엇을 의미하는지 스스로에게 묻는다면 답을 구하기 어렵다. 그랬다간 부를 좇아 헐떡이는 속물들 눈에는 헛되이 보일, 세상의 불평

등에 고통받는 이에게는 중대하게 보일, 얄팍한 공상의 왕국으로 돌아갈 것이다. 그리고 거대한 별 앞에서는 극미한 차이만 있는 것들, 이를테면 파이프 담배와 로마 제국, 엄청난 돈과 바이올린 활 끝 같은 것의 차이를 구분하는 일을 멈출 수 없을 것이다.

창가에 기대, 마지막 파이프 담배 연기가 어둠 속으로 하얗게 퍼질 때면 몸은 달콤한 고통이 차오르고, 정신은 만족의 왕좌에 앉는다. 갑자기 기분이 변해 풍향계가 돌아가면, 스스로에게 하나 더 묻는다. 여행 동안 가장 현명한 철학자였는가, 아니면 지독한 얼간이였는가? 인간으로서의 경험은 아직 이에 응답할 수 없다. 하지만 적어도 멋진 순간들을 보냈고, 지상의 모든 왕국을 내려다봤다. 그리고 현명하든 어리석든, 내일의 여행은 우리 육체와 정신을 영원의 또 다른 교구로 이끌 것이다.

Walking Tours, 1876

영국 해안

미야자와 겐지

여름방학 중 15일간의 농장실습 때면 하루나 이틀꼴로, 일이 일단락될 때마다 놀러 가는, 우리가 영국 해안이라 이름 붙인 곳이 있습니다. 사실은 해안이 아니라 그저 해안 비슷한 강가로 기타가미강 서쪽 물가인데요. 그곳은 동쪽의 센닌 고개에서 도노를 통과, 쓰치자와를 지나 기타가미 산지를 가로지르는 차가운 사루가이시강이 기타가미강 쪽으로 물길을 돌리는 오치아이에서 조금 아래 있는 곳입니다.

영국 해안에는 창백한 응회질 이암泥巖이 강을 따라 꽤

나 넓게 펼쳐져 있어 그 남쪽 끝에 서면 북쪽 가장자리에 있는 사람이 새끼손가락 끝마디보다도 작아 보입니다. 그 이암대泥巖帶는 특히 강물이 불어날 때마다 깨끗하게 씻겨 뭐라 형언할 수 없는 하얗고 상쾌한 푸른빛을 띠지요. 또 물이 불어날 때 생긴 자그마한 웅덩이와 그 웅덩이가 몇 개 이어져 생긴 도랑, 그리고 갈탄 파편들과 시든 갈대 줄기들 따위가 곳곳에 일렬로 늘어서 있어 지난 홍수 때 어디까지 물이 불었는지도 알 수 있습니다. 햇볕이 강하게 내리쬘 때는 군데군데 가로세로로 금이 간 바위가 말라 하얗게 보이는데, 모자를 쓰고 아래를 내려다보며 그 위를 걸으면 검은 그림자까지 드리워져 진짜 영국의 백악 해안[1]을 걷고 있는 듯한 착각이 들 정도지요.

여름이면 마을 소학교에서 학생들을 이시노마키 가까이에 있는 해안에 15일 동안이나 데리고 갔고, 이웃 여학교에서도 여름 해변학교를 시작했습니다. 하지만 우리 학교는 그러지 않았던 터라 태어나 지금껏 기타가미 골짜기 상류 쪽에서만 살아온 우리는 남들이 뭐라든 그 이암대를 영

---

1 영국 남동부 켄트 해안을 따라 약 26킬로미터를 뻗어 있는 석회암 절벽을 말한다.

국 해안이라고 부르고 싶었던 건데요, 거길 해안이라고 부르는 게 실은 사리에 어긋난 일도 아니었습니다. 왜냐면 거긴 제3기라 불리는 지질시대 말에는 바닷가였기 때문이지요. 그 증거는 이렇습니다.

첫째, 그 이암대는 동쪽 기타가미 산지 가장자리에서 서쪽 중앙 분수령 기슭까지 마치 한 장의 커다란 판자처럼 펼쳐져 있습니다. 대부분이 홍수 때 쌓인 붉은 자갈과 롬층, 충적된 모래와 점토, 그리고 다른 무언가에 덮여 보이지 않을 뿐이지요. 하지만 강과 물가와 벼랑 여기저기에 이암이 얼굴을 내밀고 있어 금세 알아볼 수 있고, 또 우물을 깊게 파다 보면 곳곳에서 이내 이암층에 다다르기도 합니다.

둘째, 점토와 화산재가 섞여 있는 이암은 대부분 잠잠한 물속에 가라앉아 있던 게 확실했습니다. 예를 들면 물에 잠기며 생긴 줄무늬가 있는 점, 오래된 나뭇가지와 줄기 조각이 묻어 있는 점, 습지에서 자라는 여러 식물이 탄화한 상태로 여기저기 끼어 있는 점, 그리고 산 가까이에 자잘한 자갈이 있는 점, 특히 기타가미 산지 가장자리 곳곳의 이암대 사이엔 해변 모래언덕과 비슷한 흔적이 있다는 점 등이 그 증거인데요. 그렇게 보면 지금의 기타가미 평원은 옛날엔 폭이 3리里 정도밖에 안 되는 가늘고 긴 물웅덩이였던

셈입니다.

셋째, 그런데 그 고인 물이 짰다는 증거가 있는데요. 기타가미 산지 가장자리에 있는 붉은 자갈에서 염수가 아니면 서식할 수 없는 굴 등의 개각류 화석이 나온 게 바로 그 증거입니다.

이렇게 보건대 제3기 말, 혹은 그보다 조금 뒤인 오륙십만 년 또는 백만 년 전일지도 모르는데요, 지금의 기타가미 평원은 그 무렵엔 육지 깊숙이 들어와 있던 가늘고 기다란 바다 혹은 짠 호수였습니다. 그런데 수면이 비교적 얕았기에 이암은 몇만 년이라는 긴 시간 동안 수면 곳곳에서 얼굴을 내밀었다 들어가길 반복했고, 그사이 화산재와 점토가 위에 쌓이거나 물과 바람에 깎여나가거나 했던 거지요. 점토는 동쪽과 서쪽 산지로부터 강물에 실려 흘러온 것이고, 화산재는 서쪽 2열이나 3열의 석영 조면암 화산이 때때로 분화하거나 폭발할 때 날아온 것이고요.

그즈음 세상엔 아직 사람이 존재하지 않았습니다. 더구나 일본엔 아주 최근인 삼사천 년 전까지도 사람이 전혀 살지 않았다 하니, 누구도 그 광경을 볼 수 없었겠지요. 누구도 본 적 없는 옛 하늘이 개거나 흐리기를 반복하고, 바다가 점차 얕아져 드디어는 땅이 물 밖으로 얼굴을 내밀고, 그 위에 풀과 나무가 우거져 호두나무는 잎을 하늘거리고 노송나무와 주목은 새까맣게 울창해집니다. 그렇게 울창해졌다 싶으면 곧 서쪽 화산이 검붉은 혀를 내밀고, 자갈과 화산 경석輕石이 하늘이 시커메지도록 날아와선 나무를 뭉개버리고, 얼마 지나지 않아 그 위에 물이 덮이고 점토가 쌓여 컴컴한 곳에 묻혀버렸지요.

아무리 생각해도 신기하기만 합니다. 그래서 정말 그런 일이 있었을까 하고 말아버리지요. 하지만 정말입니다. 우리의 영국 해안은 강줄기에서 꽤 떨어진 데 외따로 있고, 해안 절반엔 거의 석탄이 된 커다란 나무 그루터기가 이암 속에 뿌리를 내리고 있습니다. 자갈과 화산 경석에 뭉개진 줄기와 가지가 역시나 거의 석탄이 된 채 줄줄이 늘어서 있기도 하고요. 계속해서 햇볕에 너덜너덜해지고 물에 깎여 나갔지만 말입니다. 하지만 새것도 나왔습니다. 우린 어느 날 반은 탄화해버린 호두 열매를 마흔 개 가까이나 그 그루터기 주위에서 주운 적이 있습니다. 열매는 길이 6센티미터 정도, 폭 3센티미터 정도로 매우 가늘고 길고 뾰족한 모양이었는데요. 처음엔 무거운 지층에 뭉개져 그런 거라 여겼습니다. 하지만 세로로 묻힌 것도 있었기에 처음부터 그런 모양이었다고밖엔 생각할 수 없었지요. 우리는 또 오리

나무 열매도 발견했습니다. 자그마한 풀 열매 잔뜩과 함께 말이지요.

그렇습니다. 백만 년 전 바닷가에 지금의 기타가미강이 흐르고 있는 것입니다. 그 옛날, 거대한 파도로 덮치거나 제 아래 가라앉히거나 하는 등 누구도 본 적 없는 곳에서 갖가지 변화를 만든 거대한 바다의 오늘날 계승자는 파도에 깜박깜박 불을 붙이며, 옛 바닷가를 철썩철썩 치며, 밤낮으로 남쪽을 향해 흘러가고 있는 것이지요. 여기를 해안이라 부르면 안 될 게 뭐 있겠습니까.

하물며 해안이라 부를 수 있는 또 다른 이유도 있는데요. 아주 조금이긴 하지만 영국 해안에선 강물이 마치 커다란 호수나 바다에서처럼 밀려오고 밀려가고 합니다. 이 현상이 동쪽에서 들어오는 사루가이시강과 이곳 물이 부딪쳐 생기는 건지, 아니면 상류의 매우 격렬한 물살이 이곳 이암층 언덕에 부딪혀 역류해 생기는 건지, 아니면 전혀 다른 원인 때문인지는 분명치 않지만, 여하튼 물이 밀물과 썰물처럼 들어오고 나갈 때가 있는 거지요.

아무튼 그런 때였습니다. 마침 1학기 시험 채점도 끝나고 성적 발표와 함께 통신문을 전하는 일만 남은 때였지요.

농장 일도 오전에 보리 나르는 일을 끝내 일단락된 오후였습니다. 우린 올해 들어 세 번째로 영국 해안에 갔습니다. 세강의 철교를 건너 우엉과 양배추가 희묽은 이파리를 나부끼는 밭 사이 좁은 길을 걸었지요.

우리는 길옆 새포아풀에 이삭이 잔뜩 달린 곳에서 제재소로 들어갔습니다. 거기가 제재소란 건 막 나온 톱밥이 깔려 있고 톱질 소리가 불규칙히게 울렸기 때문에 알았는데요, 햇빛에 빛나는 톱밥이 마치 모래 같았습니다. 우리는 모래 건너편 푸른 물과 위험지역의 붉은 깃발, 그리고 저 너머 떠 있는 양철 색 구름을 보고는 마치 스웨덴의 협만에라도 온 듯한 착각이 들어 가슴이 두근거렸습니다. 확실히 모두가 그런 기분이었던 것 같았지요. 남빛 그림자가 드리워진 오두막 안에는 하얗게 빛나는 둥근 톱이 네다섯 자루 걸려 있었는데, 그중 대에 걸린 하나는 마치 유령처럼 떠 있는 듯 보였습니다.

우리는 제재소를 나와 강가로 갔습니다. 풀이 우거진 절벽 아래, 그러니까 조금 전 본 위험지역의 붉은 깃발 아래엔 마침 뗏목이 도착한 참이었는데요. 강에는 헤엄을 치는 하나마키와 하나조 학생들이 많았습니다. 하지만 우린 영국 해안에 갈 작정이었던 터라 거길 그저 지나쳤지요. 게

다가 거긴 이미 영국 해안의 남쪽 끄트머리였으니까요.

　우리가 아니라도 이곳 사람 중 부러 강까지 와 그 사랑스러운 곳에 가지 않는 사람은 거의 없습니다. 마을 잡화점과 철물점 아들들, 여름방학을 맞아 고향에 온 여기저기 중학교의 학생들, 그리고 점심 휴식 중인 제재소 사람들이 알몸으로 두서넛씩 새하얀 바위에 앉아 있거나, 통풍 잘되는 셔츠와 푸른 반바지에 희묽은 대형 밀짚모자를 쓰고 걷는 모습을 보는 일은 정말이지 즐거운 일인데요. 그럴 때면 사람들이 우리 쪽을 보고는 미소를 짓는 겁니다. 제일 짜릿한 건 멋지게 생긴 외국 개가, '로버트' 따위의 이름을 가졌을 법한 커다란 털북숭이 개가 검은 그림자와 함께 우리 쪽을 향해 쏜살같이 달려오는 거지요.

　"야, 기분 좋다."

　우리는 동시에 외쳤습니다. 여름 해안에 놀러 가고 싶지 않은 사람이 누가 있을까요? 갈 수만 있다면, 납치당해 방적 공장 따위에 팔려 가 지독한 일을 겪지만 않는다면, 누구나 프랑스나 영국같이 먼 곳의 바다에 가고 싶어 할 테지요.

　우린 서둘러 신발과 바지를 벗고 조금 탁하지만 시원한 물에 줄줄이 들어갔습니다. 물의 탁함이 정말이지 훌륭하고 고상했지요. 그런 물에 얼굴을 반쯤 담그고 헤엄을 치면서 곁눈질로 이암대 건너편 해안 쪽을 보니, 풀이 우거진 높은 언덕 위로 나무는 바람에 흔들리고 구름은 새하얗게 빛나고 있었습니다. 잠시 뒤 우리는 이암대의 튀어나온 부분을 붙잡고 조금씩 위로 올랐는데요. 학생 한 명이 휘파람으로 스위밍 왈츠[2]를 불렀습니다. 오케스트라 연주를 실제로 본 학생이 거의 없었으니 마을 양품점에 있는 축음기에서 들은 게 분명할 테지만, 아무려나 때마침 시원한 물이 왈츠처럼 흘러가고 있었고요.

우리는 곧 이암대 위 여기저기를 걸었습니다. 곳곳에 있는 항아리 모양의 구멍 속엔 자그맣고 동그란 자갈이 들어 있었지요.

"이 자갈이 구멍을 뚫은 거예요. 물이 이암 틈에 낀 자

---

[2] 겐지의 희곡 『기아진영飢餓陣營』에 나오는 노래다. 작품 줄거리는 이렇다. 마른 벌판에 지은 임시 진영에서 전멸을 면한 병사들이 굶주림에 시달리며 바나나 대장을 기다린다. 곧 포식한 바나난이 훈장을 달고 돌아온다. 병사들은 대장에게 과자로 만든 훈장과 바나나로 만든 견장을 보여 달라 하고는 결국 다 먹어 치운다. 이에 대장은 화를 내고, 그제야 정신을 차린 병사들은 당황한다. 조장들이 책임을 지고 자결하려 하자 바나난 대장은 그들을 용서하는 한편, 병사들에게 자신이 고안한 생산 체조(과일나무의 가지를 가다듬는 모양새를 몸으로 표현하는 일)를 하라 명한다. 이에 병사들이 체조를 하자 과일나무에 열매가 맺고, 대장은 이를 수확해 병사들에게 골고루 나눠준다. 이후 모두 함께 신을 찬미하며 행진하면서 막이 내린다. 겐지는 농업학교 교사 시절 이 희곡을 만들어 학생들에게 공연하게 했는데, 네 번 정도 상연했다고 한다. - 옮긴이

갈 위로 흐르겠지요? 그러면 물 아래서 돌들이 서로 부딪치며 움직이겠죠? 빙글빙글 돌기도 하겠고요. 그렇게 점점 구멍이 뚫리는 거예요."

또 붉은 산화철이 침식한 이암 틈을 따라 표면이 푹 패여 도랑을 이룬 데도 있었는데요. 수많은 도랑이 이어져 마치 표주박을 이어놓은 것처럼 보이는 곳도 있었지요.

"이런 도랑은 물이 흐를수록 깊어지기만 할 거예요. 물 아래 자갈은 물살을 거슬러 위로 올라올 수 없기 때문이죠. 그래서 자갈은 도랑 속에서만 구르고, 그럼 도랑은 깊어지기만 하겠죠. 도랑 속을 한번 보세요. 표면이 세로로 선 막대기 같지요? 다 이래요."

그때, 누군가가 남쪽을 바라보며 외쳤습니다.

"야, 기병이다, 기병이야!"

강 아래쪽 새파란 물 위로 검은 아사히 다리가 뚜렷하게 보였습니다. 하얀 윗옷을 입은 채 줄지어 걷는 기병들이 다리 난간 사이로 보였고요. 걸을 때마다 말 다리가 아지랑이처럼 반짝이며 빛났습니다. 일개 중대 정도로 보였는데 기차보다는 천천히, 소풍 가는 소학교 학생들 행렬보다는 빠르게 중대장으로 보이는 사람을 선두로 차례로 다리를 건넜지요.

"어디로 가는 걸까요?"

"수마[3] 연습이겠지요. 하얀 윗도리에, 말엔 안장도 안 얹었잖아요."

"여기로 오면 좋겠어요."

"올 거예요, 분명. 저기 저 물가에 있는 풀숲에서 나올 걸요. 제아무리 군인이라도 이 사랑스러운 곳엔 오고 싶어 할 테니 말이죠."

제일 뒷사람이 반짝하고 빛난 걸 마지막으로 줄줄이 다리를 건너던 기병들은 시야에서 모두 사라졌습니다. 아니, 그런가 했는데 한 명이 더 나오더니 땀범벅이 된 채 말을 달려 쫓아가더군요. 우리는 잠자코 지켜봤는데요, 그러곤 그만. 기병이 완전히 보이지 않게 되자 언제 그랬냐는 듯 그들을 잊었고, 다시 시원한 물에 뛰어들어 자그마한 만을 이룬 곳을 헤엄치거나 바위 위를 걸었습니다.

"이 띠는 어떻게 생긴 건가요?"

누군가 이암 속에 묻힌 작은 식물의 뿌리 주변에 갈색 수산화철 띠가 몇 겹이나 둘려 있는 걸 발견하곤 물었습니

---

3 말을 타고 물을 건너거나 말을 물속에서 헤엄치게 하는 일을 말한다. - 옮긴이

다. 애초 여기저기 있던 건데 말이죠.

"그건 좀 난해해요. 아교질에 대해 자세히 공부해야만 알 수 있는 거거든요. 어쨌든 이건 전기 작용의 결과예요. 이 띠는 리제강 링이라고 하는데, 실험실에서도 만들 수 있어요. 나중에 토양 공부를 할 때 자세히 설명해줄게요. 부식질 반층이라는 것과 비슷하게 만들어지는 거니까요."

계속된 실습에 지쳐 있던 저는 자세한 설명이 귀찮았던 나머지 이렇게 대답하고 말았습니다. 그러곤 잠시 뒤, 문득 강 건너편을 쳐다봤는데요. 거기엔 키가 무척 큰 전신주 두 개가 가로대 하나에 서로 기대듯 묶여 있었습니다. 적황색 옷의 장교를 태운 커다란 갈색 말이 머리를 불쑥 내민 건 그 바로 아래, 푸른 풀이 우거진 비탈 위였고요.

"왔다, 왔어! 드디어 왔어!"

모두가 일제히 외쳤습니다.

"수마 연습이야, 건너편으로 가자."

그 말에 학생 여럿이 새하얀 영국 해안 상류 쪽으로 올라가선 헤엄을 쳐 건너편으로 갔습니다.

일렬로 늘어선 기병들은 비탈을 대각선으로 내려왔는데요. 그중에는 검은 갈고리가 달린 장대를 든, 조금 전 마지막 기병도 보였습니다. 얼마 지나지 않아 풀이 무성한 건너편 강변에 집결한 병사들은 말에서 내려선 가로 6열로 늘어선 채 장교의 훈시를 들었습니다. 그런데 훈시가 몹시 길었던 탓이었을까요, 이쪽에 있던 우리는 지루해졌습니다. 병사들이 말갈기를 붙잡고 이쪽으로 헤엄쳐오길 애타게 기다리고 있던 터라 더 그랬지요. 조금 전 강을 건너 구경 갔던 학생들도 얕은 물가에 선 채 훈시를 듣고 있었는데, 흥미진진하게 듣는 것 같이도 보였고, 너무나 지루한 듯 보이기도 했습니다. 촉촉한 여름 구름 아래서 말이죠.

그러길 얼마, 드디어 배 두 척이 강 아래서 올라오더니 강 한복판에 멈춰 섰습니다. 병사들은 제일 앞 열부터 말을 끌고 천천히 강으로 들어갔는데요. 말발굽에 밟히는 자갈 소리와 찰방찰방 물 튀기는 소리가 마치 먼 꿈속에서인 듯 들려왔습니다. 이쪽 편 강가의 물소리를 지우며 들려왔기 때문이었죠. 우리는 병사들이 깊은 곳까지 오면 말갈기를 움켜쥐고선 헤엄을 치겠거니 기대하고 있었습니다. 그런데 배 있는 데까지 온 선두 병사가 그저 배를 빙 돌더니 왔던 곳으로 돌아가는 게 아니겠습니까. 뒤따르던 이들 모두가 그랬기에 열만 둥그런 원으로 바뀌었을 뿐이었죠.

"뭐야, 오늘은 그저 말을 물에 적응시키는 훈련인가 봐."

우린 한편으론 실망하며, 다른 한편으론 저런 얕은 곳

에 말들을 들어가게 하려고 배를 두 척이나 준비한 것에 왠지 모를 뿌듯함을 느끼며 양잠 실습 준비를 위해 서둘러 학교로 돌아갔습니다.

　다음 네 번째는 다섯 명만 갔습니다. 처음에는 요전번 갔던 만에서만 헤엄을 쳤는데요. 물에 어느 정도 익숙해진 다음엔 물살이 센 위쪽, 그중에서도 뗏목이 있는 해안의 가장 남쪽 부근까지 헤엄쳐 갔습니다. 그러곤 지친 데다 추워지기까지 해 오래된 그루터기 위에 화산 경석이 쌓여 있는 해안 서쪽 경계로 이동했는데요. 와중, 우린 온전한 호두 열매를 두 개나 발견하기도 했지요. 도착한 화산 경석 위 곳곳에는 얼마 전 넘쳤던 물이 늪처럼 고여 있었습니다. 우린 그 웅덩이 안에 둑을 쌓곤 폭포를 만들었다며, 그게 마치 발전소인 양 '오버플로'라며 야단을 떨며 한참을 놀았지요.

　그럴 때였습니다. 강 하류 붉은 깃발이 꽂힌 곳에서 이쪽을 지켜보며 서 있던 남자가 쇠지렛대를 들고 걸어오는 게 아니겠습니까. 늘 알몸에 윗옷만 걸친 채 팔뚝엔 붉은 천 조각을 두르고 있는 서른 정도의 그 남자는 아이들이 물에 빠지는 사고를 막기 위해 마을에서 고용한 사람이었지요. 대개 한가해 보였지만요. 사실 오늘도 너무 한가한 나머지 쇠지렛대를 둘러메고선 죄 없는 큰 바위를 애꿎게 건드려보곤 하고 있었는데요. 쇠지렛대로 우리가 하는 발전소 놀이를 흉내 내듯, 바위를 깎듯 서걱서걱, 경석층에 고인 물을 퍼내는 모습은 좀 우스워 보이기도 했습니다.

그래서였는지 한 아이가 부러 정색하곤 "여기 물은 좀 퍼내야겠어요. 혹 쇠지렛대를 빌릴 수 있을까요?" 하고 물었는데요. 그 말에 남자는 쇠지렛대로 여기저기를 콩콩 두들겨보더니 "여기는 바위가 딱딱하지 않은 것 같군" 하고는 의외로 순순히 쇠지렛대를 빌려주고선 물길이 거센 상류 쪽에 모여 있는 아이들에게로 갔습니다. 그러자 양철 빛 강 저편에 있던 아이들이 이쪽 편을 향해 손을 흔들거나 발을 인력거꾼처럼 구르거나 뿔뿔이 도망가거나 했는데요. 우린 '역시 저 남자 어딘가 좀 모자라나 봐. 그래서 아이들이 도깨비처럼 무서워하는 거라고' 생각하며 그 모습을 멀리서 웃음과 함께 지켜봤지요.

우린 그다음 날도 영국 해안에 갔는데요. 강에 완전히 적응한 우리는 처음부터 물살이 거센 상류 쪽에서 들어가선 하류 쪽을 향해 녹초가 될 때까지 헤엄을 쳤습니다. 하류에 닿으면 물에서 나가 하얀 바위 위로 마치 원시인처럼 달려 올라가선 다시 거센 물살 속으로 뛰어들었고요. 그렇게 완전히 나가떨어질 정도로 논 우리는 어제의 이암층 물웅덩이로 갔는데요, 이번엔 구조원이 먼저 와 있었습니다. 팔에는 붉은 천 조각을 두른 채 쇠지렛대까지 가지고서요.

"날씨가 참 덥네요" 하고 인사를 건네자 남자는 조금 멋쩍은 듯 웃으며 "아니, 댁 학생들 정도면 위험할 일은 없겠지만 그래도 만일을 위해 보러 온 참입니다" 하고 말했습니다. 하지만 우리 중엔 수영할 줄 아는 사람이 몇 안 됐습니다. 실은 시합이라도 하다 누군가 물에 빠지게 되면 구해낼 수 있는 사람이 한 명도 없었지요. 얘기를 좀 더 나눠보니 남자는 우릴 꽤나 배려해주고 있었습니다. 담당 구역은 저 아래 뗏목 있는 곳이었지만, 이 사랑스러운 영국 해안에 오는 걸 막을 순 없었기에 때때로 다른 용건이 있는 척 와준 거였지요.

그와 이야기를 나누는 사이 저는 점차 부끄러워졌습니다. 누구든 자신은 현명하고 타인이 하는 일은 어리석게 보는 법인데, 그게 꼭 그렇지만은 않다는 사실을 분명하게 깨달았기 때문이었죠. 깨달음은 마치 바늘로 찌르듯 왔습니다. 학생들처럼 알몸을 한 채 하얀 바위 위에 서 있던 나는 마치 희디흰 햇빛에 추궁당하는 듯한 느낌이 들었지요. 남자는 담당 구역이 너무 아래 있어 이 영국 해안까지는 손을 쓸 도리가 없었습니다. 하지만 우릴 비롯한 많은 사람이 여기로 놀러 왔지요. 게다가 몇 번이나 혼을 냈는데도 어린아이들까지 이 위험한 물가를 찾았고, 멀리서 이 구조원이 나타나면 도망가 근처 그늘이나 습지 오리나무 뒤로 숨어버렸습니다. 남자가 구조원을 한 명 더 고용하거나 아니면 구조 부표라도 띄워주길 마을에 청한 것도 그래서였지요.

알고 보니 어세 그 커다란 돌들을 하릴없이 움직여보려고 했던 것도 부표의 추를 구하기 위해서였답니다. 이곳 상류에서는 전에 사람이 빠진 적도 있고, 더구나 올해는 담당 구역인 하류에서 두 명을 구조했다고도 하면서요. 어제까진 누구보다 헤엄을 잘 치던 사람도 몸 상태에 따라서는 오늘 언제 물속에서 발을 움직일 수 없게 될지 모른다고도 했습니다. 그런 얘길 나누며 저는 그간의 경솔함을 몇 번이고 자책했습니다. 사실 저는 학생 중 누군가 물에 빠지면 구해줄 수는 없으니 그저 뛰어들어 삼도천을 함께 건너주리라는 생각 따위나 하고 있었거든요. 영국 해안에서 보내는 여름 한 철이 그만큼이나 행복해서였고, 실은 그렇게 하는 게 그리 나쁜 일이라고 생각해본 적도 없었기 때문이지만요. 아무튼 얼마 뒤, 우리는 남자와 작별 인사를 했습니다. 그가 간 뒤로는 아주 조심하며 20미터도 채 안 되는 좁은 구역 안에서만 놀았고요.

그러길 얼마쯤, 해안의 북쪽 끄트머리까지 거슬러 올라갔던 학생 하나가 이쪽으로 달려오며 외쳤습니다.

"선생님, 바위에 발자국 같은 게 있어요."

저는 그저 작은 항아리 구멍 같은 것이리라 생각했습니다. 제3기 이암이고 옛날엔 늪이기도 했기에 포유류의 발자국일 수도 있었지만, 교실 칠판에 킬로테리움[4]의 발자국을 그려준 적이 있으니 그게 머릿속에 남아 항아리 구멍을 그렇게 봤겠거니 하며 별 기대 없이 거기로 갔고요. 그런데 발자국을 본 순간 저는 너무 놀란 나머지 그 자리에 붙박인 듯 멈춰 섰습니다. 학생들은 모두 놀라 소리를 질러댔고요.

물로 반듯하게 깎인 하얀 화산재층이 얕고 폭이 넓은 계곡처럼 변해 있었는데, 그 바닥에 약 15센티미터 크기의 발굽 자국 두 개씩이 이어지거나 빙 돌거나 하며 뒤죽박죽 섞여 있었습니다.[5] 자국에 얇은 산화철 침전층이 있어 주위

---

4 독일의 트라이아스기 지층에서 발견된 사람 손바닥 모양의 뒷발을 가진 파충류를 가리킨다. - 옮긴이

5 겐지와 학생들이 킬로테리움 발자국을 발견한 육 년 뒤, 지질학자 사이토 후미오齋藤文雄는 이와 관련한 학술논문을 발표했는데, 논문은 일본에

바위와 뚜렷하게 구분됐는데요. 진흙에 찍힌 발자국 위로 화산재가 날아와 덮인 덕택에 그대로 보존된 게 분명했습니다. 저는 처음엔 점토로 자국을 뜨려 했고, 학생 하나가 파란 점토를 가져오기도 했지만, 발굽 자국이 너무 깊어 생각처럼 잘되지 않았습니다.

"내일 석고를 준비해 오자."

말은 그렇게 했지만, 역시나 가장 좋은 방법은 발자국을 통째로 떼어내 학교로 가져가 표본으로 만드는 것이었습니다. 물살이 그 화산재층을 씻어버리면 새로운 자국이 표면에 드러나겠지만, 이 발굽 자국은 그대로 두면 결국 없어져 버릴 게 확실하니 말이죠.

이틀 뒤 이른 아침, 저는 실습을 알리는 칠판에 이렇게 썼습니다.

8월 8일

농장실습 오전 8시 반부터 정오까지

서 발견된 최초의 발자국 화석에 대해 보고하고 있다. 영국 해안에서의 이 발견은 일본의 과학적 자연사 연구를 촉동하는 계기가 되었으며 겐지의 상상력을 자극, 훌륭한 작품을 탄생시킨 원동력이 되기도 했다. (오이시 마사노리, 「특별전 화석예술 - 제1부 독일 튀빙겐대학 생흔화석 컬렉션, 제2부 하나마키의 족적화석」, 『이와테현 박물관 소식지』 No. 94, 2002, p.4.) - 옮긴이

제초, 추가 비료 : 1, 7그룹

순무 파종 : 3, 4그룹

양배추밭 사이갈이 : 5, 6그룹

양잠 실습 : 2그룹

(오후엔 영국 해안에서 제3기 우제류[6] 발자국 표본을 채집할 것이니 희망자는 참가 바람)

이쯤에서 고백하면, 이 소박한 '영국 해안' 원고는 발자국을 발견한 8월 6일 전날 숙직실에서 반쯤 쓴 것입니다. 저는 그 구조원 남자가 쇠지렛대로 커다란 돌을 움직이는 부분 뒤부터는 공상을 펼쳐 마음대로 써보려던 참이었지요. 그런데 다음 날 구조원이 생각과 전혀 다른 사람임을 알게 됐고, 더구나 이암 속에서 공상보다 더 공상적인 발굽 자국이 발견된 것입니다. 아무튼 반쯤 쓴 그 글을 자국을 발견한 이틀 뒤, 그러니까 어제 실습이 끝난 뒤 교실에서 읽었는데, 저는 읽는 둥 마는 둥 하고는 모두와 함께 단번

---

[6] 포유목 포유류의 총칭으로 세 번째와 네 번째 발가락이 발달하고 첫 번째는 퇴화해 발가락 두 개나 네 개짜리 발굽을 갖는다. 초식성이며, 크게 되새김질하는 소, 양, 사슴 등과 되새김질하지 않는 하마, 멧돼지 등으로 구분된다. – 옮긴이

에 영국 해안으로 달려갔습니다. 마침 교장 선생도 출장에서 돌아와 학교에 있었는데요, 교장은 칠판을 보고 웃었다면서 누에고치 판매가 끝나면 바로 따라오겠다 했습니다.

우리는 강철 곡괭이와 자, 신문지 등을 챙겨 갔는데요. 해안 초입에 도착하니 물이 무척 탁했고, 하늘엔 비라도 내릴 양 먹구름이 잔뜩 끼어 있었습니다. 구조원에게 고마움을 전하고 싶어 이런저런 몇 가지도 준비해 갔는데, 어째선지 남자는 늘 있던 곳에 없었지요. 아무려나, 우리는 곧바로 어제 거기로 갔습니다. 도착해선 이내 그 미심적은 화석을 파내기 시작했는데요, 가만 보니 다들 가방에 풀 베는 낫을 넣어 왔더군요. 바위가 무척 부드러웠기에 그걸로도 충분하겠다 생각했던 거였지요. 몇몇이 낫으로 작업을 시작했을 때, 저는 서둘러 중지시켰습니다. 그러고는 발굽 자국 사이 간격을 재거나 스케치를 했는데요, 그사이 이어진 발굽 자국 두 개를 한 번에 파내려는 학생도 있었고, 거의 다 돼 갈 즈음 망쳐버린 학생도 있었습니다.

그러는 동안 한 학생이 달려오더니 상류 쪽에 다른 발자국이 있다고 했습니다. 날이 너무 더웠기에 수영할 때처럼 반벌거숭이였던 저는 그러거나 말거나 곧바로 하얀 바위 위를 달려 그곳에 갔는데요, 발자국은 지금껏 본 것과 달리 꽤 작았고, 어떤 건 물속에 잠겨 있기도 했습니다. 물이 빠지면 더 많이 나오지 않을까 싶었지요. 그런 생각과 함께 영국 해안 남쪽 한가운데 서서 발굴에 열중인 학생들을 보고 있자니 그곳이 영국이 아니라 화산재 속 이탈리아 폼페이 한복판인 듯한 착각이 들었습니다. 현란한 색깔의 옷을 입은 여인 네댓이 해안가를 걷고 있는 데다 구름이 점점 개고 햇살까지 눈부시게 내리쬐기 시작해 더 그랬을까요?

언제부터인가 교장 선생도 와 있었습니다. 황색 실습복을 입은 교장은 발굽 자국을 네 개나 온전하게 수습했던 차였지요. 잠시 후 우리는 화석들을 물가로 가져가 깨끗이 씻은 다음 조심스레 신문지에 쌌습니다. 커다란 건 11킬로그램 정도나 되었지요. 작업을 마치자 거센 물살 속으로 뛰어드는 학생이 몇 있었습니다만 저는 걱정하지 않았습니다. 학생들보다 먼저 뛰어든 교장 선생이 유유히 헤엄치고 있었으니까요. 얼마 뒤 우리는 화석을 가지고 학교로 돌아왔습니다.

앞서 말했듯, 이건 어제 일입니다. 오늘은 실습 9일째인데요. 아침부터 비가 내려 바깥일은 할 수 없습니다. 교실에서 그림이나 그리며 놀 작정이지요. 우리에겐 보리타작 작업이 남아 있는데, 날씨가 좋지 않아 보리가 잘 안 마르니 걱정입니다. 보리타작은 보리까끄라기가 옷 속으로 들어와 힘든 작업입니다. 농사일 중 가장 싫은 작업이라고 다들 말하는데요, 이 부근에선 이를 '여름의 질병'이라고까지 부를 정도지요. 그래도 그렇게만 생각하면 작업을 끝낼 수 없을 테니 어떻게든 즐겁게 해보려 합니다.

イギリス海岸, 1923[7]

---

7 이후 겐지는 이 1923년이라는 시점의 정확성에 의심을 품고 확인 과정을 거친다. 1923년 8월 초엔 홋카이도를 여행 중이었기 때문인데, 결과적으로 이는 '1922년'의 오식으로 보인다. 하지만 작품 속 날짜와 현실의 날짜가 꼭 일치할 필요는 없다고 판단했는지 번역 원본인 『미야자와 겐지 전집宮沢賢治全集 6』은 1쇄(1986)부터 8쇄(1995)까지 모두 이를 고치지 않았다. - 옮긴이

오렌지

알퐁스 도데

파리에서 오렌지는 나무 아래서 주워온 것처럼 슬퍼 보인다. 오렌지가 프랑스에 도착하는 건 춥고 비 내리는 한겨울이다. 모든 풍미가 은근한 이 나라에서 오렌지의 환한 껍질과 짙은 향기는 이국적인, 조금은 보헤미안 같은 느낌을 풍긴다. 오렌지들은 안개 자욱한 저녁, 붉은 종이등 희미한 불빛 아래 작은 손수레에 실려 처량하게 보도를 지난다. 마차 바퀴 소리와 완행열차의 굉음에 묻힌 단조롭고 가냘픈 외침이 그런 오렌지들을 호위한다.

"발렌시아 오렌지가 2수!"

파리 사람 네 명 중 세 명은 먼 지방의 나무에서 얇은 녹색 잎사귀만 남기고 따온 이 둥글고 평범한 과일을 과자나 사탕 같은 것으로 여긴다. 오렌지를 감싸는 실크 종이와 오렌지를 즐겨 사용하는 축제들이 그런 인상에 한몫한다. 특히 일월에는 수천 개의 오렌지가 거리로 쏟아져나와 천변의 진흙 속에도 껍질이 나뒹구는데, 가짜 열매가 달린 가지를 흔드는 파리의 기대한 크리스마스트리를 떠올리게 한다.

오렌지는 이제 어느 모퉁이를 돌든 눈에 들어온다. 좋은 놈을 골라 진열해 놓은 가판대 위에서도, 교도소와 병원 문 앞에서도, 과자 바구니 속에서도, 사과 더미 사이에서도, 무도회장 입구에서도, 일요일 공연장 앞에서도 오렌지가 풍기는 강렬한 향기는 가스 냄새와 서툰 바이올린 소리, 벤치에 쌓인 먼지 따위와 뒤섞여 도시를 떠돈다.

이 과일이 궤짝에 가득 담겨 남부지역에서 배달돼 오는 동안 오렌지나무는 겨울을 보낸 온실에서 옮겨져선 가지가 잘리고 인공 이파리로 장식된 채 공원에 모습을 보였다가 이내 사라진다. 그래서 사람들은 오렌지가 나무에서 열린다는 사실을 잊고 만다.

오렌지를 제대로 보려면 오렌지가 나는 곳, 그러니까 따뜻한 지중해성 기후의 발레아레스제도나 사르데냐, 코르시카섬이나 알제의 황금빛 푸른 공기 속에서 봐야 한다. 블리다[1] 외곽 작은 오렌지 나무 숲이 떠오른다. 그곳에서 오렌지는 정말 아름다웠다. 유약을 바른 듯 반들거리는 짙은 잎사귀 틈에서 오렌지는 색유리처럼 빛났고, 눈부신 꽃을 둘러싼 찬란한 후광과 함께 대기를 금빛으로 물들였다. 나뭇가지 사이 여기저기로 빛이 쏟아져 내리면 작은 도시의 성벽과 사원 첨탑, 성자가 묻힌 둥근 무덤이 모습을 드러냈다. 그 너머로는 거대한 아틀라스산맥이 보였다. 산기슭은 푸른데, 눈이 쌓여 흰 모피를 두른 듯한 봉우리에서는 희미한 눈송이가 포말처럼 떨어져내렸다.

그곳서 지내던 어느 날 밤, 삼십 년 동안 원인이 밝혀지지 않은 기현상으로 겨울 서리가 강타해 잠든 도시를 뒤흔들었다. 잠에서 깨어난 블리다는 온통 하얀 가루로 변해버렸다. 알제의 맑고 가벼운 대기 속에서 눈은 마치 진주 가루 같았고, 하얀 공작 깃털이 수많은 거울에 반사된 것 같기도 했다. 무엇보다 아름다웠던 건 오렌지나무 숲이었다. 단단

---

[1] 알제 북부 도시다. - 옮긴이

한 잎사귀 위에 쌓인 눈은 칠기 쟁반에 올려진 셔벗처럼 흐트러짐 없이 온전했다. 서리가 내린 오렌지의 표면은 눈부시게 부드러웠고, 환한 흰색 천을 덮은 금처럼 은은한 빛을 발했다. 그 모습은 어쩐지 교회 축제와 레이스로 장식한 외투 속으로 보이던 신부님의 붉은 사제복에 수 놓인 금박 장식 같은 아련한 기억을 떠올리게 했다.

그러나 오렌지에 관한 내 최고의 기억은 여전히 바르비카글리아다. 한낮 더위가 기승을 부릴 때면 나는 아작시오 근처에 있는 이 커다란 공원에 낮잠을 자러 가곤 했다. 그곳은 블리다에 있는 것들보다 더 큰 오렌지나무들이 넓은 간격으로 도로까지 줄지어 있었고 생울타리와 도랑 하나가 공원의 경계를 이뤘는데, 그 너머는 바로 바다였다. 푸르고 드넓은 바다…… 그 공원에 누워 얼마나 좋은 시간을 보냈던가!

꽃이 피고 열매도 열린 오렌지나무들은 향유를 태우듯 내 머리 위에서 진한 향기를 풍겼다. 이따금 무르익은 오렌지가 옆으로 떨어지기도 했다. 더위로 무거워진 듯 메아리도 없이 둔탁한 소리를 내면서. 나는 손을 뻗기만 하면 됐다. 속이 주홍빛인 그 멋진 과일은 얼마나 먹음직스러워 보였던가. 그리고 수평선은 얼마나 아름다웠던가. 엷게 안개가 서린 공기 속, 나뭇잎 사이로 바다가 만들어놓은 파란 공간이 깨진 유리 조각처럼 눈부시게 반짝였다. 저 멀리 대기를 휘젓는 파도의 움직임, 보이지 않는 보트처럼 운율에 맞춰 나를 흔들어 재우는 그 속삭임, 열기, 그리고 오렌지 향기……. 아! 바르비카글리아 공원에서 잠들 때면 얼마나 좋았던가!

때로는 한창 낮잠을 자던 중 북소리에 놀라 깨기도 했다. 연습을 위해 도로로 나온 가난한 북쟁이들 때문이었다. 울타리 사이로 북에 달린 놋쇠와 빨간 바지 위에 두른 희고 큼직한 앞치마가 언뜻언뜻 보였다. 도로 위 먼지와 가차 없이 쏟아지는 햇빛을 조금이라도 피해보려, 그 불쌍한 악마들은 공원 끄트머리에 있는 울타리의 짧은 그늘 안에 들어가 앉았다. 그러고는 북을 두드렸다! 몹시도 더운 날씨였다! 나는 반수면 상태에서 가까스로 빠져나와 붉은 금빛의 그 아름다운 과일을 손에 잡히는 대로 몇 개 집어 그들에게 던져줬다. 곧 한 명이 연주를 멈췄다. 잠시 망설이던 그는 제 앞을 굴러 도랑에 멈춘 멋진 오렌지가 어디서 왔는지 흘긋 주위를 둘러보고는 재빨리 오렌지를 주워선 껍질도 벗기지 않고 한입 가득 베어 물었다.

바르비카글리아 바로 옆, 그저 작고 낮은 벽 하나로 분리되어 있던 조그만 정원도 기억난다. 공원에서 내려다보이던 그 이상한 정원은 부르주아 취향으로 꾸며진 좁은 땅으로, 푸르른 회양목이 늘어선 금빛 모랫길과 정문에 있는 사이프러스 두 그루가 마르세유의 별장 같은 느낌을 주었다. 그늘이라곤 한 줌도 없었다. 안쪽에는 지면 바로 위로 지하실 창을 낸 하얀 석조 건물이 있었다. 처음에는 평범한 시골집이라 생각했으나 나중 자세히 보니 위로는 십자가가 서 있었고 멀리로는 비문이 새겨진 돌이 있었다. 글자를 읽을 순 없었지만, 코르시카 가문의 무덤이라는 건 알 수 있었다. 아작시오 인근에는 정원 가운데 홀로 우뚝 서 있는 이런 묘지 예배당이 많은데, 일요일이면 가족들이 망자를 방문하러 온다. 그렇게 죽음은 혼란스러운 공동묘지에서보다 조금 덜 우울한 것이 된다. 오고 가는 친구들의 발걸음만이 침묵을 깨트리는 그 묘지에선.

나는 한 노인이 그 정원 안을 조용히 걷는 걸 보았다. 그는 온종일 정성을 들여 꼼꼼하게 나무를 다듬고 땅을 고르고 물을 주고 시든 꽃을 뽑았다. 해 질 녘이 되어선 죽은 이들이 잠들어 있는 작은 예배당에 들어가 삽과 갈퀴와 커다란 물뿌리개를 손질했다. 노인이 하는 모든 행동에는 묘지 정원사다운 고요와 평온이 깃들어 있었다. 이 선량한 노인은 그렇게, 자신도 모르는 사이에 어떤 명상의 상태로 일하고 있었다. 모든 소음이 잠잠해지면 지하실 문마저 누군가를 깨울까 걱정하듯 조심스레 열리고 닫혔다. 거대하고 눈부신 침묵 속에서 작은 정원을 가꾸는 그의 일은 새 한 마리조차 방해하지 않았고, 이웃들을 슬프게 만들지도 않았다. 그곳에선 다만 바다가 더 넓어 보였고, 하늘이 더 높아 보였다. 생명의 힘으로 우리를 불안에 빠트려 짓누르는 자연 속에서 다만 죽음이라는 깨지 않는 잠이 주위를 둘러싼 모든 것에 영원한 휴식을 주었다…….

Les Oranges, 1873

수수께끼

알베르 카뮈

하늘 꼭대기에서 쏟아진 태양의 물결이 들판에 부딪혀 격렬하게 튀어 오른다. 이 눈부신 소란에도 모든 게 고요하다. 저 멀리 뤼베롱산은 내가 끊임없이 귀 기울이는 거대한 침묵의 덩어리일 뿐이다. 귀를 기울이면 누군가 먼 곳에서 날 향해 달려오는 소리, 보이지 않는 친구들이 날 부르는 소리가 들려온다. 기쁨은 몇 해 전 그때처럼 커진다. 또 한 번, 즐거운 수수께끼 덕분에 나는 모든 걸 이해할 수 있게 된다.

세계의 부조리는 어디에 있는가? 그것은 빛나는 태양에 있는가? 아니면 태양이 부재하는 기억 속에 있는가? 태양이 준 기억을 그토록 많이 간직한 채로, 어떻게 난 무의미에 희망을 걸 수 있었을까? 주위 사람들은 놀란다. 나도 이따금 놀란다. 다른 이들에게도, 그리고 나에게도 이런 대답을 할 순 있을 것이다. 사실 나를 도운 건 태양이라고, 태양이 내뿜는 빛살이 너무도 두터운 나머지 우주의 모든 형상을 하나의 어두컴컴한 눈부심으로 응고시킨 것이라고.

달리 답할 수도 있다. 나는 부조리에 대해 너무도 잘 알고 있어 남들이 아무렇게나 논하는 걸 견딜 수 없다고. 그러니 내게는 언제나 진실의 징표였던 그 희고 검은 빛을 중심에 두고 부조리를 단순명료하게 설명해보고 싶다고. 요컨대, 부조리에 관한 이야기는 우릴 다시금 태양으로 돌아가게 할 것이라고.

누구도 자신이 어떤 사람이라 말할 순 없다. 그러나 자신이 어떤 사람이 아니라고는 말할 수 있다. 여전히 답을 찾고 있는 이에게 사람들은 결론을 내리길 요구한다. 천 개의 목소리가 찾아낸 저마다의 답을 말해주지만, 그는 아직 아무것도 찾지 못했음을 안다. 누가 뭐라건 신경 쓰지 말고 계속 찾아보라고? 좋다. 하지만 때론 자기방어도 필요한 법이다.

나는 내가 무엇을 찾고 있는지 모른다. 나는 그 무엇에 조심스레 이름을 붙여보았다가 철회하는 일을 반복하며 앞으로 나아가기도, 뒤로 물러나기도 한다. 그럼에도 사람들은 최종적인 이름을 하나라도 내놓으라 종용한다. 그러면 나는 반항한다. 이름 붙여진 것은 이미 잃어버린 것 아닌가? 이것이 내가 해볼 수 있는 최소한의 말이다.

한 친구가 말하길 사람은 늘 두 가지 성격을 갖는다 한다. 하나는 그 자신의 성격이고 다른 하나는 아내가 규정해준 성격이다. 아내를 사회로 바꿔보라. 작가는 하나의 표현을 특정한 정서의 맥락 안에서 쓰는데, 이후 다른 이야기를 쓸 때도 계속 이전 맥락의 논평이 그 표현에 달리곤 한다는 사실을 알게 될 것이다.

말은 행동과 같은 것이다.

"이 아이, 당신이 낳았습니까?"

"그렇습니다."

"그럼 당신 아들이군요."

"그리 간단하진 않아요. 그리 간단하지가 않다고요!"

그리하여 네르발[1]은 어느 무정한 밤에 두 번이나 목을

---

1 제라르 드 네르발(Gerard de Nerval, 1808~1855) 프랑스의 시인, 소설가. - 옮긴이

맸다. 먼저는 불행에 처한 자신을 위해, 그리고 나중엔 어떤 이들에게 삶의 위안이 되어줄 자신의 전설을 위해. 그 누구도 진정한 불행이 무엇인지, 그리고 행복이 어떤 얼굴을 하고 있는지에 대해 쓸 순 없다. 나 또한 여기서 이를 시도하지 않을 것이다. 그러나 전설에 대해서는 묘사해볼 수 있고, 적어도 일 분 정도는 그 전설에서 벗어났다는 상상도 해볼 수 있다.

작가는 대개 남에게 읽히기 위해 글을 쓴다(그렇지 않다고 주장하는 작가가 있다면 감탄해주되 믿지는 말자). 그런데 프랑스 문단에선 날이 갈수록 '읽히지 않는 영광'을 얻기 위해 글을 쓴다. 사실 유명 매체에 흥미로운 기삿거리를 제공할 수만 있다면, 작가는 그 순간부터 수많은 사람에게 이름을 알릴 수 있다. 그렇게 작가의 이름을 알게 되면 사람들은 남들이 그에 관해 쓴 걸 읽을 수 있으므로 작가의 글은 절대 읽지 않는다. 이제 작가는 실제의 그로서가 아니라 어느 성급한 기자가 만들어낸 이미지로 알려질 것이다. 그러곤 잊힐 것이다.

따라서 작가로 이름을 떨치기 위해 여러 권의 책을 쓸 필요가 더는 없다. 석간신문에 언급되고 나서는 베개로나 쓰일지라도 언급될 만한 작품 하나를 썼다고 여겨지기만

하면 충분하다. 크건 작건 그 명성은 물론 허위로 얻은 것이다. 그러나 어쩌겠나? 차라리 그에 대한 불편함도 유익할 수 있다는 사실을 인정하자. 어떤 질병은 오히려 바람직하다고 의사들은 말한다. 어떤 질병은, 없었다면 더 심각한 불균형을 초래할 수도 있을 몇몇 기능 장애를 나름의 방식으로 완화해준다는 것이다. 다행스러운 변비와 하늘이 도운 관절염이 존재할 수 있는 건 그래서다.

오늘날 성급한 말과 판단의 홍수는 모든 공적 활동을 경박함의 바다에 잠기게 하고 있다. 그러나 이 경박함은 적어도 프랑스 작가에게는 겸손이라는 덕목을 가르쳐준다. 겸손은 작가가 끊임없이 필요로 하는 자질인데, 왜냐하면 프랑스가 작가라는 직업에 과도한 중요성을 부여하는 나라이기 때문이다. 두세 개 유명 신문에서 자신의 이름을 보는 건 가혹한 시험이다. 하지만 시험에 든다는 건 영혼에 약간은 이득이 되게 마련이다. 그러니 매일 위대함에 값싼 경의를 표함으로써 위대함이 실은 별것 아니라는 사실을 우리에게 가르쳐주는 이 사회를 찬양하자. 이 사회가 내는 소음은 떠들썩할수록 빨리 사라질 것이다. 이는 세상 모든 영예가 사라지는 연기와 같다는 사실을 잊지 않기 위해 수시로 실타래를 불태웠다는 교황 알렉산더 6세의 일화를 떠올리게 한다.

반어법은 그만두자. 이렇게 말하는 것으로 충분할 테니. 예술가는 자신에게 걸맞지 않은 이미지가 치과 대기실이나 이발소에 널브러져 있어도 이를 기꺼이 감수해야 한다고 말이다. 나는 인기 작가 하나를 알게 됐는데, 그는 밤마다 몸에 걸친 거라고는 머리카락뿐인 아가씨들과 음흉한 손톱을 지닌 호색한들이 자욱한 연기 속에 난잡하게 뒹구는 파티를 주관하는 것으로 유명하다. 그가 도서관 서가 여러 칸을 채울 만큼의 작품을 도대체 언제 썼는지 사람들은 궁금해할 것이다. 이 작가도 사실은 다른 동료들처럼 밤에는 잠을 자고, 낮에는 책상에 앉아 몇 시간씩 글을 쓰고, 간을 보호하기 위해 광천수를 마신다. 그런데도 사하라사막 같은 절제력과 까다로운 결벽증을 지닌 평범한 프랑스인은 우리네 작가들이 늘 취한 채 썻지도 말라고 가르친다며 분개하곤 하는 것이다. 이런 예를 들자면 끝이 없다.

나도 마찬가지, 거만하다는 평판을 손쉽게 얻을 수 있는 탁월한 비법을 친히 공개할 수 있다(실제로 나는 그런 평판의 무게를 짊어지고 있는데, 친구들은 그게 퍽 우스운 모양이다. 나로서는 오히려 얼굴이 붉어질 지경인데, 그 평판을 부당하게 얻었다는 걸 누구보다 잘 알기 때문이다).

예를 들면 우리가 별로 쳐주지 않는 신문사의 편집장과 저녁을 함께하는 영광을 거절하는 것만으로도 충분하다. 단순한 거절조차 비틀린 영혼의 어떤 결함이라고들 여기니 말이다. 당신이 이 편집장과의 식사를 거절한다면 그건 그를 존경하지 않아서일 수도 있지만, 지루한 것을 세상 그 무엇보다 두려워하기 때문일 수도 있다(전형적인 파리지앵의 저녁 식사보다 더 지루한 게 있겠는가?). 물론 그렇게까지 생각해줄 사람은 아마도 없을 것이다.

그러니 체념할 수밖에 없다. 하지만 과녁을 수정해볼 순 있다. 이를테면 언제까지나 부조리만을 그리는 화가일 수는 없고 절망의 문학만을 믿을 수는 없다고 거듭 말해볼 수 있을 것이다. 물론 언제든 부조리의 개념에 관한 에세이를 하나쯤 쓸 수 있다. 이미 썼을 수도 있다. 하지만 근친상간에 관한 글을 썼다고 해서, 실제로 자기 누이를 덮치는 건 아니지 않은가. 나는 『오이디푸스 왕』을 쓴 소포클레스가 자기 아버지를 죽이고 어머니를 욕보였다는 이야기를 어디서도 읽은 적이 없다.

모든 작가가 반드시 자신의 이야기를 쓰고 자신의 모습을 그려낸다는 발상은 낭만주의가 남긴 유치한 관념이다. 반대로 예술가가 타인이나 동시대, 또는 익숙한 설화들에 우선적 관심을 두는 건 충분히 있을 수 있는 일이다. 설령 작가 자신이 작품 속에 등장한다 해도, 정말로 자신이 어떤 사람인지를 말하는 건 매우 예외적인 일일 것이다. 작품을 쓸 때 작가는 자신의 향수나 욕망의 역사를 되짚게 마련이지만, 그 역사를 곧이곧대로 그리는 경우는 거의 없다. 자전적이라 자처할 때는 특히 더 그렇다. 그 누구도 감히 자신을 있는 그대로 그려낸 적 없다. 오히려 나는 가능한 한 객관적인 작가가 되고 싶었다. 자신을 대상으로 삼지 않은 채 주제를 제시하는 작가를 나는 객관적이라고 부른다. 하지만 작가를 작품의 주제와 혼동하는 이 시대의 집착은 작가의 상대적 자유를 용납하지 않는다. 이렇게 해서 우리는 부조리의 예언자가 되어버리는 것이다.

    이 시대의 길거리에서 발견한 생각들에 대해 사유하는 것 말고 나는 과연 무엇을 했던가? 우리 세대라면 누구나 그렇듯 나는 이렇게 사유를 길러왔고, 나의 일부는 여전히 사유를 기르고 있다. 다만 나는 그 사유를 다루고 그 사유의 논리를 규명할 수 있도록 충분한 거리를 두었을 뿐이다. 내가 쓴 모든 글이 그 사실을 여실히 보여준다. 그러나 사람들은 미묘한 뉘앙스보다는 분명한 공식을 사용하는 쪽을 더 편리해한다. 우리 세대는 공식을 선택했다. 그로 인해 또다시 내게 부조리라는 꼬리표가 붙은 것이다. 내가 관심을 갖고 글로도 써왔던 부조리는 하나의 출발점에 불과했다. 그 기억과 감정이 이후 내내 나를 따라다녔다 할지라도 말이다. 그러나 이런 사실을 다시 언급해봐야 무슨 소용이 있겠는가?

모든 면을 철저히 고려해볼 때, 형이상학적 회의는 논리 정연할지언정 데카르트를 회의론자로 만들기엔 충분치 않았다. 어떻게 사람이 의미란 존재하지 않으며 세상만사가 절망적이라는 생각에만 사로잡혀 살 수 있겠는가. '절대적인 유물론'이란 존재하지 않는다. 그 말에 이미 세상에 물질 이상의 무언가가 존재한다는 의미가 담겨 있기 때문이다. 마찬가지로 '완전한 허무주의' 역시 존재하지 않는다. 세상 모든 것이 무의미하다고 말하는 바로 그 순간, 의미를 지닌 무언가를 표현하고 있는 셈이니 말이다. 세상의 의미를 모두 부정하는 것은 결국 모든 가치 판단을 부정하는 것과 같다. 하지만 산다는 것, 이를테면 먹는다는 것은 그 자체가 하나의 가치 판단이다. 굶어 죽도록 방치하지 않는 순간 삶의 지속을 선택하는 것이며, 따라서 삶의 가치를 상대적으로나마 인정하는 것이기에.

'절망의 문학'이란 결국 무엇을 의미하는가? 절망은 침묵이다. 그러나 침묵조차도 눈빛으로 말한다면 여전히 어떤 의미를 지니고 있는 것이다. 진정한 절망은 죽음의 고통, 무덤, 그리고 심연이다. 절망이 말을 한다면, 사유를 한다면, 무엇보다도 글을 쓴다면 절망은 삶의 형제가 되어 우리에게 손을 내밀 것이다. 나무에 움을 틔우고 사랑을 피워낼 것이다. 절망의 문학이라는 말은 단어 자체로 이미 모순이다.

물론 난 낙관주의자가 아니다. 또래의 다른 남자들처럼 나도 제1차 세계대전의 북소리를 들으며 자랐고, 이후로도 우리의 역사는 살인과 불의와 폭력을 멈춘 적이 없다. 하지만 진정한 비관주의는 끝없이 이어져 온 그 잔혹함과 비열함을 그저 용인하는 데서 생겨난다. 나는 불명예에 맞서 싸우기를, 잔혹한 자들을 증오하기를 멈춘 적이 없다. 가장 어두운 허무주의 속에서도 나는 오직 허무주의를 넘어설 이유만을 찾았다. 그것은 내가 대단한 미덕이나 보기 드물게 숭고한 영혼을 지녀서가 아니다. 나를 낳은 빛, 수천 년 동안 고통 속에서마저도 삶을 경배하도록 인간을 가르쳐온 그 빛에 본능적으로 충실했기 때문이다.

아이스킬로스의 작품들은 종종 절망적이지만, 빛을 발하며 우리에게 온기를 전한다. 그의 세계 중심에서 우리가 만나는 건 납작한 무의미가 아니라 수수께끼, 다시 말해 눈부심 때문에 제대로 해독되지 못하는 어떤 의미다. 마찬가지로 이 황량한 세기에도 여전히 살아남은 무자비하면서도 완고하게 충성스러운 그리스의 후예들은, 우리 역사가 남긴 화상 자국이 끔찍해 보이긴 하겠지만, 그것을 이해하고자 하기에 결국 견뎌낼 것이다. 비록 우리의 작품이 어두울지라도, 그 한복판에는 오늘 들판과 언덕을 가로질러 소리치던 바로 그, 영원히 고갈되지 않을 태양이 빛나고 있어야 한다.

그 뒤라면 실타래가 불타오른들 무슨 상관이겠는가. 어떻게 기록될지, 어떤 영예를 빼앗아 왔는지 뭐가 중요하겠는가. 우리는 누구이며 어떤 존재가 되어야 하는가, 이러한 질문이야말로 삶을 채울, 노력을 기울여 마땅할 질문이다. 파리는 멋진 동굴이다. 동굴 거주자들은 내벽에 비쳐 흔들리는 자신의 그림자를 유일한 현실로 여긴다. 이 도시가 소비하는 이상하고 덧없는 명성도 마찬가지다. 그러나 우리는 빛이 등 뒤에 있다는 걸, 그 빛을 마주하기 위해서는 사슬을 끊고 돌아서야 한다는 걸 배웠다. 우리가 사는 동안 완수해야 할 책무는 온갖 단어를 찾아 그 빛에 걸맞은 이름을 붙여주는 것임도.

예술가는 누구나 저마다의 진실을 찾는다. 위대한 예술가라면 그가 쓰는 작품들은 그를 진실에 다가가게 해줄 것이다. 가려진 태양, 언젠가 모든 것을 불태울 그 태양의 중심 좀 더 가까이서 맴돌게라도 해줄 것이다. 형편없는 예술가라면 작품을 쓸 때마다 진실에서 멀어지면서 중심이 곳곳으로 흩어져 빛은 스러지고 말 것이다. 예술가의 집요한 탐구를 도울 수 있는 건 오직 그를 사랑하는 이들이다. 스스로 사랑하고 창조하면서 자신의 열정을 모든 열정의 척도로 삼아 판단할 줄 아는 그.

그렇다. 이 모든 소음 속에서……. 평화란 고요히 사랑하고 창조하는 일일 터, 하지만 인내하는 법을 배워야만 한다. 잠시 후면 태양이 우리의 입을 막아버릴 것이기에.

L'enigme, 1954

알베르 카뮈

사랑,
네가 좋으면
나도 좋아

진실한 감정

폴 부르제

나는 그간 느낀 혼란을 정의해보려 했다. 고통스러운 내면의 경련이 찾아오면 불안해 떠들어대기도 했다. 남녀의 만남에는 너무도 강렬한 달콤함과 잔혹함이 뒤섞여 있었다. 내 영혼이 입은 상처를 의사의 냉소주의에, 철학자의 논리에, 탕자의 회의주의에 기대 치유하려 해봤지만, 모두 헛된 시도였다. 궁금해졌다. 이 모든 게 진짜 인생일까?

그렇다. 나는 정부情婦 때문에 죽도록 고통받았다. 그녀 곁에서, 그녀의 품에서 나는 내 존재를 능가하는 쾌락에 도취했다. 너무 강렬한 나머지 절망에 가까운 쾌락이었다. 어떤 이미지가 일순 뇌리를 스치기만 해도 질투라는 감정이 단단한 집게처럼 나를 조여 고문했다. 온 신경이 쇠약해지면서 보이지 않는 손이 내 목을 조르는 듯했다. 칼끝이 심장을 쪼고 뇌를 찌르고 다리를 잘랐다. 나는 아팠다. 아! 그 아픔은 얼마나 컸던가. 그리하여 이제 자문해본다. 이 모든 걸 겪는 동안 과연 난 살아 있었던 걸까? 그러니까, 여성에게서 느낄 수 있는 감정을 극한으로 경험해본 것일까?

내가 이런 이상한 질문을 던지는 건 최근 연로하신 고모님을 뵈러 지방 외딴 마을에 가 며칠 머무는 동안 어린 시절 친구를 만났기 때문이다. 가난한 시골 의사로 살고 있는 이 친구의 이야기는 나를 완전히 뒤흔들었는데, 오직 진실만이 우릴 그렇게 뒤흔들 수 있다. 나는 야릇한 의구심에 사로잡혔다. 마치 스무 살 무렵, 인생의 출발선에 선 사람이 가질 법한 질문들이 떠올랐다. '내가 살고 있는 삶이 진짜 삶일까? 이 길을 따라가면 운명을 놓치는 게 아닐까? 낙오자(여기서 이 단어는 사물처럼 하찮고 무기력한 존재를 뜻한다)가 되는 건 아닐까?'

모든 것을 겪어보고 느껴보기 위해 나는 내게 얼마나 많은 시련을 주었던가. 그런데 촌구석을 떠나보지도 않은 가난한 소년이 나보다 훨씬 더 많은 것을, 더 강렬한 것을 갖게 되었다니. 그렇다면 무슨 소용인가! 흐르는 시간에 나를 고요히 맡겨두지 않고 쓸데없는 관념이나 분석에 중독된 채 세월을 보낸 건 대체 무엇을 위해서였단 말인가?

오귀스트 뒤퓌. 이것이 그 단순한 의사의 단순한 이름이다. 중학생 시절부터 그는 왜소하고 소심하고 겸손했다. 소란을 피우는 일 없이, 잘 정리된 오답 노트를 들고 다니며 꼼꼼하고 착실하게 공부해 연말에는 15등에서 8등까지 성적을 올린 모범생이었다. 그에겐 다른 아이들과 구별되는 한 가지 특징이 있었다. 보통은 이 무리에 들어갔다 저 무리에 들어갔다 하며 일시적인 호의를 베풀곤 하는데, 그는 고등학교 입학 후 친해진 친구 둘과 해가 바뀌어도 변함없이 친해, 공부할 때도 밥을 먹을 때도 그들 곁을 떠나지 않았다.

우리는 그들을 '세 명의 동방박사'라 불렀는데, 터무니없는 빈정거림이었다. 그들 중 누구도 그 별명에 어울리는 사람은 없었다. 가난한 오귀스트가 특히 그랬다. 왕이나 마법사는 물론 화려한 순례자의 모습 또한 전혀 찾아볼 수 없는 아이였다. 피렌체의 리카르디 궁전 예배당에 걸려 있는 고촐리 같은 옛날 화가의 그림에 묘사된 것처럼 녹색이나 빨간색 비단옷을 걸치고, 보석이 박힌 터번을 쓰고, 보물 상자를 실은 낙타들 사이를 유유히 행진하는 가스파르, 발타사르, 멜키오르에 오귀스트를 빗댈 수는 전혀 없었다.

    우리 오귀스트의 온화한 얼굴에는 오랜 세월 세습돼 온 부르주아적 순종성이 담겨 있었다. 이 소년은 얼굴, 팔, 손, 몸짓, 옷차림 등 모든 게 투박하고 평범했다. 하지만 눈만은 예외였다. 그 서늘한 푸른 눈동자 안에는 순진한 영혼이 미소 짓고 있었다. 원시시대 화가들이 화려한 프레스코화 한구석 무릎 꿇은 숭배자들의 경건한 얼굴 위에 그려 넣은 것 같은 믿음을 지닌 눈이었다. 평범한 껍데기 속에 너무나도 온화한 마음이 살고 있음을 그 눈은 말해주었다.

    그 시절 나는 인간 본성의 차이에 대해 별로 아는 게 없는 아이일 뿐이었지만, 조숙한 직관 덕에 이 꺼벙이가 지닌 감수성의 가치는 알아볼 수 있었다. 꺼벙이는 오귀스트의 두 번째 별명이었는데, 그의 굼뜬 거동으로 보자면 적어도 첫 번째 별명보단 잘 어울렸다. 나는 오귀스트 때문에 '세 명의 동방박사'의 일원으로 들어가려 시도해봤으나 성공하지는 못했다. 이 세 친구가 네 번째 사람에게 우정을 나눠주지 말자고 자기들끼리 사뭇 엄숙하게 결의해서였다. 생사튀르냉의 이 조그만 마을에서 오귀스트네 집과 우리

집은 지척에 있었지만, 오귀스트는 나를 위해 유년 시절의 서약을 깨트리는 일은 하지 않았다.

몬강에서 대화를 나누던 우리 둘의 모습이 눈에 선하다. 이 글을 쓰는 지금 창밖에서 들려오는 소리는 그때와 똑같은 강물 소리다. (하지만 그 소리를 듣는 영혼은 이제 얼마나 달라졌는가!) 나는 버드나무 아래서 푸른 날개를 가진 메뚜기를 쫓아 달리는 우리를 본다. 우리는 메뚜기를 잡아 강물에 던져 넣고는 다리를 길게 뻗어 바위를 향해 헤엄치는 메뚜기를 뒤쫓아 간다. 내가 오귀스트에게 묻는다. "내 친구가 돼줄래?" 그러자 오귀스트가 대답한다. "만약 누구누구가 없었다면 기꺼이 그랬을 거야. 하지만 그럴 수가 없어……." 아, 그 가슴 뭉클하고도 우스운 순진함이여! 새로운 친구에게 호감을 갖는 게 지금 친구들을 배신하는 일이라고 그토록 진지하게 믿었던 시절이여! 질투심 때문에 배타적 우정을 나눴던 그 시절이 옳았을까? 아니면 '하나를 잃으면 열을 얻는다'라는 편리한 격언을 따르게 된 지금이 옳은 걸까? 아무려나 한 번이라도 친구를 사귀어본 사람이라면 애정에서 나오는 이러한 질투의 감정을 모를 리 없다.

우리가 흐르는 강물 속으로 가냘픈 곤충을 던져 넣는

순수한 학대자였던 시절 이후 삶은 흘러갔다. 아버지와 어머니가 돌아가신 뒤 나는 프랑스 중부의 이 조그만 마을로 돌아오는 길을 부러 잊고 살았다. 이곳은 콜레트[1]를 숨겨둘 만한 별장 하나 없는 산골이었다. 하지만 고모님의 편지를 통해 오귀스트가 의학 공부를 (언제나 그랬듯 꾸준하게) 했다는 사실은 알고 있었다. 파리에 오지 않고 집에서 가까운 클레르몽페랑 대학교에 들어가 모든 과정을 수료했다는 것, 생사튀르냉에서 병원을 개업하고 인근 대도시 생타망탈랑드 출신의 여자와 결혼했다는 것, 그리고 아내가 선거철 마을을 찾은 기자와 세계일주를 하려 집을 떠나버렸다는 것도.

뒤퓌 부인의 도피 행각은 곧 마을의 전설이 되었다. 연로하신 고모님은 내 소설이 나오면 당신이 꼭 평을 써줘야 한다고 믿고 계셨고, 내가 다소 장난스러운 마음으로 새 작품들을 보내드리면 늘 성심껏 읽고 편지를 보내주셨는데, 그때마다 작품 속 여주인공들을 뒤퓌 부인과 비교하는 걸 잊지 않으셨다. 그 불행한 삶에 시시콜콜 몇 마디를 보태시는 것 또한. 고모님은 우리네 문필가들이 유럽의 낙오자들만 모여

---

[1] 정부의 이름이다. - 옮긴이

드는 일종의 불법 카지노에 살고 있다고 상상하셨기에 내가 파리에서 뒤퓌 부인을 만난 적이 없는지 늘 궁금해하셨다.

하지만 이 가족 서신은 내가 제대로 챙기지 못한 탓에 아주 띄엄띄엄 이어졌고, 그사이 이 착한 노부인께서는 나의 빚이나 방탕한 생활 같은 데로 관심을 돌리셨다. 고모님 댁에 도착한 날 저녁 오귀스트에 대해 오랜만에 여쭸을 때 "옹? 아내와 재결합한 걸 몰랐니?"라는 전혀 예상치 못한 소식을 듣게 된 건 그래서였다.

"그럼 그 여자를 보게 되겠네요?" 하고 반문하며 이미 난 그 진정한 보바리 부인과 나눌 대화가 문학적 별미 같은 즐거움을 주리라 기대하고 있었다. 파리 생활에 지쳐 휴식을 위해 생사튀르냉에 왔지만, 벌써 도시의 거리가 그리워진 참이었다. 그곳에 있을 땐 그토록 싫어했으면서 말이다. "올레, 올레" 하는 추임새를 넣어 부르는 집시들의 노래 〈베떼네라〉[2]엔 이런 가사가 있다. "당신과 함께여도 싫고 당신 없이도 싫어……." 불안정한 내 영혼에 깃든 그 모든 사랑과 취향에 얼마나 어울리는 구절인가!

"그런데 그 여자가 6개월 전에 죽었지 뭐냐." 고모님이

---

2 스페인 안달루시아 지방의 민요다. – 옮긴이

대답했다. 고모님은 집시의 노래 같은 건 들어본 적도 없거니와 그 가사와는 상반되게, 뿌리내린 곳에서 죽음을 맞는 식물적 삶에 순응하며 사는 분이었다. (나와는 이렇게도 다르니 과연 유전이 작용하긴 하는 걸까?) 고모님은 진저리를 치며 뒤퓌 부인 전설의 이상야릇한 결말에 대해 말씀을 이으셨다. "그 여자가 뻔뻔하게도 딸애를 데리고 돌아왔다면 믿을 수 있겠니? 누구 애인지는 신이나 아시겠지! 결국 의사 양반이 그 아이를 돌봤단다. 그냥 동정심으로 그러는 것이려니 했는데……. 아니야, 그 양반은 아이를 친자식처럼 사랑했어. 아! 그것 때문에 동네에서 그이 평판이 많이 나빠졌지……."

그 순진한 말에, 평소 같았으면 속물적 부르주아의 도덕관을 잘 드러낸다는 점에서 난 그저 실소했을 것이다. 하지만 이번엔 그렇지 않았다. 방금 고모님이 들려준 이야기 속 오귀스트 뒤퓌의 기이한 감정 세계에 깊은 흥미를 느껴서였다. 그렇지 않았다면 '동방박사'나 '꺼벙이'로 불리던 그는 내게 언제까지나 평범하디평범한 남자로만 남았을 것이다.

까슬까슬한 시트에서 은은한 라벤더 향이 풍기는 침대에 누웠다. 소란스러운 파리에서 멀어졌지만 외려 소음보다 잠을 방해하는 시골의 적막 속에서, 나는 젊은 시절을 회고하려던 것을 잊고, 몬강 기슭에서 함께 뛰놀던 옛 동무의 처지를 생각했다. 로제 발랑틴[3]의 경우를 생각하면 오귀스트를 더욱 이해할 수 없었다.

강물도 부드럽게 탄식하며 우수 어린 다정함으로 나의 몽상을 다독여주던 그 밤, 나는 거듭 생각했다. 로제는 아내가 첫 남편과 낳은 아이의 존재 때문에 괴로워했다. 불명예나 배신으로 낳은 아이가 아니었는데도. 그런데 오귀스트는 아내의 배신이 몸으로 구현된 여자아이를, 그 살아 움직이는 배신의 증거를 곁에 두고 살아간다. 아이는 다른 남자가 묶어주고 풀어주었을 머리카락을 휘날리며 오가고, 아내와 다른 남자를 반씩 닮았을 얼굴로 미소 짓고, 자신에게 거짓을 말했던 눈동자와 똑같은 색의 눈동자로 자신을 바라본다. 그걸 어떻게 견뎌낼 수 있단 말인가?

그저 견뎠다면 그나마 이해할 수 있지만, 고모님 말에 따르면 그는 아이를 사랑한다. 좋다! 그렇다면 그건 오귀스트가 아내를 사랑한 적이 없다는 뜻이다. 하지만 고모님은 오히려 그 반대라 하시지 않았나. 고모님이 편지에 쓰신 내

---

3 어린 시절의 또 다른 친구다. — 옮긴이

용이 떠올랐다. 오귀스트가 아내에게 버림받고 슬퍼할 때 모두가 마음 아파했다는 얘기 말이다. 고모님의 묘사에 따르면, 그는 온전한 정신이 아니었고, 몇 달 만에 머리카락이 희끗해졌으며, 아주 쾌활하고 명랑했었는데 웃음조차 잃어버렸다.

어떻게 부정한 아내와 간통의 결과로 태어난 아이를 동시에 사랑할 수 있을까? 옛 친구를 이해하기 위해 난 내 경우에 빗대 생각해보기로 했다. 만약 콜레트가 내 경쟁자 중 하나였던 살바니, 질투하기조차 역겨웠던 그 마권업자의 딸을 낳았다면 어땠을지 말이다. 상상 속에서 그 아이를 그려보자 아이의 숨소리만으로도 난 울고 싶어졌다. 오래된 불안과 고통이 갑자기 되살아났다.

하지만 콜레트는 내가 화류계에서 선택한 정부였다. 그녀가 이미 헤아릴 수 없이 많은 남자와 잤다는 사실을 난 모르지 않았다. (물론 그건 또 다른 문제였다.) 이 여자가 이 사람 저 사람에게 몸을 줬고, 또 이 사람 저 사람에게서 대가를 받았다는 사실은 누구나 알고 있었다. 그렇다. 콜레트는 예술학교를 졸업한 후 그렇게 데뷔했던 것이다. 남자들은 콜레트가 어떤 방식으로 몸을 허락하는지, 그리고 어떤 은밀한 아름다움을 숨기고 있는지 등의 경험담을 동료들에게 듣곤 했다. 나중 그 일화들이 사실이며 그 묘사가 정확한 것이었음을 확인하곤 그전까지 콜레트를 경멸스러운 정부 정도로 여겼음에도 남자들은 마치 그녀의 첫 번째 남자이기라도 한 듯 질투를 느꼈다.

그런데 만약 당신이 실제로 누군가의 첫 번째 남자라면, 그녀의 마음과 육체 모두를 처음으로 일깨운 남자였다면, 당신의 질투는 어떤 것이어야 할까? (마음과 육체는, 둘 중 하나가 다른 하나에 말을 걸어오기 전까지는 진정으로 깨어나지 않는다.) 그럼에도 이미 오래전 사랑에 빠진 어떤 남자는, 자기와는 아이를 낳지 않은 아내가 다른 남자의 아이를 낳아오더라도 질투에 잠식당하지 않는 걸까? 오귀스트가 바로 그런 경우인 걸까?

말도 안 돼…… 나는 씁쓸한 마음에 커다란 웃음을 터뜨렸다. 조금 전 떠올린 장면들이 내 영혼을 멍들게 한 듯해서였다. '아, 그렇지!' 나는 생각을 이어갔다. 뒤마의 작품을 떠올려보면 오귀스트는 개인의 도덕성 면에서 영웅의 반열에 오를 것이다. 『알퐁스 씨 *Monsieur Alphonse*』[4]의 주인공도 다른 남자의 딸을 낳은 아내를 용서한다. 이 연극이

---

4 알렉상드르 뒤마의 1873년 작품이다. - 옮긴이

처음으로 무대에 올랐을 때 나는 그 장면을 얼마나 옹호했던가? 그 용서에 심오한 인간성이 담겨 있다고 보지 않았던가?

뒤마의 이 사도는 『마스카리유의 손자 *Un Petit-Fils de Mascarille*』[5]에 등장하는 발랑틴이라는 조롱꾼도 떠오르게 한다. 하지만 알퐁스의 아이와 발랑틴의 아이는 둘 다 오귀스트가 입양한 아이와 달리 결혼 전 낳은 아이다. 두 상황 사이엔 엄청난 간극이 있다. 하지만 무슨 상관이란 말인가? 고인이 된 뒤퓌 부인이 회개해 돌아온다면 모를까. 꺼벙이에게 "아! 제가 당신을 몰라봤어요. 당신이 얼마나 착하고 고귀한 사람인지……. 하지만 알아줘요. 전 당신 말고 누구도 사랑한 적이 없어요……"라며 (오케스트라의 떨리는 화음으로) 고전 희극풍 연기를 한다면…….

이렇게 능청스러운 거짓을 말하는 여자는 많다. 남편을 속인 이유가 결국 남편을 선택하기 위해서라는 것이다. 비교하지 않고는 누가 더 좋은지 알 수 없으니, 어찌 보면 논리적인 말일지도 모른다. 어릴 때부터 오귀스트는 그 어

---

[5] 앙리 메이약(Henri Meihac, 1831~1897. 프랑스의 극작가)의 1859년 작품이다. - 옮긴이

떤 뱀 같은 자들조차 이해하려는 눈빛을 갖고 있었다. 그러니 아내가 아이를 잉태하는 순간 자신을 생각했을 거라고 믿었을지 누가 알겠는가. 드 비니[6]는 자신의 희곡에서 부정을 저지른 남편에게 지독한 대사를 빌려준다. "나의 불륜은 당신으로 가득했어……."

이런 생각들을 하면서도, 아니 어쩌면 이런 생각들 때문에 나는 풍성하게 차린 시골식 점심을 일찌감치 먹고는 호기심을 품은 채 대낮부터 오귀스트네 집으로 향했다. 그는 자기 아버지가 임종을 맞이했던 마을 끄트머리 집에 아직도 살고 있었다. 통풍 환자였지만 웃음을 잃지 않았던 그의 할아버지가 노년을 보낸 곳이기도 했다. 그 못 말리는 급진주의자는 1830년대 자유주의 시절의 어리석은 노래를 얼마나 여러 번 우리에게 불러줬던가. "할아버지, 할아버지, 나도 거기로 돌아가고 싶어요……."

나는 한가로이 걸음을 옮기며 지평선을 바라봤다. 기억 속 광활한 풍경보단 작아졌지만 여전히 부드럽고 한편

---

6 알프레드 드 비니(Alfred de Vigny, 1797~1863) 프랑스의 시인, 극작가. ―옮긴이

으론 더 아늑해 보였다. 몬강이 흐르는 협곡 위 하나뿐인 길엔 집들이 다닥다닥 늘어서 있었다. 그 작은 강 건너편 경사진 숲 비탈길은 기묘한 건축물로 뒤덮여 있었는데, 어느 해인가 한 자비로운 영주가 실업에 시달리던 가난한 노동자들을 고용해 험준한 능선의 저 언덕을 요새로 만들려 시멘트 없이 돌로만 쌓은 탑과 성벽들이었다.

온통 푸르른 여름날, 먼 산봉우리에서 강줄기를 따라 흐르듯 불어온 미풍 한 줄기가 타는 듯한 더위를 식혔다. 숲속 외딴 초가집 굴뚝에선 나선형의 푸른 연기가 피어올랐다. 저 연기처럼 얄팍하고 헛된 꿈을 좇아 세계를 떠도는 대신, 여기 고향에 남아 규칙적인 삶에 나를 길들이며 사는 편이 현명하지 않았을까 하는 생각이 들었다. 하지만 그렇지 않다. 내 어릴 적 친구인 의사는 이 시골구석에서도 내가 파리의 극장 무대 뒤편에서 겪은 것과 같은 배신을 겪었으니 말이다. 하물며 그는 배신당한 마음을 위로하고 비참한 현실을 미화해줄 세련된 무대장치 하나 갖지 못했고, 고통 속에서나마 후회를 관능으로 덮어줄 추억조차 없다.

나는 오귀스트의 집 앞에 한참을 서 있었다. 길과 집 사이엔 조그만 정원이 있었다. 내가 너무나도 잘 아는 정원이었다. 강 쪽으로 뻗어 있는 정원 뒤편엔 커다란 과수원이 있었다. 비둘기집도 옛날과 같은 자리에 있었다. 오귀스트의 할아버지가 "평온한 시간만 가리키리라"라는 라틴어 문구를 새겨넣은 해시계도 그대로였다. 그러나 철문을 미는 순간, 개가 큰 소리로 짖으며 튀어나와선 내가 더는 이 고요한 은신처의 낯익은 손님이 아님을 증명해줬다.

낯선 이의 방문을 알리는 하녀의 말에 금세 맞으러 나온 덩치 큰 사내는 놀라 외쳤다. "아니, 이게 누군가. 클로드[7] 말도 안 돼!" 덩치 큰 사내는 책이 가득한 서재로 나를 이끌었다. 금발 머리를 굵게 땋은 여덟 살쯤 되는 작고 호리호리한 여자아이가 헤진 양탄자 위에 앉아 놀고 있었다. "자, 루이즈. 정원으로 가렴." 덩치 큰 사내가 부드러운 목소리로 말하자 "네, 아빠" 하고 아이가 대답했다. "근데 루시도 데려가도 되죠?" 아이는 옷을 입히던 인형을 품에 안고 밖으로 나갔다. 운명은 단박에 나를 그 누군가의 딸 앞에 데려다 놓았다. 나는 아이를 보며 웃는 늙은 의사의 얼굴에서 이내, 오래전 클레르몽 고등학교 시절 동급생의 촉촉한 눈을 보았다. 그 눈은 여전히 열다섯 살 그대로였다.

---

7 이 글은 폴 부르제가 클로드 라셰르라는 상상의 인물에 자신을 투영해 쓴 글이다. - 옮긴이

다만 뺨과 이마의 이른 주름, 고모님이 언급하셨던 희끗희끗한 머리카락, 그리고 입가에 서린 독특한 표정은 밝고 어진 품성으로 태어나 남을 잘 믿는 이 남자가 그간 적잖은 고통을 겪었음을 말해줬다.

책상 앞 벽엔 사람 실물만 한 커다란 사진 하나가 걸려 있었다. 아직 젊어 보이는 예쁘고 우아한 여성의 사진이었는데, 아이와 닮은 데가 있어 한눈에 엄마임을 알 수 있었다. 오귀스트가 이것저것 다정하게 묻는 동안 나는 열린 창문 너머 아이의 웃음소리를 들을 수 있었다. 아이는 인형을 내팽개친 채 개와 놀고 있었고, 하녀는 너무 흥분한 개를 꾸짖고 있었다. "이리 살고 있다네." 자신의 직업에 대해 중구난방 짧게 설명한 뒤 친구는 이렇게 결론지었다. "대단히 행복하지는 않지만 만족해. 다른 사람들이 그리 말하듯 말야."

잠시 난처한 침묵이 흐른 뒤 오귀스트가 물었다. "내가 많이 불행했다는 이야길 들었겠지?" 친구는 입가 아이러니한 미소를 거둔 채 슬프고도 담담한 어조로 그 문장을 발음했다. 내 마음은 크게 동요했다. 아! 고통과 조우해도 흔들리지 않으려면 얼마나 더 나이를 먹어야 하는 걸까. "어찌

겠나?" 그는 말을 이었다. "나 같은 꺼벙이가 줄 수 없는 애정을 갈구하는 여자와 결혼한걸. 그녀는 예술가였어, 음악가였고. 파리에서 자란…… 그런데 나는……." 그의 몸짓엔 꾸밈이 없었다. 나는 오귀스트가 속내를 털어놓는 까닭을 이해했다. 고모님이 그간의 모든 불행을 내게 얘기했을 거라 짐작하고는 아내를 위한 어떤 변론도 할 겨를 없이 자신이 사랑했던 여자를 내가 단죄할까 괴로웠던 것이다.

오귀스트는 강한 어조로 말했다. "너무 늦긴 했지만, 내가 깨달은 건 말이지, 내 잘못이 크다는 거였어. 혼자가 된 아내가 가난하게 살다 병이 들어 편지를 썼을 때, 난 아내를 찾으러 갔다네. 그 놀란 얼굴, 눈물을 흘리며 고마워하는 모습을 자네가 봤다면……. 아내는 죽기 전 마지막 6개월 동안 내가 흘렸던 모든 눈물을 행복으로 갚아줬다네. 자네도 저 아일 봤잖나. 얼마나 가냘픈지……. 엄마를 닮았어. 쏙 빼닮았지……. 저 아이의 사소한 몸짓 하나, 말 한마디만으로도 아내를 떠올리게 돼. 그래, 사람들이 비난할 수도 있고, 날 나약하고 어리석은 사람으로 볼 수도 있겠지……." 그는 어깨를 으쓱하더니 고개를 저으며 아주 낮은 목소리로 말을 이었다. "친구. 내가 아내를 사랑했던 만큼 누군가 한 여자를 사랑한다면, 그건 영원한 거야. 그리고 그 여자를 떠올리게 하는 모든 걸 사랑하는 거고……. 이해하겠나?"

말하는 동안 난 그 풋풋하고 순수한 눈에 눈물이 가득 고이는 것을 봤다. 그리고 그 감정을 우습게 여기는 대신 내 가슴에 대고 물었다. 진정한 삶은 과연 어디에 있는 걸까? 자신을 배신한 여자를 향한 오귀스트의 너무도 부드럽고 온유하며 증오 따윈 모르는 그 감정과 가혹하고 비천한 내 원한의 감정 사이 그 어디에? 아아, 사랑에 대해 그토록 많은 글을 쓰고 그토록 많은 사랑의 쾌락과 고통을 겪었지만, 지금껏 난 한 번도 사랑해본 적이 없는 게 아닐까?

Un Sentiment Vrai, 1883

폴 부르제

꽃을 묻다

<u>니이미 난키치</u>

그 놀이가 어떤 이름으로 불렸는지는 모른다. 요즘 아이들도 그 놀이를 할까? 나는 거리를 걸을 때면 아이들이 노는 모습을 유심히 관찰하는데, 여태 하는 걸 본 적이 없다. 우리가 그 놀이를 하던 때 다른 아이들도 그 놀이를 알았을 지조차 확실치 않다. 동년배들에게 물어보면 알 수 있겠지만, 왠지 그 놀이는 우리만 했을 것 같다. 우리 전에도 우리 후에도 없을 것 같다. 그렇게 생각하는 건 즐거운 일이지만, 그렇다면 그 놀이는 우리 친구 중 누군가가 고안해낸 것이라는 말이 된다. 대체 그런 쓸쓸한 놀이를 만든 건 누

구였을까?

그 놀이는 단 두 명만 있으면 할 수 있다. 한 사람이 숨바꼭질 술래처럼 눈을 감고 기다린다. 그사이 다른 한 사람이 길가나 들에 핀 온갖 꽃을 꺾어와선 땅바닥에 찻잔, 아니 그보다 작은 술잔 정도의 구멍을 파고 꺾어온 꽃을 알맞게 넣는다. 구멍은 유리 조각으로 덮는데, 마지막으로 그 위에 흙모래를 덮어 애초 아무 일도 없었던 것처럼 위장한다. "이제 됐어?" 하고 술래가 재촉하면, "응, 됐어" 하고 시작 신호를 보낸다. 그러면 눈을 뜬 술래는 주변을 샅샅이 살피다 의심 가는 곳이 나오면 손가락으로 더듬어 찾는다. 놀이는 그게 다다.

그런데 우리가 그 놀이에서 관심을 쏟는 건 다른 놀이와는 달랐다. 완벽하게 숨겨 술래를 속이는 일이나 빨리 찾아내 술래 역할을 넘기는 일 따위는 아무래도 좋았다. 우리는 오직 모래 속에 숨겨진 꽃의 아름다움에 관심을 집중했다. 흙모래 위를 더듬는 손가락 끝에 툭 하고 단단한 게 닿으면, 유리다. 유리 조각 위 흙모래를 걷어낸다. 아주 조금. 집게손가락 끝이 닿는 딱 그 정도만. 그리고 구멍 속을 들여다본다. 거기에는 어지러운 세상과는 생판 다른, 동화 속 먼 나라 같은, 꿈결 같은 정취를 가진 별세계가 있다. 작디작은 별세계. 하지만 가만히 들여다보면 단순한 작음이 아니다. 그 작음 속에는 끝없이 넓은 세계가 응축돼 있다. 우리가 그 손가락 끝 세계에 한없이 매료된 건 그 때문이었다.

우리가 그것만 하며 논 건 아니다. 그 놀이는 주로 저물녘에 했다. 나무에 오르거나 풀밭 위를 뛰어다니는 등 마음껏 놀고 지쳤을 무렵, 저물녘 상쾌한 공기에 마음이 부드럽게 녹아들 무렵 그 놀이를 했다. 아무하고나 할 수 있는 건 아니었다. 그 놀이를 하는 걸 이해하지 못하는 친구도 있었다. 여자아이는 대개 좋아했다.

조금 전 두 사람만 있으면 할 수 있는 놀이라고 말하긴 했지만, 혼자서도 못할 건 없었다. 나는 그 놀이를 혼자 하곤 했는데, 그럴 때면 두 사람 역할을 전부 맡았다. 꽃을 꺾어 숨겨두고는 꽤 떨어진 우베네 집까지 가 모퉁이를 한 바퀴 돌고 온 뒤, 이번엔 술래가 돼선 눈을 감고 백이나 이백까지 센 후 찾으러 가는 식으로 말이다. 그런데 혼자서 이 놀이를 할 때는 외로움이 손끝에 닿은 유리 조각의 차가움과 축축한 흙냄새, 그리고 아름다운 꽃의 색에까지 스며든 탓에 놀이가 한층 쓸쓸해졌다.

두 명이나 세 명이 그 놀이를 하고 집에 돌아갈 땐 제일 아름다운 작품을 흙 속에 그대로 묻어둘 때도 있었다. 그런 날엔 이불 속에서 묻어두고 온 꽃을 떠올리며 잠들곤 했는데, 그럴 때면 마음속 즐거운 비밀이 된 흙 속 자그마한 꽃묶음에 대해 엄마에게도, 다른 그 누구에게도 말하지 않았다. 다음 날 아침에 가보면 꽃은 촉촉한 흙 덕분에 시들진 않았지만, 밝은 아침 햇살에 다소 빛바랜 듯 보여 나는 꽃에 일종의 환멸을 느꼈다. 어린 마음의 변덕스러움 탓에 전날 묻어둔 꽃을 깡그리 잊어버린 아침도 물론 있었다. 그렇게 잊힌 수많은 꽃은 썩어 흙에 섞여버렸을 것이다. 우리는 또 집으로 돌아가기 전, 놀이에 쓴 꽃과 풀을 전부 그러모아 흙 속에 묻고는 그 위를 밟아 다진 적도 있었다. 놀이 끝의 마무리는 내 마음에 아름답고 순결한 무언가를 남겼다. 얼마나 귀엽고도 아이로서 갸륵한 일인가.

　　어느 저물녘, 그 놀이를 했다. 아키바 씨 집 등불 아래서였다. 나와 두붓집 아들 린타로, 피륙 공장 집 딸 쓰루 세 명이었는데, 모두 동갑이었다. 여자아이어서인지 쓰루는 늘 꽃을 잘 다듬어 아름다운 파노라마를 만들어냈고, 그걸 보여주는 걸 좋아했다. 처음에는 린타로와 내가 술래가 되어 쓰루가 숨겨둔 그 아름다운 꽃을 찾아다녔다. 나는 쓰루가 만든 꽃 세계에 늘 감탄했다. 쓰루는 꽃잎 한 장 한 장으로 잎과 열매까지 묘사해냈다. 가끔은 기모노 허리띠에 단 주머니에서 모래알 크기의 구슬을 꺼내 꽃잎 사이에 두기도 했다. 마치 꽃밭에 별을 뿌리듯. 난 쓰루를 좋아했다.

자연스레 놀이가 끝날 무렵, 마지막으로 쓰루와 린타로가 꽃을 감추고 나 혼자 술래를 했다. "응, 됐어" 하는 소리와 함께 찾기 시작했는데, 아무리 찾아도 보이질 않았다. "저기, 저리루 더 가아 헤"라는 쓰무 말에 그리로 가선 주변을 샅샅이 뒤졌지만, 도무지 찾을 수가 없었다. 린타로는 등불 아래 몸을 기댄 채 이쪽을 보며 히죽히죽 웃고 있었다. 쓰루가 꽃을 묻는 걸 분명 봤을 터였다. 나는 "차 끓여 놨어" 하며 항복했다.

그러면 보통은 쓰루가 묻은 장소를 손으로 가리켜 보였는데, 하지만 이날은 왠지 그러지 않는 것이었다. "그럼 내일 찾아봐" 하고 말했을 뿐. 나는 너무나 아쉬운 나머지 흙바닥을 기면서까지 찾아봤지만 끝내 찾지 못했다. 나는 포기하고 집으로 돌아갔다. 등불 아래 흙바닥이 계속 떠올랐다. 그곳 어딘가에 쓰루가 만든, 이 세상 어디에도 없는 아름다운 꽃의 파노라마가 숨어 있을 것이었다. 그 꽃과 구슬이 감은 두 눈 위로 손에 잡힐 듯 아른거렸다. 아침이 되자마자 나는 등불 아래로 갔고, 숨을 헐떡이며 쓰루가 숨긴 꽃을 찾아 헤맸다. 마치 금이라도 찾듯. 그러나 끝내 찾지 못했다.

    그 후로 생각날 때마다 그곳에 가 꽃을 찾았다. 진즉에 시들어버렸을 거라고는 전혀 생각지 않았다. 눈을 감으면 언제든 어렴풋한 빛 속으로 쓰루가 숨겨둔 꽃과 구슬이 굴러떨어지는 아름다운 물방울처럼 떠올랐다. 다른 누군가가 찾아내면 안 되기에 나는 혼자 있을 때면 늘 그곳에 갔다. 같이 놀 상대가 없어 외로울 때면 등불 아래 쓰루가 숨겨둔 꽃을 떠올렸다. 그곳에 가 꽃을 찾는 동안 가슴을 채우는 희망은 그 무엇과도 바꿀 수 없는 것이었다. 아무리 찾아도 찾지 못하는 초조함이야 어쩔 수 없었지만.

    그러던 어느 날, 린타로가 나를 보고 말았다. 언제나처럼 등불 아래를 구석구석 찾아다니고 있었는데, 언제부터인지 린타로가 등불 밑 돌계단에 앉아 옥수수를 먹고 있었다. 린타로의 시선을 알아챈 순간, 나는 도둑질 현장을 들킨 듯 놀랐고, 나도 모르게 변명을 하려 했다. 그러나 린타로는 내 마음속까지, 내가 쓰루를 좋아한다는 것까지 훤히 꿰뚫고 있다는 듯 히죽거리며 "아직도 찾고 있었냐, 이 바보야" 하고 말했다. "그거 거짓말이야. 쓰루는 아무것도 안

묻었어." 그 순간, '아, 그랬구나' 하는 생각과 함께 마음속에 들러붙어 있던 무언가가 떨어져 나가는 느낌이 들었고, 이내 숨통이 트였다.

그때부터 난 등불 아래에 아무런 매력을 느끼지 못했다. 거기서 놀 때면 가끔, 여기엔 아무것도 없다는 사실이 떠올라 흥이 깨졌다. 아름다운 꽃이 묻혀 있다고 믿었던 지난날이 그립긴 했다. 린타로가 진실을 말해주지 않았더라면, 능불 아래 숨겨진 꽃을 떠올리며 언제까지고 행복해할 수 있었을까? 잘 모르겠다.

그 후 쓰루와는 한마을에 살면서도 한동안 소식을 몰랐는데, 중학교를 졸업할 즈음엔 편지를 주고받기도 하고 몰래 만나기도 했다. 그러나 그때의 쓰루는 이미 마음속으로 상상하던 쓰루가 아니었다. 나는 쓰루가 허영심에 가득 찬 평범하고 멍청한 여자임을 알게 됐고, 이로 인해 지독한 환멸을 맛봤다. 그 환멸은 쓰루가 꽃을 감춘 듯 속였을 때 맛본 것과 닮은 구석이 있는 것이었다.

花をうめる, 1939

유리문 안에서

나쓰메 소세키

여기에 어머니를 기념할 만한 무언가를 적고 싶지만, 불행히도 내가 아는 어머니는 내 머릿속에 각별한 기억을 남겨주시진 않았다.

어머니의 이름은 '지에千枝'다. 난 지금도 이 이름을 그리워한다. 그래서 지에는 어머니만의 이름이고 결코 다른 여자의 이름이어서는 안 된다고까지 생각할 정도다. 다행히 어머니 말고는 지에라는 이름의 여자를 아직은 만난 적이 없다.

어머니는 내가 열서넛 즈음에 죽었지만, 기억의 끈을 아무리 당겨봐도 기억해낼 수 있는 어머니의 모습은 그저 나이 든 여자다. 늦둥이로 태어난 나는 젊은 날의 어머니를 기억하는 특권을 누리지 못했다.

기억 속 어머니는 늘 커다란 안경을 쓴 채 바느질을 하고 있었다. 안경은 고풍스러운 철 테였는데, 렌즈 지름이 6센티미터도 더 돼 보였다. 어머니는 턱을 옷깃 쪽으로 당기고는 그 안경 너머로 날 지그시 바라보곤 했다. 노안이라는 말 자체를 몰랐던 그 무렵의 난 그걸 그저 어머니의 버릇이라고만 생각했다. 이 안경과 함께 항상 어머니 뒤에 있던 장지문 한 칸도 떠오른다. 문에 붙은 '생사사대 무상신속 生死事大 無常迅速'[1] 운운해놓은, 글자와 그림이 뒤섞인 낡은 탁본도 생생하다.

여름이면 어머니는 늘 무늬 없는 감색 홑옷에 폭이 좁은 검정 공단 허리띠를 하고 있었다. 내 기억에 남아 있는 어머니의 모습은 신기하게도 언제나 이 한여름 복색服色이

---

1 불교 경전인 『육조단경六祖檀経』에 나오는 말로 "태어남과 죽음은 큰 일이지만, 무상하고 신속하다"로 새길 수 있다. "시간은 눈 깜짝할 새 지나버리니 짧은 시간도 헛되이 여기지 마라"라는 의미로도 쓰인다. – 옮긴이

어서 무늬 없는 감색 홑옷에 폭이 좁은 검정 공단 허리띠를 지워버리면 남는 거라곤 어머니의 얼굴뿐이다. 언젠가 툇마루에서 형님과 바둑을 두던 어머니의 모습이 내 기억 속에 남은 유일한 다른 그림인데, 이 그림 속에서도 어머니는 같은 옷에 같은 허리띠를 하고 앉아 있다.

당신 고향에 데려간 적이 없어 나는 어머니가 어디서 시집왔는지 모르는 채 살아왔다. 궁금해한 적이 없어 물어본 적도 없다. 희미하긴 하지만 어머니가 요쓰야의 오반이라는 곳에서 태어났다는 말은 들은 적이 있다. 누군가 외가가 전당포를 했다는 말도, 그 집엔 곳간이 많았다는 이야기도 해준 것 같은데, 오반이란 데를 지나가 본 적조차 없는 내겐 그저 옛이야기일 뿐이다. 설령 그게 사실이라 해도 지금 내게 있는 어머니의 기억 안엔 곳간 딸린 저택 따윈 아예 없다. 그즈음은 이미 없어진 후일 테고.

시집오기 전까지 부잣집에서 잔심부름하며 지냈다는 이야기도 어렴풋이는 기억나지만, 어머니가 어디 사는 어떤 부잣집에서 얼마 동안 지냈는지는커녕, 왜 거기서 그런 일을 하며 지내야 했는지조차 모른다. 내겐 그저 옅은 향을 남기고 사라지는 향처럼 종잡을 수 없는 이야기일 뿐이다.

그러고 보니 채색 목판화에 그려진 부잣집 하녀가 걸

칠 법한 화려한 무늬의 옷을 집 창고에서 발견한 적이 있긴 하다. 붉은색 비단 안감을 댄 옷에는 벚꽃인지 매화인지가 잔뜩 수 놓여 있었고, 금실과 은실 자수도 중간중간 섞여 있었다. 아마도 당시 '가이도리搔取'² 라 부르던 옷이었을 텐데, 그 옷을 입은 어머니는 지금도 상상으로조차 떠올릴 수 없다. 내가 알고 있는 어머니는 늘 커다란 돋보기안경을 쓰고 있던 나이 든 여자일 뿐이니. 더구나 나중, 이불로 고쳐진 그 아름다운 옷을 집안의 앓아누운 누군가가 덮고 있는 걸 보기까지 했으니.

대학 시절 날 가르친 서양인 선생이 일본을 떠날 때, 송별 기념 선물로 창고에서 잠자던 함을 꺼낸 게 언제였던가. 붉은색 비단술이 달린 함에는 금박과 은박 무늬가 군데군데 박혀 있었다. 함을 아버지에게 가져가 정식으로 받았을 땐 전혀 눈치채지 못했지만, 돌이켜보니 이 함도 이불이 되어버린 붉은색 비단 안감의 그 옷처럼 젊은 시절 어머니를 한껏 담고 있는 물건이었다. 아버지는 평생 어머

---

2 기모노 위에 걸쳐 입던 겉옷으로 현재는 혼례복장으로 사용한다. '우치카케袿裲'의 옛 이름이다. - 옮긴이

니에게 옷을 사준 적이 없다고 들었는데, 그럼 어머니는 다른 옷은 없었던 걸까? 아니라면 어떤 옷을 어떻게 입을 수 있었을까? 내 기억에 남아 있는 무늬 없는 감색 홑옷과 검정 공단 허리띠도 시집올 때 이미 서랍장에 들어 있던 것일까? 어머니를 만나 어머니에게 직접 일의 전말을 듣고 싶다.

짓궂고 고집 셌던 난 대개의 막둥이와 달리 어머니에게 특별한 귀여움을 받은 적이 없다. 하지만 내 마음속엔 집안에서 나를 가장 예뻐한 건 어머니라는 강한 확신이 그리움과 함께 존재한다. 애증과는 별개로 어머니는 분명 품위 있고 고상한 여인이었다. 사람들이 보기에 아버지보다 현명해 보였고, 까다로웠던 형조차 어머니에게만은 경외심을 품을 정도였다.

"어머님은 말을 많이 안 하시는데도 왠지 좀 무서운 구석이 있어."

나는 형이 어머니에 대해 했던 이 말을 여전히 또렷하게 기억한다. 그러나 그건 물에 닿아 퍼지기 시작한 글자를 정색하고 원래 모양으로 되돌려놓은 듯한 아스라한 기억의 한 조각에 불과하다. 내게 어머니는 그저 꿈같은 존재다. 남아 있는 한 조각 한 조각을 아무리 애써 맞춰봐도 생전 모습 전체를 복원해내진 못한다. 그나마 그 조각들도 반절 이상은 이미 퇴색해버려 손에 쥘 수조차 없다.

언제였는지, 2층에 올라가 홀로 낮잠을 잔 적이 있다. 당시 나는 낮잠을 잘 때면 이상한 일을 겪는 일이 잦았다. 엄지손가락이 눈앞에서 점점 커져 멈추지 않는다든가, 천장이 차츰 아래로 내려와선 가슴을 누른다든가, 눈은 뜨여 평소와 다름없이 주위를 보는데 몸은 잠의 포로가 돼 아무리 발버둥쳐도 손발을 움직일 수 없다든가 하는, 나중 생각해보면 꿈인지 현실인지 구분할 수 없는 그런 일들이었다. 그런데 그날도 그런 이상한 일 하나를 겪었다. 꿈에서였는데, 어떤 목적으로 어디에 썼는진 모르지만, 난 내 것이 아닌 돈을 써버리는 죄를 짓고 말았다. 어린아이로서는 도저히 메울 수 없는 큰돈이었다. 소심한 나는 몹시 괴로워했고, 결국엔 큰 소리로 아래층에 있던 어머니를 불러댔다.

2층 계단은 어머니의 돋보기안경과 떼려야 뗄 수 없는, '생사사대 무상신속'이라 쓰인 탁본이 붙어 있던 그 장지문 바로 뒤에 있었다. 내 목소릴 들은 어머니는 단숨에 2층으로 올라왔다. 나는 나를 바라보며 서 있는 어머니에게 너무 괴로우니 어떻게 좀 해달라고 간청했다. 그러자 어머니는 미소를 지으며 "염려 말아라. 돈은 엄마가 얼마든지 내 줄 테니"하고 말했다. 나는 몹시 기뻤고, 곧 편안한 마음으로 다시 잠에 빠져들었다.

나는 지금도 그게 전부 꿈이었는지 아니면 반쯤만 꿈이었는지 의심스럽다. 하지만 나는 내가 큰 소리로 어머니에게 도움을 청한 것도, 어머니가 나타나 날 안심시켜준 것도 모두 진짜라 믿고 싶다. 그리고 어머니는 그때도 언제나처럼 무늬 없는 감색 홑옷에 폭이 좁은 검정 공단 허리띠를 하고 있었다.

硝子戸の中, 1915 [3]

---

[3] 이 글은 《아사히 신문》에 연재된 같은 제목의 글 중 한 편이다. 연재된 글들은 1933년 이와나미문고에서 묶어 『유리문 안에서』로 출간했다. - 옮긴이

부재중일 때

오리구치 시노부

마땅한 인연이 없어서였을까? 최근 이삼대째 시집가는 친척이 손에 꼽을 정도로 적었다. 그랬기에 우리 가계家系엔 여자가 꽤 많았는데, 그중엔 이런저런 이유로 결혼할 의사가 없어져 집에 눌러앉은 경우도 적지 않았다. 사람들이 '이 사람은……, 저 사람은……' 하고 쑥덕거리는, 예전 같으면 오사카 말로 '시집 안 가고 눌러사는 젊은 마나님'이라 불렸을 그런 사람들을 모두 세어보면 내가 아는 시집 안 간 친척만도 열 명 가까이 되었다. 나와 그다지 연이 없는 사람들까지 싸잡아 이렇게 말하는 게 미안하긴 하지만 말이다.

그중, 얼마 전까지 여자로서 자유롭고 거리낌 없는 삶을 살았던 이모들은 아직도 기억에 또렷하다. 1945년 봄, 오사카 한복판을 덮친 공습 때 가장 먼저 불탄 집이지만, 고향 집의 낡은 다다미방도 여전히 생생하다. 다다미 위에 지긋이 앉아 있다가는 불현듯 일어나 힘차게 걸어오는 이모들의 동작이 하나하나 떠오를 정도로 그곳은 인상 깊은 공간이다. 불탄 후인 지금은 이모들을 떠올리기에 더 어울리는 고즈넉함과 함께 희끄무레하게 바랜 빛을 띠고 있다.

일찌감치 아버질 데릴사위로 들였을 만큼 외갓집엔 어머니와 그 아래 여동생 둘 말고는 남자 형제가 없었다. 그런데도 이모들이 결혼하지 않은 건 결코 타고난 질병이 있어서거나 혈통에 문제가 있어서가 아니었다. 혼사를 맺는 데 결함이 되는 식구가 있어서도 아니었다. 한 식구인 내 얼굴에 침 뱉는 격이기에 결혼할 역량이 없어서 아니었겠느냐는 질문에 대해선 답할 수 없는데, 친척들은 "그 집 사람들이 좀 뛰어나긴 하지" 하고 말하곤 했다. 눈이 높다고 말할 정도는 아니었는데도 어째선지 남자를 끌어들이고 싶어 하지 않는 것 같은 낌새는 있었던 듯하다. 이모들이 견식 높은 여성으로 자랐기에 모르는 새 남자들의 세속성에 물드는 게 싫어진 건 아닐까? 모르긴 몰라도 원인의 일부이진 아닐까 싶다.

젊은 시절 작은이모는 오사카의 여학교 중에서도 제일가는 나카노시마[1]의, 무려 1회 졸업생이었다. 싹둑 자른 앞머리와 정수리 위로 자그맣게 틀어 올린 머리에 장미꽃 비녀를 꽂은 모습으로 졸업식에 참석한 이모를, 당시 다섯 살이었음에도 난 아직 생생하게 기억한다.

작은이모는 상급학교에 진학해 의사가 되겠다며 도쿄로 유학을 갔고, 당시 유시마에 있던 사이세이학사[2]에 입학, 의사 1차 면허를 땄다. 하지만, 사소한 일에도 걱정이 많은 성격이었던 이모의 형부는 남자만 득시글하고 하물며 낙제생까지 많았던 사립 의학교 따위에 처제를 둘 수 없다고 판단했다. 아버지에 대해 이러쿵저러쿵하는 게 좀 그렇지만, 나처럼 그릇이 작았던 아버지로서는 어쩔 수 없는 판단이었는지도 모른다. 말하자면 자존감이 과한 감이 없지

---

1   오사카 부립 나카노시마 고등여학교다. – 옮긴이

2   1876년 개교한 일본 최초의 남녀공학 의학교로 현 일본의과대학과 일본여자의과대학, 도쿄의과대학 등이 이 학교의 명맥을 이어받았다고 한다. – 옮긴이

않았던 막내 처제가 의사가 돼 건방지게 구는 걸 두고 볼 수 없었기에 내린. 생각지도 못했던 강한 반대에 부딪힌 작은이모는 결국 삼 년쯤의 유학 생활을 끝내고 집으로 돌아올 수밖에 없었다.

작은이모는 그때부터 숨을 거둔 일흔 살까지 오십 년 가까이 집에 갇힌 채 독신으로 지냈다. 도쿄 생활을 막 경험한 젊은 이모가 영어 단어를 가르쳐주거나 이솝 이야기 같은 우화를 들려주거나 했던 그즈음은 내가 열 살도 채 안 됐을 때였다. 그런데도 그때 배우고 들은 영어와 이야기뿐 아니라, 도쿄 사투리가 섞인 악센트와 몸짓까지 기억난다. 그때 어머니는 종종 내키지 않는 얼굴을 하고는 '에이栄 동생은 기독교가 돼서 온 게 아닐까?' 하는, 교양 높은 동생 앞에서는 하지 못하는 뒷말을 다른 사람들과 주고받곤 했다.

일 년 중 두세 번은 아버지가 종일 집을 비우는 날이 있었다. 아버지의 본가는 오사카에서 동북쪽으로 20리쯤 떨어진, 기타가와치의 요도가와강 가까운 곳에 있었다. 당시 오사카의 남서쪽 후미진 곳에 있던 우리 집에서도 40리 정도밖엔 떨어지지 않은 곳이었다. 그런데도 아버지

는 아침 일찍 자가용으로 출발하고도 해가 지고야 돌아왔다. 아버지가 그렇게 본가에 가는 건 정월이나 오봉[3] 같은 명절 때가 아니라, 내킬 때 불현듯이었다. 도코노마床の間[4]에 걸린 셋슈[5]의 그림을 볼 때나 선반에 놓인 소박한 조각이 가끔이지만 또렷하게 명인의 끌이 남긴 족적처럼 느껴질 때면, 큰아버지 집인 본가가 떠올라 어쩌지 못하겠던 모양이다.

"내일은 가와치에 갔다 올게."

통보는 늘 느닷없었다. 그 제멋대로인 귀향에 가와치의 큰아버지, 큰어머니는 몹시 곤혹스러웠겠지만, 어머니 이하 가족들과 일꾼들은 숨통이 트인 듯 기뻤다.

"내일 가시면 우리 뭐할까. '부재중일 때' 뭘 하면 좋을까?"

이런 말을 할 때면 모두의 마음엔 행복감이 시원스러운 산들바람처럼 불어왔다. 아버진 그만큼이나 어려운 사

---

[3] 음력 칠월 보름을 뜻하며, 일본의 명절 중 하나다. 메이지 유신 이후, 양력 8월 15일에 쉰다.

[4] 격식을 차린 객실 안에 만든 공간으로, 방바닥보다 한 단 높다. 주로 족자나 꽃병으로 장식한다. – 옮긴이

[5] 일본 무로마치 시대(15세기) 승려이자 화가 셋슈 도요雪舟等楊를 말한다. 일본 수묵화의 완성자로 평가받는다.

람이었다. 대놓고 말하진 않지만 오사카의 번듯한 집안들엔 심신의 평안을 최고로 치는 풍조가 있다. 세상을 근심 없이 사는 초닌町人[6] 가정은 온화한 분위기로 지내는 게 아무려나 가장 행복한 휴식인 것이다. 무서운 얼굴로 집 안 곳곳을 노려보며 감시하는 가장까지는 아니었지만, 약하게나마 규율이 있는 생활을 버티는 일은 하카마[7]를 입고 생활하는 무사가 아닌 이상은 어쨌든 힘든 일이었다.

    같이 지내기 거북한 그런 가장이 하루나 이틀, 아니 반나절이라도 집을 비우는 건 정말이지 안식일을 맞는 것 같았다. 어머니는 그 은밀한 즐거움을 '부재중일 때'라 이름 붙였는데, 그 이름을 부를 때면 모두는 마음이 환해지는 느낌이었다. 여자와 아이들에게는 도무지 속내를 내비치지 않는 가장이 집에 버티고 있을 때 그 이름을 떠올리노라면, 그만으로도 한껏 가슴이 뛰었다. 게다가 우리 집은 '부재중일 때'가 주는 설렘을 가장 민감하게 느끼는, 여자가 많은 집이었다.

    어느 해인가 '부재중일 때', 어머니는 초밥과 단팥죽을

---

6   에도 막부시대 도시에 거주하던 상공인의 총칭이다. – 옮긴이
7   앞쪽에 주름이 잡힌 일본 전통 하의로 일종의 정장이다.

만들자고 제안했고, 큰이모는 거문고와 샤미센 기예를 복습해보자고 주장했다. 결국 양쪽 주장이 모두 받아들여져 어머니는 내내 부엌에서 분주했고, 큰이모는 안쪽 방에서 거듭 정성스레 준비를 했다. 그리고 오후, 드디어 '부재중일 때'의 향연이 펼쳐졌다. 가족들이 머리를 맞대고 소곤소곤 속삭이는 친밀하고 부드럽고 편안한 시간이 시작된 것이다. 여자들이 기예 복습을 마치면 어머니가 마련한 음식을 먹을 계획이었다.

우리 집은 장사하는 집이라 사실 이런 기회가 별로 없었다. 소녀 때부터 결혼 적령기까지 애써 갈고닦은 기예가 시나브로 사라지는 것이다. 가끔이지만 그렇게나마 기예를 뽐내지 않으면 정말이지 보물을 썩히는 꼴이었다. 어머니가 거문고로 뭘 연주했는지 따윈 기억나지 않지만, 꽤 어려운 기교로 연주를 마치고는 기세등등해했던 기억은 남아 있다. 큰이모는 서민의 것이라기보다는 귀족의 것이라 해야 하는, 지금의 도쿄식과는 조금 다른 에치고지시越後獅子[8]를 연주했다.

"유우 동생은 기억력이 썩 좋은 것도 아닌데 곡은 끝내

---

8 에치고(현재의 니가타)에서 유래한 사자춤(곡)이다.

주게 잘해."

어머니는 이런 찬사를 늘어놓았다.

"에이 동생도 하나 해봐. 아무튼 네가 제일 시끄러웠잖아. 어머니께 들려드리는 것도 효도야. 그렇죠?"

큰이모가 할머니의 동의를 구했다.

"얘가 그런 걸 기억하겠니? 한창 기예를 익혀야 할 때 공부만 해서 하나도 못 할 거야. 안 돼, 안 돼."

할머니의 말에 작은이모는 보란 듯 몸을 일으켰다.

"이 집엔 춤출 줄 아는 사람이 하나도 없어. 형부 흰 부채 좀 빌릴게. 언니, 가나와金輪[9] 좀 연주해줘."

실은 연주한 곡이 뭐였는지 잘 기억나지 않는다. 몹시 요란한 춤이었던 건 기억나니 일단 가나와라고 해둔다. 어쨌든 작은이모의 춤은 매우 자유롭고 아름다웠다. 게다가 놀라울 정도로 정확했다. 어머니와 큰이모, 그리고 할머니까지 모두 감탄할 정도로.

"와, 잘도 기억하고 있네. 공부만 했든 말든 기예는 안 잊어버리는 법인가 봐."

---

9 사륜四輪의 하나. 세계의 대지를 받들고 있는 지층으로, 그 밑에는 풍륜과 수륜, 공륜이 있다. 여기서는 불교에서 제례를 올릴 때 연주되는 전례용 음악을 뜻한다.

그렇게 먼저 운을 뗀 어머니는 말을 이었다.

"엄마, 이번엔 엄마가 해봐요. 뭐라도 해야지."

뭐라도 해야만 하는 분위기, 할머니는 절체절명의 궁지에 몰렸다. 그런데 그때, 하늘이 도왔다. 말 그대로 '하늘이 도왔다'라고 밖엔 말할 수 없는 상황이 펼쳐진 것이다.

"다녀오셨어요?"

아버지의 치가 대문 앞에 도착했고, 아름답고 한적했던 '부재중일 때'의 향연은 별안간 초원을 쓰는 찬바람처럼 싸늘해졌다. 할머니와 어머니는 아버지를 맞이하러 나갔고, 이모들은 거문고와 샤미센을 제단 옆 어둑한 데로 밀어넣어 숨겼다. 아버지가 방 안으로 들어섰을 땐 이미 즐거운 한때의 여운조차 남아 있지 않았다.

아버지는 아주 오랜만에 즐거운 일이 생겼다는 듯, 족자를 바꾸려 했다.

"가와치 집 광에 괜찮은 게 아직 있더라고. 어머니, 이거 보세요. 오쿄応挙[10]가 그린 학이에요."

"먹을 걸 내놓기 전이어서 다행이었어. '부재중일 때'

---

10 에도시대 중후기의 화가로 그의 성을 딴 '마루야마파円山派'의 시조다. — 옮긴이

가 좋긴 하지만, 이렇게 도둑고양이들 축제처럼 조마조마해서야 원."

어머니는 그렇게 말하며 키득댔다. 그러곤 말을 이었는데, 이모들은 듣지 못했다. 그저 혼잣말을 하듯 목소리를 삼켜버려서였다.

"그만큼이나 잘 추는 걸 보면 에이 동생이 기독교는 아닌가 봐. 기독교였다면 댄스 같은 걸 췄을 테니 말야."

留守ごと, 1949

아이와 나[1]

너새니얼 호손

1851년 7월 31일 목요일

6시 무렵, 침대가를 보니 먼저 깨어난 줄리언이 웃음을 참는 듯한 눈빛으로 나를 곁눈질하는 게 보였다. 그렇게 우린 일어났고, 줄리언을 씻긴 뒤 나도 씻었다. 그러곤 줄리언에게 머리를 말자고 했다. 그제 아침 같은 일을 시도, 너무도 처참하게 망쳤다는 것을 말해두는 걸 잊은 채.

---

[1] 본래는 별도의 제목이 없는 글로 '육아 일기책'이라 할 수 있는 '줄리언과 새끼 토끼와 함께한 20일Twenty Days with Julian & Little Bunny by Papa' 중 일부를 옮긴 것이다.

엄청난 실패였기에 이 꼬마 영감은 같은 일을 또 하자는 첫마디만 듣고도 웃음보를 터뜨렸다. 하지만 나는 고집했고, 막대로 줄리언의 머리카락을 거의 빠질 정도로 둥글게 감았다. 줄리언은 내내 고통과 환희 사이에서 꽥꽥거리며 웃었다. 줄리언은 엄마가 어떻게 하는지 내게 말해주려 애썼지만, 말이 정확하지 않아 일을 더 복잡하게만 만들었다. 그래도 머리가 마르고 나니 예상만큼 끔찍하진 않았다.

    그렇게 머리를 만진 후, 우린 우유를 받으러 나섰다. 오늘도 구름이 잔뜩 낀 음울한 아침이었다. (젖은 스펀지처럼 습기를 가득 머금은) 구름이 서쪽 언덕과 산등성이를 따라 늘어서 있었고, 그 아래 산허리 숲은 어둡고, 음산하고, 황량했다. 모뉴먼트산 뒤쪽으로도 구름이 잔뜩 끼어 있었지만, 햇빛이 능선을 비춰 생기가 돌았다. 무대 한가운데서 모뉴먼트산은 들뜬 마음처럼 장면 전체를 생기발랄하게 만들었다. 산의 숲은 언덕의 숲과는 대조적으로 빛났다. 개간지는 햇볕을 두 배로 받는 듯했고, 지금이 최상의 시기인 호밀밭은 노란빛을 발하며 풍경 전체를 환하게 했다. 함께 걸어가며, 케이크 빵을 우적우적 씹으며, 꼬마 신사는 풀밭 위 '이술'(그가 발음한 대로 적어둔다)에 관해 얘기했는데, 줄리언 말론 요정이 작은 주전자로 풀과 꽃에 뿌려놓은 거라고 했다. 그러더니 어느 쪽 길에 제일 예쁜 이슬이 맺힌 풀이 있는지 고르라 졸랐다. 이렇게 우린 곁으로 시냇물이 따라 흐르는 것처럼 내내 왁자지껄하게 걸어 루터 씨네 집에 도착했다. 늙은 아트로포스[2]는 음산한 웃음을 지으며 통을 받아 들더니 우유를 2리터 정도 담아줬다.

날은 추웠고 햇볕은 이슬을 말릴 만큼 일정하지도 세지도 않아 우린 집 안에서 오선 대부분을 보냈다. 여느 때처럼 우리 늙은 신사는 셀 수 없이 많은 질문과 제 심심풀이 놀이에 관한 끊임없는 말들로 나를 귀찮게 했다.

식사를 마친 후, 우린 호수 쪽으로 산책을 나갔다. 둑 근처까지 가니 물가에서 조금 떨어진 곳에 배 한 척이 떠 있는 게 보였다. 그리고 다른 배가 물가로 왔고, 곧장 선원들이 내렸다. 세 명이었는데 건달 티가 났다. 그들은 근처에 마실 물이 있을지 물었다. 그러더니 낯선 땅에 발을 디딘 여행자들이 으레 그렇듯 이 시골 마을을 살펴보려는 듯 안쪽으로 들어갔다. 줄리언은 큰 관심을 보이며 그들의 배

---

2 그리스 신화 속 운명의 여신 모이라이의 세 자매 중 막내로 인간의 수명을 관장한다.

로 향했고, 배 안에서 물고기 몇 마리를 발견하곤 엄청난 환호성을 질렀다. 그저 잉어와 메기 몇 마리일 뿐이었는데도. 이 작은 신사는 나도 함께 배에 올라 항해하길 원했다. 아이를 그곳서 떼어내는 게 불가능할 지경이었다. 나는 판자로 작은 배를 만들어줬고, 줄리언은 그 배를 물에 띄웠다. 오늘은 바람이 동쪽에서 불어 배는 서쪽을 향했다. 잠시 뒤, 우린 뒤얽힌 호숫가 길을 따라 걷다 자리에 앉았는데, 줄리언은 이끼를 호수에 던지고는 그걸 섬이라고 (떠다니는 초록 섬이라고) 부르며 그곳에는 나무도 있고, 고사리도 있고, 사람도 있다고 했다. 다시 잠시 뒤, 나는 아이의 불평에도 아랑곳하지 않고 집으로 돌아가길 고집했다. 아이는 막대를 집어 들곤 우리가 히드라, 키메라, 용, 고르곤 같은 이름으로 부르는 엉겅퀴와의 오래된 전투를 다시 시작했다. 집으로 오는 내내 우린 전쟁을 벌였고, 그렇게 하루를 보낸 지금은 네 시 이십 분이다.

    초여름만 해도, 티끌 하나 없던 진초록 초원이 노랗게 변해 추수를 하면 풍경이 퇴색할 거라 생각했다. 하지만 지금은 그 변화가 더 낫다고 여긴다. 산허리 숲의 짙은 초록색과 그에 대비되는, 옅은 초록에 이곳저곳이 거의 갈색빛인 거무스름한 들판이 대조를 이뤄 그림처럼 펼쳐져 있기에.

저녁 식사 전에 태판 부인이 푸리에[3]의 작품 두어 권을 들고 찾아왔다. 다음 작품 '블라이드데일'[4]을 위해 빌려달라 청한 책들이었다.

부인은 줄리언에게 엘렌을 보러 내일 집으로 오면 어떻겠느냐 물었다. 나는 마지못해 동의한 게 아니었고, 우리 늙은 신사 역시 기대에 차 기뻐했다. 이제 줄리언은 저녁을 먹고 곧바로 잠자리에 들 것이다. 남편이 (아마도 술에 취해) 아프거나 몸이 좋지 않은 피터 부인[5]은 오늘 밤 집으로 갔다 내일 아침에 돌아올 것이고. 줄리언은 방금 침대로 들어갔다. 나는 까치밥나무 열매를 모아 으꼈고, 버니에게 저녁으로 상추를 줬다. 녀석은 상추를 가장 좋아하는 것 같다. 채소류 중 토끼에게 안 좋은 건 없겠지만 말이다. 오늘은 민트 이파리를 먹였는데 아주 맛있는 듯 보였다. 내가 문을 열 때면 녀석은 한결같이 제게 줄 것이 있나 확인하고 그게 무엇인지 알아보려 맹렬히 냄새를 맡으며 껑충껑충 뛰는데, 그 모습에 절로 미소가 지어진다. 어마어마하게

---

3 프랑수아 마리 샤를 푸리에(François Marie Charles Fourier, 1772~1837. 프랑스의 공상적 사회주의자)를 말한다.
4 『블라이드데일 로망스*Blithedale Romance*』를 말한다.
5 호손이 존경심을 갖고 대했던 시간제 가정부를 말한다.

먹는 터라, 내 생각엔 처음 왔을 때보다 많이 커진 것 같다. 토끼의 이 미스터리를 자꾸 생각하다 보면 (말이 없는 생명체라 의사소통 수단이 없다) 더 흥미가 인다. 하나 더. 녀석은 태생적으로 사소한 것에도 깜짝깜짝 놀라는데, 그렇지 않은 모습을 보일 때면 나도 줄리언도 기쁘다.

1851년 8월 10일 일요일

우린 6시가 조금 넘어 일어났다. 여느 때보다 서늘한, 북서풍 부는 아침이었다. 음침하고 골이 난 듯한 구름이 흩어져 있었는데 북쪽에 더 몰려 있었다. 우유를 받으러 가니, 루터 버틀러가 올해엔 인디언옥수수 농사가 잘 안 될 것 같다 한다. 실제로 전혀 여름이라고 할 수 없는 날들이다.

아침을 먹고 별다른 일 없이 시간을 보내다 열 시쯤 호수로 나섰다. 꼬마 신사는 오래된 나뭇가지를 가져다 낚시를 한다며 기를 썼다. 그런 인내심은 분명 받을 수 있는 보상보다 더 큰 보상을 받아야 한다. 줄리언은 낚시를 그저 즐기고, 언제나 실망한 기색 없이 자리를 떠나지만 말이다. 낚시를 끝낸 후 우린 호수에 돌을 던졌다. 그리고 난 둑 위 나무 아래 앉아 줄리언의 사랑스러운 분주함을 (절대 지치지 않는 그의 활동력을) 지켜봤다. 햇살처럼 명랑한 그 모습은 내 우울함에도 기쁨을 드리워줬다. 우리는 뮤레인, 엉겅퀴와 싸우며 호수 위쪽을 향해 걸었다. 와중, 난 큰 소나무 가장자리에 앉았다. 줄리언은 우연히 마주치는 모든 곳에서 즐길 거리를 찾아냈고, 늘 그것이 없어지는 것에 대항해 용감히 싸웠다. 거기서 얼마간 시간을 보낸 뒤 우린 숲을 지나 들판 너머로 갔다. 줄리언이 나더러 커다란 바위 위에 앉으라 하고는 모래를 파게 해달라고 하기에 그러라 했다. 그곳에서 이 꼬마 영감은 모래를 쌓아 올리며 작은 구멍들을 뚫고 요정들이 사는 집을 짓는다고 상상했다. 그 시간이 나도 좋았더라면 줄리언은 남은 하루를 그곳에서 기꺼이 보냈을 게 분명하다. 우리는 집으로 오는 길에 차가운 샘물을 떠 마셨고, 집에 도착하니 오후 한 시가 넘어 있었다.

점심으로 줄리언에겐 빵과 물, 조금 남은 옥수수 푸딩을 주고, 난 케이크 한 조각과 오이를 먹었다. 식사 후 우린 밖으로 나와 닭에게 모이를 줬고, 이후 난 그리 강하지 않아 따뜻하고 포근한 햇볕이 맑고 푸른 하늘에서 내려와 비추는 계곡 비탈에 누워 시가를 피웠다. 그사이 줄리언은 함께라는 느낌이 사라지지 않을 정도만 떨어져 놀았다. 내게 말을 하려면 큰 소리로 외쳐야만 했는데, 줄리언이 소리칠

때마다 멀리서 어린아이의 맑은 목소리가 좀 더 희미하게 같은 말을 외쳤다. 메아리였다. 그렇게 있다 우린 두 시 반에 돌아왔다. 돌아와선, 이 꼬마 영감은 흔들 목마에 앉아 할 수 있는 한 가장 빠르게 혀를 놀리며 수다를 떨었다. '제게 자비를 베푸소서. 저처럼 어린아이의 수다 공세에 시달리는 사람이 또 있겠습니까!' 줄리언의 어마어마한 수다 더미 맨 밑에는 공감을 갈구하는 마음이 자리하고 있다. 이 아이는 자신이 느끼는 즐거움을 친구들의 마음에도 심어줘 더 크게 즐기고 싶어 한다. 나처럼 고독한 삶을 살면 어쩌나 하는 걱정은 안 해도 될 것 같다.

    오후에 우린, 그중 조금은 저녁 식사 때 줄리언에게 으깨준, 커런트를 땄다. 커런트를 따 모으고 나선 (6시 전에 마쳤다) 곳간으로 향했다. 줄리언이 하는 말을 다 기록해두고 싶지만, 온전히 기억나지 않는 것도 있고 잊어버린 말까지 다 적을 필요는 없을 것도 같다. 오늘은 엄청나게 많은 엉겅퀴를 내리치고선 이렇게 말했다. "온 세상이 바늘투성이야!" 줄리언은 내가 저를 그리 현명한 사람으로 여기지 않는다고 생각한다. 오늘 오후엔 이렇게 물었다. "아빠, 내가 아무것도 모른다고 생각해요?" "그렇지." 나는 말했다. "하지만 난 아빠가 안 닫았을 때 침실 문을 닫을 줄 알아요." 줄리언이 대답했다. 줄리언이 제게 위안이 되는 쓸모 있는 지혜를 터득해 기쁘다. (비록 결국은 우연의 일치일 뿐일지라도) 때가 되면 지혜롭게 만들어줄 무언가가 줄리언에게는 있다고 진심으로 믿는다. 그때가 너무 빨리 오지 않게 하늘이 막고 있을 뿐이다.

잠들 무렵 옷을 갈아입히기 전, 나는 줄리언이 그 무엇보다 좋아하는 날뛰며 전쟁하는 척하기 놀이를 마음껏 하게 뒀다. 결국 아이는 일곱 시에야 잠자리에 들었다.

한 번만 솔직하게 말하고 싶다. 줄리언은 귀엽고 사랑스러운 꼬맹이이며, 내가 줄 수 있는 가장 큰 사랑을 받을 만하다고. 하느님, 감사합니다! 줄리언을 축복해주소서! 제게 줄리언을 안겨준 피비를 축복해주소서! 피비는 이 세상 최고의 아내이며 어머니입니다! 애타게 보고 싶은 우나도 축복해주소서! 우리 꼬마 로즈버드도 축복해주소서![6] 피비와 아이들을 위해 저도 축복해주소서! 저처럼 좋은 아내와 아이들이 있는 사람도 없을 것입니다. 제가 그녀와 아이들에게 그만한 가치가 있는 사람인지요!

---

6 이 일기는 아내 피비가 두 딸 '우나'와 '로즈버드'를 데리고 친정에 가 있을 때 쓰였다.

내 저녁 시간은 늘 우울하고 외롭다. 읽고 싶은 책도 없다. 오늘 저녁도 그랬다. 나는 아홉 시쯤 침대에 들어갔고, 피비를 그리워했다.

Twenty Days with Julian *&* Little Bunny by Papa, 1883

빈려,
우린 모두 누군가의
첫사랑이었다

그의 이름은 피트였다

윌리엄 포크너

그의 이름은 피트였다. 단지 한 마리 개, 15개월 된 포인터, 한 번의 사냥 시즌을 보내며 배웠지만 아직 강아지에 가까웠던, 두세 번 정도의 시즌을 더 살았다면 어엿한 사냥개가 되었을.

어쨌든 피트는 한 마리 개일 뿐이었다. 전생 없이 태어나 세상에 별 기대를 품지도, 영생을 원하지도 않았다. 음식(아는 손길과 알아들을 수도, 답을 할 수도 없는 말을 하지만 아는 목소리가 애정을 담아 준다면 종류나 양은 상관하지 않았다), 뛰어다닐 땅, 숨 쉴 공기, 철마다의 햇빛과 비, 그리고 땅을 알고 태양을 느끼기 훨씬 오래전부터 그의 유산이었던, 맡아본 적도 없지만 충실하고 믿음직한 조상에게 물려받아 이미 그 냄새를 아는 메추라기. 이것이 피트가 원했던 전부다. 하지만 십이 년은 그리 길지도, 그것을 채우는 데 그리 많은 게 필요하지도 않은 시간이기에 그의 자연 수명인 팔 년이나 십 년, 또는 십이 년을 채우기엔 이만으로도 충분했을 것이다.

    십이 년이 짧긴 하지만, 피트는 자신을 죽인 네 바퀴짜리 차, 다 자란 포인터 개조차 피하지 못할 만큼 빠르게 언덕을 오를 수 있는 그런 차보다는 당연히 더 오래 살아야 했다. 하지만 피트는 그가 가진 넷 중 첫 번째[1]만큼도 살지 못했다. 피트가 차를 쫓은 게 아니다. 그러면 안 된다는 건 도로로 나오기 전 이미 터득했다. 피트는 말에 탄 어린 여주인이 저를 따라잡으면 집까지 안전하게 호위하려 길에 서서 기다리고 있었을 뿐이다. 길에 있지 말았어야 했다. 도로세도 내지 않았고, 운전면허증도 없는 데다, 투표도 하

---

1 이 글에서 전제하고 있는 피트의 최대 자연 수명 십이 년 중, 그 사 분의 일인 삼 년도 못 살았다는 의미로 앞 문장의 '네 바퀴짜리 차 four of the kind of motorcars'와 호응하는 표현이다. 의도적인 언어유희로 볼 수 있는데, 그 의도가 무엇인지에 관한 해석은 독자에게 맡긴다.

윌리엄 포크너

지 않았으니까. 어쩌면 제가 사는 마당과 같은 마당에 있는 차에 경적과 브레이크가 장착되어 있어 다른 차들도 모두 그럴 거라 생각한 게 문제였는지 모른다. 차와 피트 사이에 있던 늦은 오후 햇빛 때문에 차가 피트를 못 본 거라 말하는 건 잘못된 변명이다. 운전자의 시력이 문제라는 건데, 굽지도 않은 직선 2차선 도로에서 해를 등진 채 운전했다고 다 지란 포인터 개를 보지 못하는 사람이라면, 경적이나 브레이크 중 하나가 없는 차였는지는 말할 것도 없고, 다음은 피트가 아닌 인간 아이일 수 있고 차로 인간 아이를 죽이는 것은 위법이기에 운전할 생각 자체를 하지 말아야 한다.

아니, 운전자가 서둘러서다. 그게 이유다. 몇 킬로미터는 더 가야 하는데 이미 저녁 식사 시간에 늦었을 것이다. 그래서 속도를 늦추거나 멈추거나 피트를 돌아서 갈 여유가 없었다. 여유가 없었기에 당연히 사고 뒤 멈출 시간도 없었다. 게다가 피트는 길가 도랑 안에서 뼈가 부러진 채 울고 있는 한 마리 개일 뿐이었다. 어쨌거나, 그땐 차가 피트를 지나친 뒤였고 이젠 햇빛이 피트 뒤에 있었으니 운전자가 피트의 울음소리를 듣길 어찌 기대할 수 있었겠는가?

하지만 피트는 그를 용서했다. 일 년 하고 사 분의 일

년간의 삶 동안 그는 인간에게서 친절만을 받았고, 한 인간을 저녁 식사에 늦게 하는 대신 자신의 육 년, 팔 년, 십 년을 기꺼이 내줬다.

His Name was Pete, 1946

윌리엄 포크너

새끼 고양이

데라다 도라히코

작년 여름, 이제껏 고양이라는 생물이 존재한 적 없던 우리 집에 우연히 고양이 두 마리가 들어왔다. 그리고 곧, 둘은 우리 가족의 일상에 상당한 존재감을 발휘했다. 아이들이 귀여워하거나 갖고 놀 무언가가 생겨서만은 아니었다. 고양이들은 내 일상에도 어렴풋한 한 줄기 빛이 새어 들어온 듯한 느낌을 전해주었다. 무엇보다 이 두 자그마한 동물의 성정에서 드러나는 분화된 개성이 나를 놀라게 했다. 인간의 말을 못 하는 짐승과 인간 사이에서 생긴 정서적 반응의 결과이긴 하겠지만 그래도 놀라웠다. 나는 이 두 마리 인격

화된 고양이를 어엿한 가족의 일원으로 받아들였다.

 두 고양이는 암컷 '미케'와 수컷 '다마'다. 미케는 작년 봄에 태어났고 다마는 그로부터 두세 달 뒤에 태어났다. 집에 막 왔을 땐 작은 새끼 고양이였는데 둘 다 금세 어른이 되어버리더니, 언제까지나 새끼 고양이이길 바란 아이들의 희망을 비웃기라도 하듯 나날이 쑥쑥 자랐다.

 미케는 예민한 탓에 다소 신경질적이고 제멋대로이긴 했지만, 평소 하는 짓을 보면 어딘가 우아한 맛이 있었다. 고양이 종족의 특성을 더없이 분명하게 갖춘, 말하자면 가장 고양이다운 고양이라 할 수 있었다. 또한 가장 훌륭한 암컷 고양이의 특성도 갖고 있었는데, 바로 쥐 사냥에 두각을 보인 것이다. 집 안에 쥐라는 쥐가 모두 자취를 감춘 뒤에도 크고 작은 쥐를 잘도 물어 왔다. 하지만 먹진 않았다. 내버려둔 쥐는 다마가 실수로 죽이기도 했고, 우리가 실에 묶어 파출소에 가져다주기도 했다. 생존에 직접적인 긴요한 본능적 표현이 명백히 분화해 일종의 유희로 변모한 건 특기할 사항이다.

 다마는 미케와 정반대로 둔감해 넉살이 좋았고, 행동거지는 거칠지만 소박했다. 고양이보다는 오히려 개에 가까운 게 아닐까 싶을 정도였다. 집에 막 왔을 즈음에는 태생이 그런 건지 무척 주접스러워 여자들에겐 평판이 좋지 않았다. 그렇기에 먹이도 자연스레 좋은 것은 미케에게 가고 다마에겐 찌꺼기가 갔다. 그런데 신기하게도 차마 눈 뜨고 보기 힘들 정도로 강하고 우악스러웠던 다마의 식탐이 점차 나아졌다. 행동거지도 더 의젓해졌는데, 타고난 탓에 그리 빠르게는 아니었다. 가령 장지문에 뚫린 구멍을 지나가는 것만 해도 그랬다. 미케는 장지문 살에 몸이 닿는 일 따윈 없이 훌쩍 뛰어넘어선 거의 아무 소리도 나지 않게 착지할 만큼 유연했다. 반면 다마는 배와 등, 뒷발 따위가 문살에 부딪혀 요란스러웠고, 마루에 닿을 땐 착지라기보다는 이편에서 저편으로 던져지는 느낌이었다.

나는 이 두 고양이의 차이가 암수의 일반적인 차이인지는 알지 못한다. 하지만 생각해보면 사람은 동성 간에도 제각각이다. 방에서 다른 방으로 이동할 때는 반드시 장지에 부딪히고 툇마루를 걸을 때는 꼭 시끄러운 발소리를 내는 사람이 있는가 하면 기분 나쁠 정도로 아무런 소리를 내지 않는 사람도 있는 것이다. 이로 미루어보건대 미케와 다마의 차이는 역시 성별 탓이 아닌 개성의 차이인 듯하다.

올 초봄엔 미케의 생활에 뚜렷한 변화가 보였다. 이제껏 거의 집에만 있던 미케가 매일 외출을 하기 시작한 것이다. 전엔 다른 고양이에게 이상할 정도로 적의를 드러냈는데, 어쩐 일인지 본 적 없는 고양이와 정원 구석을 걷기도 했다. 하루 이상 안 보인 때도 있었다. 처음엔 고양이 장수에게 잡혀간 게 아닌가 걱정돼 근처를 찾아다닌 일도 있었다. 하지만 그날 밤 홀연히 돌아왔다. 이후, 미케는 평소 윤기 나던 털이 이상스레 꾀죄죄해졌고, 얼굴도 눈에 띄게 야위어 눈빛까지 험상궂게 변했다. 식욕도 뚜렷하게 줄었다. 이웃집 지붕 위에서 도둑고양이와 싸우고 있다는 얘길 아이들에게 들은 적도 있었다.

나는 왠지 소름이 돋았다. 자기도 모르는 새 이 가련하고 자그마한 동물의 육체 속엔 자연의 불가항력적 힘이 고개를 들고 있었다. 하지만 그런 일 따윈 꿈에도 몰랐던 미케는 그저 자신의 육체를 덮쳐오는 불가사의한 위력에 정복당한 채 서리 내린 초봄 밤 낯선 처마 밑을 방황했던 것이다. 나는 새삼 자연의 법칙이 지닌 위력을 체감했고, 그 위력을 자각하지 못하는 고양이가 불쌍하게 느껴졌다.

그러던 미케의 생활에 어느샌가 다시금 평화가 찾아왔다. 이제 미케는 지금까지의 귀여운 새끼 고양이가 아닌 한 마리 어엿한 어미 고양이였다. 늘 지나다니던 장지문 구명이 배가 불러온 미케에겐 너무 좁았다. 어떤 때는 조심성 없는 다마보다 더 요란한 소리를 내기도 했다. 사람도 평소 쓰던 모자와 달리 챙이 넓은 모자를 쓰면 여기저기 부딪히며 다니는 것처럼 제아무리 예민한 미케라도 하루하루 달라지는 신체 변화에 적응해 움직임을 조절하는 건 불가능한 일이었다. 나는 뱃속 새끼와 어미 몸에 안 좋은 영향을 주는 건 아닐까 싶어 걱정했지만, 큰 탈은 없는 듯했다.

아이들은 어떤 새끼가 태어날지 몹시 궁금해했다. 각종 억측과 희망 사항이 난무하기도 했는데, 아이들은 그러면서 도래할 그 기적의 날을 자그마한 머릿속에 제각각 그려보고 있었다. 태어날 새끼 고양이 전부를 집에서 기르자고 조르는 아이도 있었다.

가족들이 박람회를 구경하러 외출한 날이었다. 집에 남은 나는 고요한 거실에서 일을 하고 있었는데, 평소와 다른 울음소리가 들려왔다. 먹이를 청할 때나 귀가하는 주인을 보고 울 때와는 다른 소리였다. 불안하고 심란한 듯한 모습으로 내 곁에 오는가 싶더니 툇마루로 나가거나 옷방에 가 무언가를 찾는 듯 헤매고 다니며 미케는 계속 안쓰럽게 울어댔다.

 이런 경험이 처음이라 당황했지만, 미케의 행동거지로 미루어 출산이 임박했음을 나는 이내 직감했다. 큰일이었다. 처는 집에 없는 데다 어머니나 젊은 하녀는 어떤 조치가 필요한지 전혀 알지 못했다. 나는 일단 낡은 버드나무 고리짝 뚜껑에 헌 방석을 깔아 다실 서랍장 아래에 둔 뒤 미케를 안아 그 위에 올려놨다. 그러나 평소에도 몸 두는 곳과 잠자리에 예민했던 미케는 낯선 곳에서 새끼를 낳는 게 불안했는지 잠시도 가만히 있질 않았다. 불에라도 덴 듯 여기저기를 빙빙 돌기만 했다.

 정오가 지났을 무렵, 2층에 있으려니 하녀가 커다란 목소리로 고양이가 이상하다고 말했다. 내려가 보니 미케는 거실 마루 밑에서 흙투성이가 된 쥐색 물체를 열심히 핥아대고 있었다. 살았는지 죽었는지 분간조차 되지 않는 그 물체는 해삼 같은 생김새완 달리 새된 목소리로 울고 있었다. 미케는 어찌할 바를 모르는 듯했다. 새끼의 목덜미를 물고 정원 쪽으로 가는가 싶더니 이내 땅 위에 내려놓곤 다시 핥아댔다.

 마침내 미케가 잔뜩 젖은 흙투성이 물체를 물고 거실로 들어왔다. 내 방석 위에 새끼를 내려놓은 미케는 곧 인간 산파가 할 법한 행동을 했다. 나는 서둘러 고리짝 뚜껑을 가져와선 고양이 모자를 그 안에 넣어주었다. 하지만 미케는 잠시도 가만있질 않고 몸을 질질 끌며 온 집 안을 돌아다녔다. 당황한 나는 고리짝 뚜껑을 뒤편 창고로 가져가선 고양이 모자를 그 위에 놓아두곤 가둬버렸다. 조금 심한가 싶기도 했지만, 온 집 안이 더럽혀지는 게 참을 수 없이 불쾌했다.

잠시 후 창고 문을 맹렬하게 긁어내는 소리가 늘리는가 싶었는데, 갑자기 높이 달린 창문으로 미케가 나타났다. 새끼 고양이를 입에 문 채 창문 작은 틈을 빠져나오려 발버둥 치는 미케의 모습은 광기 그 자체였다. 그 모습은 미케의 무시무시했던 눈빛과 함께 지금도 잊지 못할 만큼 인상 깊은 것이었다.

서둘러 문을 연 뒤 자세히 살펴보니 새끼 고양이는 새까맸고 미케의 앞발과 뒷발도 전부 양말을 신은 것처럼 새까맸다. 창문 아래엔 판자 울타리에 발랐던 방부 도료가 가득 든 양동이가 놓여 있었다. 거기에 새끼 고양이를 빠뜨린 게 틀림없었다.

기름을 뒤집어쓴 새끼 고양이는 숨이 멎은 듯 보였지만, 아직은 희미하게나마 살아 움직이고 있었다. 나란 인간은 그 상황에서도 미케가 칠투성이 발로 새끼 고양이와 함께 온 집 안을 더럽힐까 봐 그 즉시 미케를 안아 들고 목욕탕으로 가 온몸에 비누를 문질러댔다. 하지만 빽빽한 털 속 깊이 스며든 기름때는 좀처럼 닦이질 않았다.

그러는 사이, 점차 의식을 잃어가던 새끼 고양이는 끝내 생명의 불을 꺼트렸다. 나는 곧바로 그 물체를 정원 복숭아나무 아래 묻었다. 아직 살아 있을 것만 같아 몹시 불안했지만, 파내 확인해볼 마음은 들지 않았다. 새까만 기름으로 범벅된 그 역겨운 덩어리가 소생하리라고는 생각하기 어려웠다.

미케가 두 번째 분만을 시작한 건 돌아온 가족들에게 그간의 일을 이야기하던 와중이었다. 나는 모든 조치를 처에게 맡기고 2층으로 올라갔다. 잠시 책상 앞에 앉아 있자니 겨우 진정은 됐지만, 병으로 약해진 신경은 이상한 흥분 탓에 몹시 지쳐 있었다.

나중 태어난 새끼 고양이 세 마리도 얼마 못 가 모두 죽었다. 창고에 갇혔을 때 겪은 심신의 격렬한 피로가 사산의 원인이지 않을까 싶었는데, 이 의구심은 내 마음 깊이 상처로 남아 있다. 복숭아나무 아래 세 형제와 함께 잠든 첫째 고양이에겐 언제까지고 죄책감이 들 것이다.

데라다 도라히코

산후 경과는, 좋지 않았다. 식음을 전폐한 미케는 눈이 풀린 채 종일 몸을 둥글게 말고는 움직이지 않았다. 만져보니 온몸의 근육이 부들부들 떨리고 있었다. 나는 곧바로 가까운 동물병원에 미케를 데려갔다. 병원에선 나오지 못한 새끼가 남아 있는 것 같으니 수술을 해야 한다고 했다. 얼마간 입원시키는 게 좋겠다고도.

입원한 열흘 동안 아이들은 교대로 매일 병문안을 갔다. 돌아온 아이에게 미케의 상태를 물었지만 늘 이렇다 할 대답은 없었다. 의사는 아이들에게 너무 자주 오면 안정을 취할 수 없어 더 나빠질 수 있다고 경고했다. 나는 인간의 말을 못 하는 동물을 돌보고 치료하는 수의사가 정말이지 신성한 직업처럼 느껴졌다. 입원 중 받는 대우가 괜찮은 것인지 아닌지도 모르는, 집에 돌아가서 사람들에게 무언가를 전할 수도 없는 환자를 충실하고 친절하게 치료하는 그 일이 몹시도 아름답게 느껴진 것이다.

퇴원 후에도 얼마간 약 처방을 받았다. 약봉지는 사람의 것과 똑같았지만, 성명란엔 '요시무라[1] 씨의 애묘'라 쓰여 있었다. 그 옆엔 '호'라는 글자가 더해져 있었는데, 아마

---

[1] 요시무라 후유히코吉村冬彦는 데라다의 필명 중 하나다. - 옮긴이

도 '미케 호'[2]를 줄인 말일 것이다. 여하튼, 아이들은 그 후 한동안 미케를 '애묘 호'라는 별명으로 불렀다.

　어느 날, 아이 중 하나가 처음 보는 새끼 고양이를 품에 안고 하교했다. 들어보니 누가 집 앞에 버리고 간 것이었는데, 흑백 무늬에 꼬리가 긴 종이었다. 툇마루에서 걷게 해보니 아직 다리가 약해 순백 비단처럼 매끄러운 발바닥이 힘없이 미끄러졌다. 나는 미케를 데려와 옆에 두었다. 미케는 몹시 경계하며 털을 곤두세웠다. 그러나 몇 시간 뒤 보니 누군가 이불장 안에다 오르간 의자를 거꾸로 눕혀 만들어준 공간에서 옆으로 길게 누운 미케가 새끼 고양이에게 젖을 물리고 있었다.
　새끼 고양이는 자그마한 소리로 그르렁거렸고, 미케는 이제껏 들어본 적 없는 크룽크룽 하는 소릴 내며 새끼 고양이의 온몸을 핥아댔다. 어디서 왔는지도 모르는 새끼 고양이 덕분에 이어지지 못한 모성이 되살아난 듯했다. 내겐,

---

2　일본에서는 공식적인 표기를 해야 하는 경찰견이나 안내견뿐 아니라, 보통의 반려동물 이름을 공식적으로 기재할 때도 '호號'라는 칭호를 붙이는 게 일반적이다. 동물의 이름임을 나타내는 접미사인 셈인데, 일상생활에선 대갠 '호'를 붙여 부르진 않는다. - 옮긴이

새끼를 잃은 어미가, 그리고 어미를 잃은 새끼가 느끼고 있을 가슴 따뜻한 만족감을 방해할 권리 따위 없었다.

미케는 분명 그 어미 잃은 새끼와 자기가 낳은 새끼를 구별하지 못했을 것이다. 그래서 그저 본능에 따라, 그리고 자신의 만족을 위해 그 양자를 품었을 게 분명하다. 그러나 인간인 우리는 도저히 그렇게 생각할 수 없었다. 숨이 막힐 정도의 뜨거운 애정이 담긴 크릉크릉 하는 소리와 함께 새끼 고양이를 핥는 모습을 보고 있자니 금방이라도 서사시에 빨려 들어갈 것 같은 감정에 휩싸였다. 인간과 동물을 구별하려는 학설 따위 모조리 무의미한 것처럼 느껴지기까지 했다.

어떤 땐 그 새끼 고양이가 미케의 사생아 중 하나가 아닐까 하는 착각이 들기도 했다. 인간의 과학에 비추어본다면 명백한 오류지만, 고양이의 정신세계에선 사생아의 재생이라고 보는 게 하나도 이상하지 않을 것이다. 인간의 정신세계를 'N차원'이라 했을 때 기억이 빠진 고양이의 세계는 'N-1차원'이라 말하는 것이 전혀 이상하지 않은 것처럼 말이다.

꼬맹이는 자랄수록 귀여워졌다. 미케와 다마에겐 없는 긴 꼬리가 있었고, 미케나 다마에게 없는 성정도 품고 있었다. 예컨대 미케가 기품 있는 젊은 어머니고 다마가 시골 출신 학생이라면, 꼬맹이는 도회의 새침데기 도련님 같았다. 약삭빠르지만 왠지 밉지 않은 그런 구석이 꼬맹이에겐 있었다.

꼬맹이가 종종 자그마한 등을 곧추세우고 긴 꼬리를 구부린 채 시비를 걸 때면, 미케는 어미답게 적당히 구슬렸다. 도가 지나치다 싶으면 꽤나 거칠게 목을 물어 도망치게 했다. 그런 때도 험한 말로 꾸짖는 어느 계급의 인간 어머니보다는 훨씬 나았다. 꼬맹이도 미케가 아무리 심하게 대해도 삐지거나 주눅 들지 않는 것이 우리 아이들보다 훌륭했다.

시간이 흘러 꼬맹이는 독립할 만큼 자랐다. 우린 꼬맹이를 친척에게 보내기로 했다. 친척 집에서 데리러 왔을 때 아이들은 꼬맹이와 미케에게 작별 인사를 하게 했다. 하지만 고양이들이 인간의 말을 알아들을 리 없었다. 꼬맹이가 떠난 뒤에도 미케는 무슨 일이 있었냐는 듯 툇마루 기둥 아래 웅크린 채 기분 좋게 눈을 껌뻑였다. 죄 많은 인간이 보기에 그 모습은 어딘지 기묘하고 쓸쓸했다. 꼬맹이가 떠나고 하루 이틀은 미케가 새끼 고양이를 찾아다니는 듯했다. 하지만 그뿐이었다. 그리고 다시 우리 고양이들에게 평온한 일상이 돌아왔다. 그와 함께 거의 잊힐 뻔했던 다마의 존재가 뚜렷해졌다.

아이들은 꼬맹이의 아저씨뻘인 다마에게 '아저씨'라는 별명을 붙여줬었다. 하지만 냉담하고 인정머리 없는 아저씨로 혹평받던 건 옛일이 되었다. 다마는 다시 오래전 그 새끼 고양이로 돌아왔다. 꼬맹이에겐 사려 깊은 어머니였던 미케도 마찬가지였다. 난폭하게 껴안는 막내 품에서 도망치려고 버둥거리며 울어대는 걸 보고 있자면, 마치 오랜 꿈에서 깨어난 느낌이 들었다.

늦여름, 미케는 두 번째 출산을 했다. 공교롭게도 처는 이번에도 아이들을 데리고 외출하려던 참이었는데, 나는 미케가 걱정돼 외출 대신 임부를 돌보게 했다. 처가 말하길, 창고 구석 어두컴컴한 곳에 고리짝을 놓고 그 안에 미케를 넣은 뒤 배를 슬슬 문질러주자 그르릉 하고 목을 울리며 안심했다고 한다. 미케는 곧 새끼 네 마리를 낳았다.

잠시 후, 인간이 마련해준 자리는 도무지 안심이 안 되었던지 미케는 창고 선반 제일 위 칸 안쪽으로 새끼 고양이 네 마리를 물어 옮겼다. 그러자 아이들은 높은 발판을 들고 가선 그 위에 올라가 고양이들을 들여다보았다. 아무리 말려도 소용없었다. 하지만 어째선지 새끼 고양이와 아이들이 등장하는 체호프의 작품³이 떠올라 아이들을 나무랄 마음은 들지 않았다.

새끼 고양이들이 드디어 눈을 떴을 즈음 미케는 가끔 새끼들을 선반에서 내려 다다미 위를 걷게 했다. 그럴 때면 온 집안사람이 모여 이 커다란 기적을 지켜봤다. 고양이들의 불안하던 걸음걸이는 그런 일을 반복할 때마다 차츰 균형이 잡혀갔다. 단순한 감각의 집합이 경험과 지식으로 구성되어 가는 과정은 인간 아기와 다르지 않다는 생각이 들었다. 하지만 그 속도는 인간에 비해 놀랄 만큼 빨랐다. 이처럼 지능의 점근선에 가까운 동물이 인간보다 성장 속도가 빠르다는 점은 주목해야만 할 일이다. 적어도 물질에 관한 과학의 영역에는 이와 비슷한 예가 흔치 않다.

새끼 고양이 두 마리는 털 색깔이 미케와 거의 비슷했는데, 한 마리는 '다로', 한 마리는 '지로'라 불렀다. 나머지

---

3 안톤 체호프의 「사건событие」을 말한다. 내용은 이렇다. 여섯 살 바냐와 두 살 어린 여동생 니나는 새끼 고양이 세 마리가 태어나자 모든 관심을 고양이에게 쏟는다. 새끼 고양이들의 미래까지 계획하며 신나하던 둘의 행복은 그러나 오래 가지 못한다. 페트루샤 아저씨가 데리고 다니는 덴마크 종 검은 수캐 네로가 새끼 고양이들을 먹어 치웠기 때문인데, 하얗게 질린 아이들과 달리 아빠와 엄마는 그 말을 듣곤 그저 웃을 뿐이다.

두 마리 중 다마처럼 적황색인 녀석에겐 '아카'라는 이름을, 줄무늬 같은 회색과 갈색 반점이 있는 녀석에겐 '오사루'라는 이름을 붙여주었다.[4] 이중 오사루는 얼굴에 있는 줄무늬가 어딘지 가부키 배우가 얼굴에 그리는 줄무늬[5]와 비슷하다고 해 그런 이름을 얻었는데, 등에 있는 줄무늬 반점이 호랑이와 비슷해 '누에'[6]라 부르기도 했다. 이 누에 말고는 모두 수컷이었다.

네 마리는 커가면서 성격이 점점 확연히 구분됐다. 다로는 느긋하고 애교가 있으면서도 늠름했다. 지로는 도련님 같은 면은 다로와 닮았지만, 어딘가 거칠고 둔한 구석이 있었다. 아카는 얼굴로만 보면 신경질적인 여우 같았지만, 실제로는 겁쟁이처럼 조심성이 많아 어른스러웠다. 오사루는 홀로 암컷인지라 붙잡히기라도 하면 큰 소리로 울어대며 야단법석을 떨어 사람들을 놀라게 했다.

한 번은 다마를 데려다 새끼 고양이 무리 안에 집어넣

---

4 '다로'는 첫째, '지로'는 둘째, '아카'는 붉은색, '오사루'는 원숭이라는 뜻이다.
5 '사루구마'라 부른다.
6 머리는 원숭이, 팔다리는 호랑이, 몸은 너구리, 꼬리는 뱀, 내는 소리는 호랑지빠귀와 비슷하다는 전설 속 괴수를 말한다. - 옮긴이

어 봤는데, 아카와 지로는 몹시 긴장해 등을 둥글게 세운 반면 다로와 오사루는 금방 익숙해져선 태연하게 대했다. 다마는 다시 냉담한 아저씨였던지라 귀찮다는 듯 금세 어디론가 자취를 감췄다. 네 마리 새끼 고양이에 대한 아이들의 감정 또한 제각각이었다. 이는 어찌할 수 없는 자연의 섭리다. 애증이 좋은 것이 아니라지만, 애증이 사라진 세계가 있다면 그 얼마나 쓸쓸할지.

새끼 고양이들은 서로 다른 집으로 보내졌다. 다로는 백화점에서 일하는 부부에게, 지로는 조금 멀리 떨어진 어느 저택에, 아카는 홀로 사는 영감에게, 오사루는 근처 전차가 지나다니는 길목에 있는 얼음 가게로. 고양이들을 보내기 전 나는 기념 삼아 네 마리가 자는 모습을 유화로 그렸는데, 지금도 서재 책장 위에 걸려 있다. 서툰 그림이지만 볼 때마다 괜스레 마음이 따뜻해진다.

다로를 데려간 부부는 연고가 좀 있는 이들이어서 아이들은 때때로 고양이를 만나러 간다. 오사루가 간 곳도 만나러 가는 게 어렵지 않아 자주 가는 모양이었다. 가을이 되자 고구마 가게로 바뀐 가게 앞 마루에 몸을 웅크린 채

졸고 있는 오사루를 몇 번 봤던지라 앞을 지날 때마다 나도 모르게 안쪽을 엿보고픈 충동이 일었는데, 그런 내게 웃음이 나기도 했다.

집에서는 요즘도 고양이들 얘길 가끔 하는데, 화제는 결국 벗어날 수 없었던 고양이들의 운명에 관한 문제로 귀결된다. 요전에 이웃집 시궁에서 죽은 채 발견된 가여운 들고양이 얘기와 함께 같은 운명이 될 처지였지만 미케에게 보살핌을 받고 풍족한 집에 보내진 꼬맹이가 가장 운이 좋다는 의견이 있는가 하면, 영감 혼자 사는 집에 간 아카가 가장 편안할 거라는 의견도 있다. 처는 특히 귀여워하던 다로가 비교적 운이 따르지 않았다는 점을 아쉬워하는 모양인데, 나는 어째선지 고구마 가게 앞에서 자고 있던 오사루의 운명이 가장 신경 쓰였다.

어느 늦은 밤, 집에 오는 길에 고구마 가게 모퉁이를 도는데, 쓰레기통 옆을 어슬렁어슬렁 걷고 있는 오사루와 마주쳤다. 가까이 가 머리를 쓰다듬는데도 도망가지 않고 순순히 있어 주었다. 야윈 등과 광택 없는 털이 안쓰러웠다. 달빛이 어슴푸레 비치는 골목을 빠져나온 나는 딸을 시집 보낸 아버지의 심경을 상상하며 멀지 않은 집으로 향했다.

　나는 고양이에게 품는 단순하고 따스한 감정을 인간에게는 느끼지 못하는 내가 못내 아쉽다. 그렇게 되려면 인간보다 한층 높은 존재가 돼야 할는지도 모른다. 하지만 도무지 가능할 것 같지 않고, 만약 가능하다 해도 나는 초인의 고독과 비애를 느낄 게 틀림없다. 평범한 인간인 나는 그저 새끼 고양이나 귀여워하면서 인간은 인간으로서 존경하거나 두려워하거나 증오하며 사는 수밖에 없을지도.

子猫, 1923

데라다 도라히코

민다, 혹은 개를 키운다는 것

카렐 차페크

인간이 개를 키우려는 이유는 다음 중 하나다.

1. 세속적 허영심 때문에
2. 집을 지키게 하려고
3. 외롭지 않으려고
4. 그냥 개가 취향이라서
5. 에너지가 남아도는 나머지 개의 주인님 노릇을 하고 싶어서

내 경우는, 대체로 남아도는 에너지 때문이었다. 내게 복종하는 생명체가 세상에 하나쯤은 있었으면 싶었던 것 같다. 그랬던 어느 날, 한 남자가 초인종을 눌렀다. 남자는 붉은 털이 덥수룩한 무언가를 목줄에 매달아 끌고 왔는데, 그것은 절대 들어오지 않겠다고 결심한 듯 보였다. 에어데일 종이라고 했다. 그 지저분한 털북숭이 개를 문지방 너머로 옮기며 남자는 덧붙였다.

"민다, 가!"(혈통 설명서에는 좀 더 순종다운 다른 이름이 적혀 있었지만, 개는 알 수 없는 이유로 그냥 민다라 불렸다.)

순간, 개는 순식간에 긴 다리 네 개를 드러내더니 믿을 수 없을 만큼 빠르게 식탁 밑으로 기어들어 가선 잔뜩 웅크린 채 덜덜 떨며 끙끙거렸다.

"훌륭한 품종이랍니다, 선생님. 훌륭하고 말고요."

남자는 전문가인 양 그렇게 말하고는 나와 개를 운명의 품에 맡기고 재빨리 사라져버렸다.

난 식탁 아래서 개를 끌어내는 방법을 생각해본 적이 없었다. 바닥에 앉아 잘 타이르면 되지 않을까 싶었다. 지성적인 언변과 감성적인 표현을 두루 써서 말이다. 나는 너그러운 말투와 명령조 말투를 모두 시도해봤다. 각설탕을 뇌물로 바쳐도 보고, 작은 개인 척해보기도 했다. 이 모든 시도가 실패로 돌아가자, 난 식탁 아래로 몸을 던져 개의 다리를 붙잡아 밝은 곳으로 끌어냈다. 잔인하고 갑작스러운 폭력이었다. 민다는 굴욕을 당한 여인처럼 파르르 떨며 서 있더니, 바닥에 작은 오줌 웅덩이를 만들었다. 처음으로 내비친 원망의 표현이었다. 그날 저녁, 민다는 내 침대에 누워서는 명랑하고 느긋한 눈으로 나를 곁눈질했다.

"인간, 너는 침대 아래서 자든가 해. 내 알 바 아니니까!"

이튿날 아침, 당연한 일인지도 모르지만 민다는 열려 있던 창문으로 달아나버렸다. 다행히 도로 공사를 하던 인부에게 붙잡혀 왔지만.

나는 볼일을 보게 해주려 목줄을 매 민다를 데리고 나갔다. 순종 개를 키운다는 세속적 허영심을 한껏 느끼며.

"저것 좀 보렴."

한 엄마가 아이에게 말했다.

"멍멍이네!"

나는 돌아서서 살짝 언짢은 기색으로 말했다.

"에어데일입니다."

무엇보다 짜증 나는 건 이렇게 말하는 사람들이었다.

"멋진 그레이하운드네요. 그런데 왜 이렇게 털이 길죠?"

민다는 가고 싶은 곳이면 어디든 나를 끌고 갔다. 힘은 엄청나게 셌고 취향은 무척이나 이상했다. 민다는 교외의 쓰레기 폐기장으로 나를 끌고 가선 쓰레기 더미 위까지 이끌었다. 우리가 다리에 목줄이 감겨 끙끙대는 걸 본 마음씨 착한 영감님들이 비난하듯 물었다.

"개를 왜 그리 세게 끌어당기시오?"

난 다른 쓰레기 더미로 끌려가며 얼른 대꾸했다.

"그저 훈련하는 겁니다."

관찰과 보호라는 관점에서 보면 진실은 이렇다. 개를 키운다는 건 우리가 개를 지킨다는 것이다. 조심성 있게 한 발 한 발 따라가고, 절대 멀리 떨어지지 않는다. 적이든 도둑이든 개를 위협하면 몸을 내던져 싸운다. 자기 개를 보호하고 지키는 인간이 고대부터 경계심과 충성심을 상징하게 된 건 그 때문이다. 개를 키운 이래로 난 눈을 반만 감고 잔다. 누가 민다를 훔쳐 가진 않는지 지켜보려고 말이다. 민다가 산책하고 싶어 하면 난 산책하러 나간다. 민다가 자고 싶어 하면 난 앉아 글을 쓴다. 아주 작은 소리도 놓치지 않으려 귀를 쫑긋 세운 채 말이다. 낯선 개가 다가오면 난 등을 곧추세우고는 이를 드러내며 무섭게 으르렁거린다. 그러면 민다는 나를 돌아보곤 꼬리를 흔들며 아주 분명한 눈빛으로 이렇게 말한다.

"인간, 네가 날 지켜준단 걸 알고 있어."

혼자 있기 싫어 개를 키운다는 얘기에도 얼마간 진실이 담겨 있다. 개로 말하자면, 개는 확실히 혼자 있는 걸 싫어한다. 한번은 민다를 복도에 혼자 둔 적이 있다. 민다는 항의 표시로 닥치는 대로 먹어 치웠고, 한동안 아팠다. 또 한번은 안에 있는 줄 모르고 지하실 문을 닫았는데, 민다는 문에다 구멍을 내버렸다. 이후로는 민다를 일초도 혼자 둔 적이 없다.

글을 쓸 때면 민다는 놀아달라 조른다. 내가 누우면 민다는 그걸 내 가슴팍에 누워 코를 깨물어도 좋다는 신호로 여긴다. 자정이 되면 우린 게임을 시작하는데, 서로 추격하고 깨물고 바닥을 구르며 시끄럽게 놀아야 하고, 민다가 숨이 차 바닥에 드러누우면 그제야 나도 침대에 누울 수 있다. 물론 조건이 있다. 민다가 외롭지 않게 침실 문을 살짝 열어놓는 것이다.

이 자리에서 단언한다. 개를 키우는 건 단순한 오락이나 사치가 아니라 진실하고 숭고하고 고결한 스포츠기도 하다. 경험해봐서 하는 얘긴데, 개에게 목줄을 채우고 산책을 나가보면 개 키우기는 야외 스포츠라는 걸 당신도 바로 알게 될 것이다.

천 미터 장애물 경주, 단거리 달리기, 들판 횡단 경주, 급회전과 다양한 점프를 해낸 뒤 개를 붙잡으면 훌륭한 마무리다. 그러나 그다음 한결 강도 높은 운동이 기다리고 있다. 목줄이 끊어진 개를 팔에 안고 집으로 데려가는 것인데, 이건 단순한 역기가 아니라 스스로 움직이는 역기를 들어 올리는 아주 고난도의 역도다.

가끔은 민다 몸무게가 최소 백 파운드는 나가는 것 같고 또 가끔은 다리가 열여섯 개쯤 되는 것도 같다. 목줄을 잡고 있는 동안에는 왼손, 오른손, 심지어 양손을 다 써서 잡아당기고, 끌어당기고, 줄다리기하고, 자갈 더미 위를 오르내리고, 속보로 걷거나 달려야 한다. 이럴 때는 양육자의 자세가 중요하다. 이 모든 신체 운동을 본인의 의지로 하는 것처럼 보여야 하니 말이다.

카렐 차페크

개 산책의 일차적 목적 혹은 핑계는 볼일을 보게 하는 것이다. 나는 민다의 독특하고도 섬세한 소녀 같은 면모를 보고 놀랐다. 밖에 있을 때 민다는 참을 수 있는 한 볼일을 참는다. 치부를 드러내는 게 부끄러워서일 것이다. 민다의 몸에 흐르는 피에는 영국적 신중함이 몇 방울 섞여 있다. 집에서 요리한 건 집에서 먹어야 한다는 것 같은. 저의 그런 면을 인간이 거의 이해하지 못한다는 사실이 민다는 당황스러운 듯했다.

그렇게 난 겨우 며칠 만에 개를 키우는 일이 많은 욕구를 충족시킨다는 사실을 알게 됐다. 단 하나, 개의 주인님이 되고 싶었던 욕구만 빼고. 내가 보기엔 오히려 민다가 내 주인님이 돼버린 것 같았다. 이따금 난 민다에게 대놓고 말했다. 너는 폭군이고, 고문자며, 변덕쟁이, 고집불통, 내 인내심과 선의를 시험하는 구제 불능의 생명체라고. 하지만 민다는 그런 단어들을 이해하고 싶은 생각이 털끝만큼도 없는 듯했다. 그저 작고 뭉툭한 꼬리를 흔들면서 내 눈을 빤히 들여다보며 꺼끌꺼끌한 핑크빛 주둥이로 소리 없이 웃어 보이고는 이제 쓰다듬으라고 텁수룩한 머리를 들이미는 게 다였으니 말이다.

'뭐? 심지어 내 무릎에 앞발을 올려놓기까지 한다고? 오냐, 오냐, 그래, 민다. 우리 못난이 계집애. 이 글만 마저 좀 쓰자꾸나. 아니 그러니까…… 오냐, 그래, 알았다, 민다. 글은 내일 끝내지 뭐.'

모든 개에게는 습관이 있는데, 개라면 다 가진 보편적 습관이 있는가 하면 종마다의 특수한 습관도 있다. 예를 들어 모든 개는 자리에 눕기 전 세 번 회전하고, 누가 머리를 쓰다듬으면(낯선 개에게는 시도하지 마시라) 입술을 핥는다. 특수한 습관을 보자면 닥스훈트, 흔히 왈디라고 불리는 다클, 포메라니언 류, 테리어, 와이어헤어드 테리어 등등의 각기 다른 습관이다. 에어데일 종인 나의 민다도 거부할 수 없는 특별한 습관이 있는데, 그건 내가 눕기만 하면 소파에 뛰어올라 앞발을 내 가슴팍에 올리곤 눈이나 코를 핥으려 하는 것이다. 그 자세일 때 민다는 내려가라고 간청하거나 소리쳐도 꼼짝하지 않으려 든다. 난 민다가 왜 그러는지, 뭘 원하는 건지 한참 동안 이해할 수 없었다. 혈통 설명서에서 다음 문장을 발견하기 전까진 말이다.

"에어데일, '전쟁 사냥개'라고도 불리며 전쟁터에서 부

카렐 차페크

상자를 찾는 일을 했습니다."

설명 옆에는 사진이 있었는데 민다가, 아니 그러니까 어떤 에어데일이 빗발치는 총탄 속에서 부상한 병사의 가슴에 앞발을 올리고 선 채 짖고 있었다. 그제야 난 민다가 전쟁터에서 발휘할 본능을 내게 드러내고 있다는 걸 알았다. 가까이에 부상한 병사가 없으니 소파에서 신문을 읽고 있는 내 가슴에라도 올라와야 했던 것이다. 심각한 정치적 상황이나 현란한 광고에는 아무런 관심도 없으면서 말이다.

'나의 조그만 여군! 착한 사마리아 개야! 우리 어디, 중국이든 니카라과든 가야 하는 거 아닐까? 네가 진짜 부상자들을 만나볼 수 있도록 말이야. 아니면 브르쇼비체[1]나 무신론자 패거리에게 가서, 아니면 상원의원이랑 하원의원들이 모여드는 클럽에 가 확 전쟁이라도 선포해야 하려나? 이르노니, 적들이여 까불지 말지어다! 내가 무슨 짓을 할 것인고 하니, 너희가 총에 맞아 쓰러져 만신창이가 되는 순간, 민다를 보내 너희를 찾아내선 가슴에 앞발을 올리게 할 것이다. 타고난 본능이 민다를 재촉하리니, 적들이여!'

---

1 체코(체코슬로바키아) 수도 프라하의 중심가 중 하나다.

아무리 드높은 지성을 부여받았다 한들, 생명체라면 나름의 변덕과 편견을 품고 있다. 아르네 노박[2]은 세상 그 무엇을 준대도 전화기를 손에 들지 않을 것이다. 페르디난드 페로우트카[3]는 운율을 싫어하고, 프란티셰크 란게르[4]는 신비주의에 혐오를 느낀다. 칼로 접시 긁는 소리를 못 견디는 사람도 있고, 현대음악이라면 치를 떠는 사람도 있다. 미스 하스코바[5]는 힐라르[6]라면 끔찍해하고, 어떤 여자는 소에게 절대 다가가지 않는다.

민다의 경우는 오토바이에 이상할 정도로 극심한 공포를 느낀다. 다른 소음들은 불쾌한 기색을 보일 뿐 잘 참아 내는데, 오토바이는 시동 거는 소리만 들어도 살아 있는 악마를 본 성당지기처럼 미쳐 날뛴다. 사실 내 이 작은 계집

---

2 아르네 노박(Arne Novák, 1880~1939) 체코슬로바키아의 비평가, 체코 문학 연구가. - 옮긴이

3 페르디난드 페로우트카(Ferdinand Peroutka, 1895~1978) 체코슬로바키아의 저명한 언론인, 정치 저술가. - 옮긴이

4 프란티셰크 란게르(Frantisek Langer, 1888~1965) 체코슬로바키아의 소설가, 극작가. - 옮긴이

5 아마도 체코슬로바키아의 여성 기자 야르밀라 하스코바(Jarmila Hašková, 1887~1931)를 가리키는 듯하다. - 옮긴이

6 케럴 휴고 힐라르(Karel Hugo Hilar, 1885~1935) 체코 국립 극장의 유명 연출가. - 옮긴이

애는 현대적 감각이라곤 없어 저주받은 온갖 기계와 발명품을 다 좋아하지 않았다. 번개처럼 움직이는 데다 살도 뼈도 없어 먹을 수도 없는 것들이 지옥 같은 냄새만 풍기니 말이다. 만약 민다가 나름의 종교를 가지고 있다면 사탄 역할은 오토바이가 맡았을 것이다. 누구나 영혼 안쪽에 피부도 없고 털도 자라지 않는 연약한 부위를 하나씩은 지니고 있고, 고통스럽게 떠는 그 벌거벗은 약점을 세상으로부터 감추고 싶어 한다.

'민다, 너는 알겠지. 매일매일 누군가 혹은 무언가 우리 내면으로 침투해 영원히 덧나는 상처를 건드리려 한다는 걸. 매일매일 오토바이가 모퉁이를 돌며 잡아먹을 대상을 찾아다닌다는 걸. 그러면 소파 밑 캄캄한 그림자 속에 숨어 눈을 감자꾸나. 떨리는 몸으로, 저 짐승 같은 놈이 지나가길 기다리자꾸나.'

한참이나 침묵이 흐른 뒤, 어느덧 평소처럼 서걱서걱 펜이 종이를 긁는 소리만 남으면 민다는 꼬리를 슬며시 흔들며 느릿느릿 기어 나온다. 쑥스러운 미소를 지으며, 약점을 들켜 부끄럽다는 듯.

"내가 왜 그랬냐면…… 아냐, 별일 아냐, 인간. 머리나 쓰다듬어 줘."

'민다, 앉아서 내 말을 들어보렴. 여기 세 가지 계명이 있단다. 1. 순종하라! 2. 집과 계단에서 청결을 유지하라! 3. 주는 대로 먹으라! 이 세 가지 계명은 신이 너희 개들에게 특별히 내린 것이란다. 들판의 다른 짐승들보다 더 칭찬받을 수 있도록 말이야. 이 계명을 무시하는 개, 누구든 저주받고 바깥으로 쫓겨날지니, 쫓겨난 그곳은 소파도 없고, 캄캄하며, 오토바이를 탄 악마가 죄 많은 개의 영혼을 온종일 쫓는 곳일지니.'

방금 얘기한 대죄 말고도 몇 가지 사소한 죄가 있으니, 다음과 같다.

- 주인님의 치아 교정기를 물어뜯는 것
- 진흙 묻은 발로 주인님에게 뛰어오르는 것
- 주인님이 글을 쓰고 있을 때 짖는 것
- 바닥에 음식을 흘리는 것
- 거리로 뛰쳐나가는 것
- 침대 위로 고양이를 쫓는 것
- 주인님의 접시를 킁킁대는 것
- 카펫을 찢는 것
- 물건들을 쓰러뜨리는 것

카렐 차페크

- 오래된 뼈를 집 안으로 물고 오는 것
- 주인님의 코를 핥는 것
- 화단을 파헤치는 것
- 주인님의 양말을 물고 달아나는 것

계율과 함께 이 금지 사항들을 잘 지키는 개는 특별한 존경을 받는다. 이런 개는 보통 헛된 노력이나 야망 또는 방종으로 재산을 탕진한 사람처럼 몸이 여위지 않고 학장이나 은행장처럼 뚱뚱한 법이다.

위에 더해 개들을 위한 계명이 한 가지 더 있는바, 바로 '너의 주인님을 사랑하라!'이다. 오토카르 브제지나[7]처럼 위대한 사상가는 개의 헌신성을 천하고 비굴한 품성으로 치부한다. 하지만 나는 그토록 열광적이고 활기찬 비굴한 존재를 상상할 수 없다. 노예를 둬본 적은 없지만, 자고로 노예란 감정을 자제하고 조용조용 걷는 내성적인 존재일 것이다. 주인님을 보면 기쁨으로 혀를 내두르거나 주인

---

7 오토카르 브제지나(Otokar Březina, 1868~1929) 체코슬로바키아의 상징주의 시인, 산문가. - 옮긴이

님의 손을 깨물지도 않고, 주인님을 끌어안거나 덮치지도 않으며 주인님이 편집실이든 어디서든 돌아왔을 때 통제할 수 없는 열정과 기쁨으로 날뛰지도 않을 것이다.

인간은 물론 모든 동물을 통틀어 개는 가장 열렬히 기뻐하고 슬퍼할 수 있는 특별한 능력을 부여받은 존재다. 이 말이 어떻게 들릴지 모르겠지만, 나는 상사의 목에 매달리는 수습사원이나 주교가 말을 건넸다고 기뻐서 바닥을 뒹굴며 허공에 발길질을 해대는 목사를 상상할 수 없다. 인간의 주종관계는 비굴하고 우울하지만, 개는 열정적이고 무모한 사랑의 관계를 주인과 갖는다. 어쩌면 개에게는 태곳적 늑대 무리의 본성이 아직 남아 있는지도 모르겠다. 동료애 본능을 간직한 동물 특유의 열정적 사교성 말이다. 개의 눈은 마치 이렇게 말하는 것 같다.

"인간, 나에겐 너밖에 없어. 하지만 우리 둘만으로도 참 멋진 무리 아냐?"

경멸. 그렇다, 바로 그 단어다. 고양이는 적대감이 아니라 경멸의 빛을 띠고 오만하게 개를 바라본다. 마치 '저 생명체는 시끄럽고 교양이 부족해'라는 듯 거만하고 냉소적인 우월감으로 개를 대하는 것이다. 그것은 고독한 존재로서 무리를 이루는 존재에게 느끼는 우월감이다.

카렐 차페크

'저 덩치 크고 지저분하고 시끄럽기만 한 짐승은 혼자 있으면 어린아이라도 된 것처럼 굴더라. 그러다 주인이 다가오면 기쁨으로 몸이 두 동강 날 지경이 돼. 너무 나약한 거 아냐?'

고양이는 눈썹을 치켜세우며 생각한다.

'나로 말하자면, 혼자로도 충분해. 난 그냥 내가 원하는 걸 하지. 무엇보다도 감정을 마구 드러내지 않아. 그건 교양 없어 보이잖아.'

그러곤 몸을 일으켜 민다의 윤기 나는 촉촉한 코를 벨벳처럼 부드러운 앞발로 몇 번 쓰다듬어 준다.

민다는 아직 강아지다. 그래서 고무처럼 탄력 있는 척추와 쭉쭉 늘어나는 다리를 어떻게 써야 할지 잘 모른다. 가끔 이 남아도는 탄력 때문에 민다는 사춘기 소녀처럼 어색하고 서툴러 보인다. 하지만 이따금, 특히 달밤에 이웃집 개가 울타리 너머로 민다를 바라볼 때면 움직임이 주는 흥분이 몰아치는 모양이다. 황홀한 리듬에 이끌려 고개를 하늘로 쳐들고는 팔짝팔짝 뛰고, 몸을 홱홱 돌리고, 이리저리 깡충거리고, 제자리에서 빙빙 도니 말이다. 그 모습은 달크로즈 파[8] 무용수나 마법을 부리는 요정을 쏙 빼닮았다. 민다는 그렇게, 춤을 춘다.

정원사, 정치인, 집안의 가장을 비롯한 많은 사람처럼 개의 주인 역시 미래를 생각해야 한다. 민다를 키우기 시작했을 때 난 민다의 미래를 분명하게 계획했다. 우선 친구들과 지인들에게 훌륭한 혈통의 에어데일 강아지를 키울 생각이 있는지 묻고 다녔다. 흠잡을 데 없는 혈통의 털북숭이 강아지라고 하니 단박에 열네 명이나 되는 사람들이 관심을 보이며 당장 데려가고 싶어 했다. 하지만 난 민다가 자랄 때까지 일 년 정도 기다려야 한다고 말했다. 사람들은 일 년이나 기다리라는 건 없던 얘기로 하자는 것과 마찬가지라며 웃었다.

나는 동네를 돌며 미래 강아지의 아빠감으로 순수 혈통을 이어받은 총명한 개를 찾아다녔다. 잘생긴 에어데일 네 마리 정도를 찾아냈고 그들과 친해지려 노력했다. 심지어 근친교배 같은 문제를 조금 공부해보기도 했는데, 이런

---

8 에밀 자크 달크로즈(Émile Jaques-Dalcroze, 1865~1950. 스위스의 음악 교육가)가 고안한 '몸의 움직임을 통해 음악을 경험하고 학습하는 방식(유리드믹스)'을 전파하는 무리를 말한다. '유리드믹스'는 근대 체조를 탄생시킨 계기가 되었다. - 옮긴이

과학적 사안들에 대해서는 전문가들도 견해가 갈렸다. 나는 번식에 있어 논란의 여지가 생길 만한 문제는 접어두기로 하고, 인근 노란색 저택에 사는 에어데일을 일 년 안에 민다와 결혼시키기로 결심했다. 즐겁고 유쾌한 표정으로 혀를 내밀고 있는 녀석이었다. 내가 이런 생각을 하는 동안 민다는 벼룩을 찾아 몸을 긁고 하품을 하며 꼬리를 흔들 뿐 미래에 엄마가 될 문제 같은 건 신경도 쓰지 않았다.

올바른 짝짓기는 개 번식에 있어 가장 흥미로운 부분이다. 이에 관해 상세하게 써놓은 훌륭한 책이 무척이나 많은데, 만약 여러분이 조금이라도 이론에 관해 알려 든다면 어느덧 우생학이라 불리는 신비하고 위대한 세계의 문턱에 도착해 있음을 깨닫게 될 것이다. 우리는 왜 자연의 경로를 수정해 자연에 더 중요한 과업을 맡기지 않는 것일까? 슈퍼 개의 탄생을 준비해선 안 되는 것일까? 언젠가 인간의 번식에 적용할 수 있는 경험을 얻을 수도 있는데 말이다. 결국 인류는 더 나은 미래에 대한 확신이 부족했다는 비난을 받더라도 별수 없게 될 것이다.[9]

---

9 당대 유행했던 우생학 열풍에 차페크도 영향을 받았을 터인데, 이 글에서는 우생학을 긍정하는 문맥이 곳곳에서 보인다. 그러나 차페크가 전체주의에 반대하는 정치운동에 활발히 참여했으며 문명의 발달로 인한

'그러니 기억하렴, 민다, 넌 큰일을 할 운명이란다.'

좋다, 이제 당신이 순수 혈통 개를 번식시키고 싶다면, 그리고 적당한 암컷이 있다면, 무엇보다도 신경 써야 하는 부분은 개를 잃어버리지 않는 것이다. 나처럼 신경 써서 보호하고, 목줄을 풀고 달아나지 못하게 하고, 밥을 너무 많이 먹이지 말고, 다른 개에게로 관심을 돌리지 못하게 단단히 교육해야 한다. 당신이 개의 얼굴에 달린 눈이 된 것처럼 개를 지켜보라. 그러면 된다. 산책할 때면 마주치는 모든 개가 당신을 괴롭힐 것이다. 어떤 때는 떼를 지어 당신을 따라올 수도 있다. 당신의 개가 순진하고 착한 소녀처럼 곁에서 종종거리는 동안 당신은 막대기로 위협해 그 난봉꾼들을 쫓아버려야 할 것이다.

'꺼져, 이 늙다리야! 이 못난이 폭스테리어, 당장 사라지지 못해! 냉소적인 울프하운드는 내 눈앞에서 썩 없어져 버려! 말라빠진 다리로 덜덜 떨기나 하는 래터도, 무례한 붉은 털북숭이 경비견도 가버려! 민다, 쟤들은 뻔뻔한 짐

> 폐해와 인간의 왜곡된 믿음을 풍자하는 소설을 많이 썼다는 사실을 고려하면, 이 우생학 예찬을 작가의 우회적 냉소로 읽을 여지도 있을 듯하다. 이에 대한 판단은 독자에게 맡긴다.

카렐 차페크

승들이야. 그렇지 않니? 들어보렴, 울타리 안에서 혀를 내밀고 있는 잘생긴 에어데일 얘길 해줄게. 머리칼은 신처럼 휘날리고 온몸은 태양처럼 붉은데 등허리엔 까마귀처럼 짙은 검정 털이 나 있단다. 눈은 말이야, 꼭 자두 같아. 이 지긋지긋한 깡패 녀석! 비켜, 이 늙은 악당아! 민다야, 자존감을 좀 가졌으면 좋겠구나. 저런 양아치들은 무시해도 돼. 알다시피 넌 너무 어리잖니? 게다가 저런 길거리 치들은 결코 네 신랑감이 못돼. 알았지? 자, 이만 집에 가는 게 낫겠구나.'

'그래 이제 뭘 해줄까? 머릴 쓰다듬어줄까? 등을 긁어줄까? 산책? 뭐, 배가 고파? 말했잖니, 민다. 요즘 너무 많이 먹는다고. 네 등짝이 이미 얼마나 넓은지 봐. 허리는 또 어떻고. 여봐요 식구들, 이 불쌍한 녀석에게 자꾸 먹을 걸 주지 말라고요. 몸매 망가지는 거 안 보이나요? 저런, 민다, 쏙 들어간 엉덩이, 홀쭉한 배, 좁고 날씬한 등은 어디 간 거니! 그렇게 게으르게 퍼질러 앉아 있기만 하니 살이 찌는 거란다. 어서 마당으로 가렴, 민다. 가서 춤추고, 꼬리를 쫓고, 좀 더 움직이렴, 운동을 하렴, 민다!'

"이봐요."

한 남자가 오더니 척척박사인 양 말했다.

"아무래도 당신 개가 곧 새끼를 낳겠군요. 배가 거의 땅에 닿는 걸 봐요."

"그럴 리가요."

나는 잘라 말했다.

"뱃살일 뿐이에요. 우리 개가 얼마나 먹는지 모르시나 봅니다. 더구나 온종일 소파 위를 굴러다닌다고요."

남자가 말했다.

"흠, 그럼 저 젖꼭지는 뭐지요?"

난 비웃었다. 터무니없는 소리였다. 민다는 마당에서의 몇 분을 제외하곤 혼자 있은 적이 없고, 그때조차 난 철저히 주의를 기울였다.

'민다, 들어보렴, 살찌면 안 돼. 그러면 천식에 걸리고 우울해질 거야. 오늘부터 먹이는 계량해서 주겠어.'

그러나 얼마 뒤 이웃집 사람이 말해주었다. 두 눈으로 똑똑히 봤는데, 근처에 사는 순종 슈나우저가 상대였다고. 어떻게 이런 일이 일어났는지, 죽을 때까지 이해할 수 없을 것이다. 그러나 사실 앞엔 무릎 꿇을 수밖에.

'이 불량하고 무모한 계집애야. 독일 출신 슈나우저와 놀아났단 말이니, 영국 출신 에어데일이? 네 몸 반절밖에 안 되는 얼룩덜룩한 놈하고 말야! 아이고, 부끄러운 줄 알아라! 아니, 이 와중에도 꼬리를 치며 쓰다듬어 달라고 머릴 들이미는 거니? 꼴도 보기 싫으니 소파 밑으로 가버려, 이 유혹에 빠져 말도 안 듣는 멍청한 계집애! 한 살도 안 된 게 어쩜 행실이 이 모양이니! 네 꼴이 어떤지 봐라. 허리는 움푹 꺼지고, 등뼈는 염소처럼 튀어나오고, 어색하게 몸을 삐딱하게 가누며 무거운 숨을 내쉬는구나. 녀석, 빤히 쳐다보면 도와주기라도 할 것 같니? 그래, 심란하고 우울하지? 오냐 그래, 걱정 마라. 본능은 강력해 거스르기 어려운 법이지. 뭐 어쨌든 슈나우저나 에어데일이나 비슷한 혈통이잖아? 둘 다 털이 억세고 북슬북슬하니 말이야. 누가 아니? 하얀 에어데일이나 등에 검은 반점이 있는 붉은 슈나우저를 낳게 될지. 그럼 새로운 종이 될 게다. 에어우저나 슈나데일이라는 신품종을 창조하는 게지. 이리 오렴. 이 바보 녀석, 내 무릎에 머릴 기대렴.'

어느 날 아침 민다 집에서 낑낑거리는 소리가 났다.
'민다, 민다, 무슨 일이니? 몸 밑에서 와글거리는 것들은 도대체 뭐고?'
민다는 완전히 탈진한 채 자책하는 기색을 보였다.

'인간, 미안해. 내가 새끼를 한 무더기나 낳았어!'

민다는 스물네 시간 동안 집 밖으로 나오지 않았다. 배 밑으론 쥐꼬리 같은 것 몇 개가 삐져나와 있었다. 네댓 마리 정도 될까? 민다는 아무도 새끼를 세어보지 못하게 했다. 집 안으로 들어오는 손은 모두 물었다. 목줄을 잡아 끌어내기 전에는 나오지 않을 것 같았다.

민다는 이튿날에야 제 발로 나왔다. 새끼는 여덟 마리였다. 모두 매끄러운 검정의 혈통 좋은 도베르만이었다. 여덟이나 되니, 안타깝지만 어떻게든 처리를 해야 할 처지였다.

"안녕하시오, 벽돌공 양반들. 눈도 못 뜬 강아지 몇 마리 처리해줄 수 있는 분 있을까요?"

벽돌공 하나가 약간 창백해져선 대답했다.

"오, 못 해요. 그런 짓은 해본 적이 없어요."

"콘크리트 제조공 여러분, 당신들은 터프하지요? 혹 강아지 몇 마리 처리해줄 수 있겠어요?"

"안 합니다."

콘크리트 제조공 하나가 말했다.

"마음이 허락하지 않아요……."

결국 소녀 같은 눈빛을 가진 젊은 정원사가 강아지들을

카렐 차페크

물에 빠트려 죽였다. 민다는 지금 남은 두 마리 작은 도베르만을 돌보고 있다. 눈 위에 노란 반점이 있는 검고 윤기 나는 작은 두 머리를 꽤나 자랑스러운 표정으로 핥아준다.

'어이쿠, 민다. 대체 어떻게 도베르만을 낳은 거니?'

민다는 뿌듯하고 행복한 표정으로 말없이 꼬릴 흔들 뿐이다.

Minda, čili, O Chovu Psu, 1939

충실한 친구에 관하여

버지니아 울프

꽤 많은 금과 은을 주고 동물을 사선 우리 것이라 부르는 방식에는 무례함과 무모함이 함께 담겨 있다. 우리의 이 기이한 관습을 두고 난로 앞 깔개 위 조용한 비평가, 우리, 즉 그들의 여주인과 남주인이라는 작자들이 동굴 속을 기며 푸른색으로 몸을 칠하던 시절 조상이 신으로 숭배받았던 그 페르시안 고양이가 어떻게 생각할지 궁금하지 않을 수 없다. 그녀는 어마어마한 경험의 유산을 갖고 있는데, 그것은 표현하기에 너무도 엄숙하고 미묘한 그녀의 두 눈에 서려 있는 듯하다. 나는 종종 그녀가 늦게 태어난 우리 문명에 미소 지으며, 인간 왕조의 흥망성쇠를 회상한다고 생각한다. 덧붙이자면, 우리가 반려동물을 대하는, 반쯤은 오만이 담긴 친근함에도 일종의 신성모독이라 할 만한 것이 있다. 우리는 단순하고 야생적인 생명체 약간을 의도적으로 옮겨와선 단순하지도 야생적이지도 않은 우리 곁에서 크게 만든다. 당신은 가끔 개의 두 눈에서 갑작스레 원시 동물의 모습, 다시 한번 젊은 날 외딴곳에서 사냥하던 야생 개의 모습을 봤을 것이다. 기껏해야 모방 정도밖엔 할 수 없는 인간 본성을 따르게 하기 위해 이들 야생 생명체에게 본성을 버리게 하는 건 얼마나 무례한 일인가? 이는 문명의 세련된 죄악 중 하나다. 우리가 훨씬 순수한 대기로부터 어떤 야생의 정신을 끌고 왔는지, 차 마시는 곳에서 각설탕 한 조각을 구걸하게 가르친 이들이 어떤 존재(판Pan이나 님프, 또는 숲의 요정일 수 있다)인지 우린 모르기 때문이다.

우리 곁을 떠난 친구 섀그를 길들일 때 그런 죄를 저지른 것 같진 않다. 그는 태생적으로 사교적인 개로 인간 세계에도 매우 비슷한 인물이 있다. 나는 그가 동료들과 최근 증권 거래소 소식에 관해 이야기하며, 클럽 창턱에 앉아 다리를 편안하게 벌린 채 시가를 피우는 걸 볼 수 있다. 아무리 가까운 친구라 해도 그에게 낭만적이거나 신비로운 동물 본성이 있다는 주장을 하긴 힘들 테지만, 바로 그런 점이 한낱 인간 존재에겐 더 좋은 친구가 될 수 있게 해줬다. 그런 그지만, 우리에게 왔을 땐 낭만적 요소로 가득 찬 혈통서와 함께였다. 잠재적 구매자가 가격에 경악해 머리와 몸은 콜리지만 다리는 스카이 테리어처럼 끔찍하다고 지적하자 말하길, 보장하건대 그는 그 어떤 개보다 순종인, 인간 사회의 오브라이언 또는 오코너 돈[1] 같은 중요성을 가진 씨족장 스카이 테리어라 했다. 어쩌다 순수 스카이 테리어 종족 전체는, 그러니까 부계 특성을 이어받은 개들은 이 땅에서 쓸려나갔고, 순수 혈통의 유일한 자손인 섀그만이 노퍽 지방의 알려지지 않은 마을 태생 미천한 대장장이, 그러나 섀그에겐 극진한 충성심을 품고 있었고 왕족 태생이라는 주장을 밀어붙여 우리에겐 아주 비싼 값으로 그를 사는 영광을 얻게 하는 데 성공한 그 대장장이의 소유물로 남아 있던 것인지. 그는 본래 용도인 쥐 잡기라는 천한 일을 하기엔 너무도 고귀한 신사였지만, 그래도 그는, 우리가 느끼기엔, 분명 우리 집안의 위신을 높여줬다. 산책할 때면 자

---

[1] O'Brien or O'Connor Don, 거의 모든 스코틀랜드 왕의 선조가 되는 스코틀랜드 귀족의 씨족장을 말한다.

신의 지위에 경의를 표하지 않는 중산층 개들의 무례함에 여지없이 벌을 내려 법적 제재가 없어진 지 오래인데도 우린 그의 고귀한 턱에 입마개를 씌워야 했다. 중년에 접어들자 그는 더 심한 독재자가 되었다. 개들뿐만 아니라 주인인, 섀그 입장에선 이 호칭이 터무니없을 터이기에 우린 스스로를 삼촌과 이모라 부르긴 했지만, 우리에게까지 말이다. 그가 불쾌감을 인간의 살에 표식으로 남겨야겠다 생각한 건 딱 한 번뿐이었는데, 언젠가 한 방문객이 분별없게도 그를 평범한 애완동물 취급을 하면서, 경멸스럽게도 '피도'라는 이름으로 그의 이름을 지워[2] 부르며 설탕으로 유혹했을 때였다. 섀그는 그때, 특유의 자존성으로 설탕을 거부하고 대신 한입 가득한 장딴지 살로 만족을 얻었다. 하지만 그는 존중받고 있다고 느낄 때는 누구보다도 충실한 친구였다. 겉으로 표현하진 않았지만 시력이 나빠졌음에도 주인 얼굴을 분간했으며, 귀가 거의 먹었음에도 여전히 주인 목소리를 알아들었다.

섀그 인생의 악령은 매력적인 어린 양치기 개로 가족

---

2 '피도Fido'는 영국과 미국에서 개에게 흔히 붙이는 이름이다. '그의 이름을 지워out of his name'는 요한계시록 3장 5절에 나오는 구절이다.

에게 소개되었는데, 확실한 혈통이었지만 불행히도 꼬리가 없었고, 섀그는 그 점이 만족스러울 수밖에 없었다. 우리는 이 어린 개가 나이 든 섀그의 자식 역할을 할 것이라 착각했고, 한동안 둘이 행복하게 지내기도 했다. 하지만 섀그는 예의범절을 늘 경멸했고, 정직성과 자존성이라는 뛰어난 자질로 우리 마음속에 자리 잡고 있으리라 믿었다. 하지만 그 강아지는 매우 예의 바른 어린 신사여서, 우리가 아무리 공평하려 노력해도, 섀그로서는 우리가 어린 개에게 훨씬 많은 관심을 갖는다고 생각할 수밖에 없었다. 섀그가 어색하고 창피해하며 뻣뻣한 늙은 앞발을 들어 올려선 내게 악수를 청하던 모습이 눈에 선한데, 그건 어린 개의 가장 성공적인 재주였다. 나는 거의 눈물이 날 지경이었다. 미소를 짓긴 했지만, 늙은 리어왕을 떠올리지 않을 수 없었다. 하지만 섀그는 새로운 예의를 익히기엔 너무 늙었고, 이인자가 자신의 자리도 아니었기에, 힘으로 문제를 해결하리라 결심했다. 몇 주간 긴장이 고조된 뒤 전투가 벌어졌는데, 둘은 하얀 이빨을 내보이며 서로를 향해 나아갔고(섀그가 침략자였다), 서로 뒤엉킨 채 풀밭 위를 뒹굴었다. 마침내 둘을 떼어놓았을 땐, 피가 흐르고 털이 날았는데, 둘 다 상처를 입은 채였다. 이후 평화는 불가능했다. 서로 보기만

하면 으르렁거리며 몸을 굳혔다. 문제는, '누가 승자인가? 누가 남고 누가 갈 것인가'였다. 우리가 내린 결정은 비열하고 불공정했지만, 그래도 변명의 여지는 있을 것이다. 이를테면 늙은 개는 전성기를 누렸으니 새로운 세대에 자리를 물려줘야 한다 같은. 그리하여 늙은 섀그는 폐위돼 파슨스 그린의 기품 있는 미망인 집으로 보내졌고, 어린 개가 통치권을 승계했다. 여름휴가로 우리가 집을 비웠을 때 돌보는 사람과 함께 방문하기도 했다는데, 우린 몇 년이 지나도록 젊은 시절 알고 지낸 그 오랜 친구를 보지 못했다. 그렇게 작년까지 시간이 흘렀고, 그때는 몰랐지만, 그해는 그의 생의 마지막 해가 되었다.

어느 겨울밤, 병세가 깊고 불안이 극심하던 때, 개 한 마리가 주방 문밖에서 계속해서 짖어대는 소리가 들렸다. 들여보내 주길 기다리며 짖는 소리였다. 몇 년 만에 듣는 소리였기에 주방에선 오직 한 사람만이 그 소릴 알아들었다. 그녀가 문을 열자, 이젠 거의 보지 못하고 귀는 완전히 먹은 섀그가 수도 없이 드나들었던 곳으로 걸어 들어왔다. 그러곤 좌우도 살피지 않고 곧장, 그의 오래된 난롯가 구석자리로 가 웅크리더니 아무런 소리도 내지 않고 잠에 빠졌다. 찬탈자가 봤다면, 섀그가 더 이상 자기 권리를 위해 싸울 수 없게 되었기에, 죄책감에 슬금슬금 물러났을 것이다. 몇 년 동안 살았던 집에서 섀그를 끌어내 주인집 익숙한 현관 앞으로 다시 이끈 것이 어떤 기묘한 기억의 물결인지, 동정적 본능인지 우린 절대 알 수 없을 것이다. (우리가 절대 알 수 없는 수많은 것 중 하나다.) 섀그는 그 오래된 집에서 사는 가족의 일원으로 마지막을 맞았다. 강아지 시절 처음 산책을 나갔던, 다른 모든 개를 물고 유아차에 탄 모든 아기들을 겁주던 공원으로 향하는 길을 건너다 죽음을 맞이한 것이다. 그 눈멀고 귀먹은 개는 마차를 보지도 마차 소릴 듣지도 못했고, 마차 바퀴는 더 살았더라도 행복할 수 없었을 한 삶을 덮쳐선 순식간에 끝냈다. 그렇게 마차 바퀴와 말들 사이에서 죽음을 맞은 것이 그에겐 무통無痛 도살장에서 죽거나 마구간 통로에서 독극물로 죽는 것보다는 나았을 테지만.

 이렇게 우리는 사랑스럽고 충실한 친구에게, 우리가 그 미덕을 기억하는 친구에게 작별을 고한다. 덧붙이건대, 개들에겐 잘못이 거의 없다.

On a Faithful Friend, 1905

버지니아 울프

두 큰까마귀

찰스 디킨스

언젠가, 지금은 고인이 된 워터튼 씨가 잉글랜드 땅에서 큰까마귀Raven가 갈수록 사라진다는 의견을 피력하기에 이 새에 관한 내 경험을 다음과 같이 전했다.

이 이야기[1]에 등장하는 큰까마귀는 각기 다른 시기, 내가 자랑스런 소유주였던 두 멋진 원형의 합성체다. 첫 번째 까마귀는 한창 혈기왕성했는데, 런던에서 소박한 은퇴 생활

---

1 이 글이 실린 『바나비 럿지: 80년대 폭동 이야기 *Barnaby Rudge: A Tale of the Riots of Eighty*』를 가리킨다. – 옮긴이

을 하던 친구가 발견해 내게 준 것이다. 그는 애초부터, 휴에번스 경이 앤 페이지[2]를 두고 말한 것처럼, '타고난 재능'이 있었으며, 가장 모범적인 태도로 연구하고 주의를 기울여 재능을 더 발전시켰다. 그는 마구간에서 (대갠 말 등 위에서) 잠들었고, 불가사의한 총명함으로 뉴펀들랜드 개를 겁먹게 만들었으며, 우월한 천재성만으로 개의 면전에서 아무 해도 입지 않고 개의 저녁밥과 함께 떠났다. 큰까마귀의 학식과 명망은 빠르게 높아졌는데 그때 불행히도, 그의 마구간이 새로 칠해졌다. 그는 일꾼들을 유심히 관찰하다 그들이 조심스럽게 페인트를 다루는 것을 보곤 페인트를 갖겠단 마음이 일순 불타올랐다. 사람들이 식사하러 간 사이, 그는 일꾼들이 두고 간 450그램에서 900그램의 백연이 든 페인트를 다 먹어 치웠고, 그 젊음의 무분별함은 죽음으로 이어졌다.

첫 번째 큰까마귀가 떠나고 슬픔이 채 가시기도 전, 요크셔에 사는 또 다른 친구가 좀 더 나이 들고 좀 더 재능 있는 큰까마귀를 선술집에서 발견했고, 얼마간의 돈으로 주

---

2 셰익스피어의 희극 『윈저의 즐거운 아낙네들 The Merry Wives of Windsor』에 나오는 인물들이다.

인을 설득해 내게 보내줬다. 이 현자가 처음 한 일은 정원에 묻힌 치즈와 반 페니짜리 동전을 파내 전임자의 유품을 관리하는 것이었는데, 이 일에는 엄청난 노동과 연구가 필요했기에 그는 온 정신을 쏟아부었다. 그 임무를 완수하자 마구간 언어를 터득하고자 애썼고, 곧 능숙해져 내 창밖 횃대에 앉아 종일 멋진 솜씨로 상상의 말들을 몰았다. 전성기 때 그의 모습은 아마도 볼 수 없을 텐데, 전 주인과 함께 그때를 보냈을 것이기 때문이다. 게다가 그의 기운찬 모습을 끌어내려면 술 취한 사람이라도 보여줘야 하는데, (안타깝게도) 주변에는 술을 마시지 않는 사람만 있어 그럴 수 없었다.

하지만 나는 그의 그런 모습이 어떤 활력을 주었든 간에 그를 더 존경할 순 없었다. 안타깝게도 그 역시 답례로 내게 존경심을 보이는 일이 전혀 없었고, 요리사만 빼곤 누구에게나 마찬가지였다. 다만 그는 경찰이 범인에게 따라붙듯 그렇게만 요리사를 좇았다. 한 번은 집에서 1.6킬로미터 남짓 떨어진 곳에서 대로 중앙을 걷는 그와 우연히 마주쳤는데, 그는 많은 사람 앞에서 자연스럽게 자신의 모든 기량을 선보이고 있었다. 쉽지 않은 상황임에도 그가 보인 진지함은 잊을 수가 없다. 집으로 끌려가길 거부하며, 물 펌

프 뒤에서 여럿에게 제압당할 때까지 자신을 지키던 비범한 용맹함도 잊을 수 없다. 그는 오래 살기에 너무 총명했는지 모른다. 아니면 어떤 치명적인 물질을 부리 안에 넣어서일 수도, 그리고 그게 위로 들어가서일 수도 있다. 모르타르를 파내 정원 담 대부분을 새로 단장하고, 창틀에 발린 접착제를 긁어내 유리 네 모서리를 셀 수도 없이 부수고, 여섯 단 여섯 참 짜리 나무 계단 대부분을 찢고 조각내고 삼킨 걸 보면 그럴 법도 하지만, 삼 년쯤 후 그 또한 병에 걸려 부엌 난로 앞에서 죽었으니 그 때문인 것 같진 않다. 두 번째 큰까마귀는 익어가는 고기를 끝까지 주시하다 갑자기 '까아악!' 하는 무덤 같은 울음소리와 함께 몸을 뒤집었다. 이후 난 큰까마귀 없이 살고 있다.

Preface, 1841[3]

---

3 이 글은 『바나비 럿지: 80년대의 폭동 이야기』 서문 중 일부를 옮긴 것이다. - 옮긴이

산토끼 길들이기

베아트릭스 포터

더 필드 담당자께

 귀사의 투고자 휘터커 씨의 흰색 산토끼 길들이기 이야기를 아주 재밌게 읽었습니다. 추울 때, 앞발을 뒤로해 털 밑에 집어넣고 그 위에 눕는 습성은 여느 토끼와 같더군요. 저는 런던에 있는 집에서 여러 해 동안 벨기에종 토끼를 (수놈 두 마리를 연달아) 길렀는데, 둘도 종종 그 자세로 잠들곤 했습니다. 둘 다 불가를 좋아했고, 한 녀석은 곧잘 난로망 안에 누워 있곤 했지요. 불이 다 꺼진 뒤 난로 받침 아래 뜨거운 재 위에서 잠든 걸 본 적도 있습니다. 투고

자께선 그 산토끼도 무언가에 경멸을 표시할 때 턱을 부비는 우스꽝스런 습성을 지녔는지에 관해선 언급을 안 하셨더군요. 예를 들어, 거울에 비친 자기 모습이나 낯선 사람의 부츠에 대고 말입니다. 저는 총에 맞은 토끼를 옮길 때 알게 됐는데요, 대개 턱이 얼룩져 있었습니다. 당연히 산토끼가 더 영리하지만, 보통은 멍청한 토끼장 속 토끼도 아주 어릴 때부터 돌보면 강한 기질을 갖게 할 수 있습니다. 제 첫 토끼 바운스는 저를 대단히 좋아했지만, 새 하인이나 집안일을 봐주러 온 낯선 사람에겐, 마치 개처럼, 의심을 내비쳤습니다. 평소에는 낮게 북북거리는 대화체 소음을 냈는데 그들에게는 으르렁거렸지요. 토끼들은 탬버린 치기와 벨 울리기 등 몇 가지 재주를 배울 수 있습니다. 제 생각에 반려동물로서 그들의 단점은 깨끗하게 지내는 법은 쉽게 배우지만 야금야금 먹는 습성은 고칠 수 없다는 것입니다. 더구나 낯선 개들에게 상처를 입거나 죽임을 당할 위험도 있지요. 산토끼에게 각설탕이나 딱딱한 사탕은 주지 마시길 투고자께 당부드립니다. 어금니가 부러지면 새로 자라지 않을 테고, 입이 작으니 손도 닿지 않아 치통에 시달릴 우려가 있기 때문인데요. 저의 토끼 바운스는 늙은 스코틀랜드인 사냥터지기에게서 얻어냈던 페퍼민트를 끊임없이 갈구하다 일찍 죽었습니다. 제 손가락에 부러진 이빨이 만져졌지만 빼낼 수 없었지요. 바운스는 건강하지 못했던 데다 이빨의 상처까지 종양으로 악화돼 결국 죽었습니다. 그렇게 운을 다했지요. 바운스의 계승자 피터는 저와 구 년을 함께했습니다. 피터는 갈수록 허약해져 끝내는 크롤로포름을 투여해야 했지만, 저는 십사 년을 산 토끼도 두 마리 알고 있습니다.

Tame Hares, 1902[1]

---

1 이 글은 1902년 1월 4일자 주간지 《Notes and Queries》의 'The Field, The Country Gentleman's Newspaper' 꼭지에 실린 휘터커(J. Whitaker)의 글 「레인워스 마을의 흰 산토끼White Hare at Rainworth」를 읽고 쓴 편지다. 인쇄 혹은 게재 날짜는 1902년 1월 11일이라 하는데, 확인 결과 이 날짜의 해당 주간지에서는 이 글을 찾을 수 없었다. 원문은 번역 원문이기도 한, 주디 테일러(Judy Taylor, 1932~)가 편집한 『베아트릭스 포터의 편지Beatrix Potter's Letters』에서 확인할 수 있다.

작가 소개

나쓰메 소세키 夏目漱石, 1867~1916

"사랑이 주는 만족스러움을 아는 사람은 좀 더 따뜻하게 말한다."

일본의 소설가, 시인, 산문가, 평론가, 영문학자. 소설, 산문, 하이쿠, 한시 등 여러 장르에 걸쳐 다양한 작품을 남겼으며, 일본 문학계에서 메이지 시대 대문호로 평가받는다. 대표작으로 『도련님』, 『나는 고양이로소이다』, 『마음』 등이 있다.

너새니얼 호손 Nathaniel Hawthorne, 1804~1864

"시간은 우리 위를 날아가지만, 그 그림자를 남긴다."

미국의 소설가, 시인, 외교관. 악의 보편성과 인간의 선택 사이의 복잡성과 모호함을 다룬 작품으로 미국 상징주의 소설에 큰 영향을 미쳤으며, 허먼 멜빌 등과 함께 '미국 르네상스'를 만든 작가로 인정받는다. 헨리 제임스, 해럴드 블룸 등 여러 작가와 비평가로부터 '미국 문학의 표본'으로 추앙받았다. 대표작으로 『주홍글씨』, 『일곱 박공의 집』, 『블라이드데일 로맨스』 등이 있다.

니이미 난키치 新美南吉, 1913~1943

"먹이를 찾으러 나갔을 때, 사냥개에게 들키면 어쩌지?"

일본의 아동문학가, 소설가, 동시 작가, 산문가. 미야자와 겐지와 함께 일본을 대표하는 아동문학가로 '일본의 안데르센'이라 불리며, 일본 초등학교 교과서에 작품이 실릴 정도로 일본에선 인기가 많다. 110편의 동화와 60편의 소설, 수십 편의 동시와 몇 편의 하이쿠를 남겼다. 대표작으로 『금빛 여우』, 『눈깔사탕』, 『장갑을 사러 간 아기 여우』 등이 있다.

다자이 오사무 太宰治, 1909~1948

"나는 고독 속에서만 진실로 자유롭다."

일본의 소설가. 기성 가치관과 윤리, 에고이즘에 대한 비판을 바탕으로 기존의 삶과 문학에 반발한 무뢰파無賴派의 중심인물이자 일본 데카당스 문학의 선구자로 평가받는다. 일본 근대문학의 독특한 장르인 사소설의 개척자 중 한 명으로 암울한 작품뿐 아니라 유머러스한 작품까지 폭넓은 창작을 했다. '지난 천 년간 일본 최고의 문인'으로 선정되기도 했다. 대표작으로 『인간실격』, 『판도라의 상자』, 『쓰가루』, 『사양』과 단편 「달려라 메로스」 등이 있다.

데라다 도라히코 寺田寅彦, 1878~1935

"우리가 현재라고 부르는 말은
단지 영원한 시간의 도정 가운데 고립된 한 점에 불과한 것이 아닐까?"

일본의 물리학자, 산문가. 물리학자 다마루 다쿠로와 소설가 나쓰메 소세키를 평생의 스승으로 삼아 연구하고 썼으며, 과학적 지식과 사유를 문학적 감성과 상상력에 접목한 작품으로 일본 산문계에 신선한 충격을 준 작가로 평가받는다. 대표작으로 『자금우집』과 요시무라 후유히코吉村冬彦라는 필명으로 펴낸 『후유히코집』 등이 있다.

로버트 루이스 스티븐슨 Robert Louis Stevenson, 1850~1894

"낯선 땅이란 없습니다 여행하는 사람만이 낯설 뿐입니다."

스코틀랜드의 산문가, 소설가, 시인. 다양한 인간상을 예리하게 묘사한 작품들로 최고의 산문가로 꼽히며, 도덕적 의미가 함축된 독창적이고 인상적인 소설들 또한 비평적 측면에서 명작으로 인정받는다. 대표작으로 『보물섬』, 『지킬 박사와 하이드 씨』와 산문집 『젊은이들을 위하여』, 『당나귀와 함께한 세벤느 여행』 등이 있다.

로베르트 발저 Robert Walser, 1878~1956

"자연은 나의 정원이자 내 열정, 내 사랑이었다."

스위스의 소설가, 시인, 극작가, 산문가. 작품 활동 당시 로베르트 무질, 프란츠 카프카, 헤르만 헤세 등에게 찬사를 받았음에도 생전엔 "그에 관한 글은 아무 데서도 읽을 수 없다"라는 발터 벤야민의 말처럼 주목받지 못했으나 현재는 스위스를 대표하는 작가이자 20세기 문학사에서 가장 기이한 인물로 평가된다. 대표작으로 장편소설 『타너 집안 남매들』, 『야콥 폰 군텐』, 『강도』와 산문집 『작은 산문』, 『시인의 삶』, 『산책』 등이 있다.

미야자와 겐지 宮沢賢治, 1896~1933

"우리는 고통을 받아들이고 그것을 여행의 연료로 태워야 한다."

일본의 동화작가, 시인, 화가, 농업학자. 생전엔 그다지 주목받지 못했으나 현재는 '지난 천 년간 일본 최고의 문인'으로 선정될 만큼 일본을 대표하는 작가로 추앙받고 있다. 〈은하철도 999〉의 원작으로 널리 알려진 『은하철도의 밤』으로 유명하다. 대표작으로 동화집 『주문이 많은 요리점』, 시집 『봄과 아수라』 등이 있다.

버지니아 울프 Virginia Woolf, 1882~1941

"인생은 좌우 양쪽에 정렬시킨 마차 등불들 같은 것이 아니다.
인생은 의식의 시작부터 끝까지 한꺼번에 우리를 둘러싼
반투명 봉투 같은 눈부신 빛무리다."

영국의 소설가, 산문가. 의식의 흐름이라는 독특한 서술 기법으로 독창적인 소설 세계를 구축한 모더니즘의 선구자이자 『자기만의 방』 등으로 20세기 페미니즘 운동의 선구 역할을 한 작가다. 대표작으로 『댈러웨이 부인』, 『등대로』, 『세월』 등이 있다.

베아트릭스 포터 Beatrix Potter, 1866~1943

"자연의 아름다움을 보는 사람은 극소수에 불과하다."

영국의 아동문학가, 삽화가, 환경 운동가. '영국 문학계의 신화', '20세기 최고의 아동문학가'로 불리는 작가이자 영국의 세계적인 민간 환경 운동 단체 '내셔널 트러스트'의 창립자기도 한 환경 운동가다. 평생을 바쳐 가꾼 정원 5백만 평을 기증, 지금까지 정원으로 보존되고 있다. 대표작으로 지난 100년간 30개 이상 언어로 번역되고, 세계적으로 1억 5천만 부 이상 판매된 동화 『피터 래빗 이야기』가 있다.

시마자키 도손 島崎藤村, 1872~1943

"인생은 꿈과 희망으로 가득 차 있어야 한다.
그렇지 않으면 인생은 죽은 것과 다름없다."

일본의 시인, 소설가. 본명은 시마자키 하루키島崎春樹로 메이지 유신 당시 낡은 가치관과 새로운 가치관의 충돌로 인해 발생한 혼란을 그린 작품들을 주로 쓴, 일본을 대표하는 낭만주의 시인이자 자연주의 작가다. 대표작으로 시집 『봄나물집』, 『일엽편주』, 『낙매집』과 소설 『동트기 전』, 산문집 『파계』 등이 있다.

아쿠타가와 류노스케 芥川龍之介, 1892~1927

"인생 비극의 제1막은 부모와 자식이 되는 것으로부터 시작된다."

일본의 소설가. '지난 천 년간 일본 최고의 문인'으로 평가받으며, 한편으로는 예술지상주의를 다른 한편으로는 불안한 시대상을 바탕으로 한 회의주의와 염세주의를 담은 작품으로 '다이쇼 정신의 화신'으로 일컬어진다. 작품 대부분이 단편 혹은 그보다 짧은 소위 엽편소설로 대표작으로는 「코」, 「라쇼몽」, 「지옥변」, 「톱니바퀴」 등이 있다.

알도 레오폴드 Aldo Leopold, 1887~1948

"몇몇 사람에겐 기러기를 보는 기회가 텔레비전보다 중요하다."

미국의 생태학자, 산림보호자, 환경 보호론자, 과학자, 철학자, 작가. 자연에 대한 철학적 윤리론과 땅에 대한 생태 중심적 사유를 통해 현대 환경 운동에 지대한 영향을 끼쳐 '환경 윤리의 아버지', '20세기 가장 영향력 있는 보존 사상가'라는 평가를 받는다. 임업, 보존 생물학, 복원 생태학, 지속 가능한 농업, 환경 역사는 물론 문학, 교육, 미학 등 광범위한 영역에서 후대에 영향을 미쳤으며, 야생 동물 관리 과학을 만든 창시자기도 하다. 대표작으로 미국 생태 문학의 고전이자 환경 운동의 교과서로 불리는 『샌드 카운티 연감』이 있다.

알베르 카뮈 Albert Camus, 1913~1960

"행복이란 우리가 시간을 들여 열중하는 모든 것이다."

알제리에서 태어난 프랑스의 철학자, 소설가, 극작가, 언론인. 실존주의 철학과 문학의 창시자이자 완성자 중 한 명이며, '부조리 문학'의 창시자이자 완성자다. 프랑스에서 볼테르 이후 가장 영향력 있는 지식인으로 평가받으며, 1957년 『이방인』으로 노벨문학상을 받았다. 대표작으로 『페스트』, 『전락』, 『최초의 인간』과 철학 에세이 『시지프의 신화』 등이 있다.

알퐁스 도데 Alphonse Daudet, 1840~1897

"어려운 것은 사랑하는 기술이 아니라 사랑받는 기술이다."

프랑스의 소설가, 극작가. 서정성 깊은 문체로 그린 인간의 동정심과 프로방스 지방에 대한 애정이 담긴 낭만성으로 '인상주의적 사실주의 작가'라는 독특한 평가를 받는다. 대표작으로 우리나라에서 교과서에도 실릴 만큼 사랑받은 단편 「마지막 수업」과 「별」 외 단편집 『풍차방앗간 편지』와 『월요 이야기』, 희곡 『프로몽과 리제르』 등이 있다.

어니스트 헤밍웨이 Ernest Hemingway, 1899~1961

"누군가를 신뢰할 수 있는지 알아내는
가장 좋은 방법은 그를 신뢰하는 것이다."

미국의 소설가, 종군기자. F. 스콧 피츠제럴드, 윌리엄 포크너와 함께 '잃어버린 세대'의 핵심 작가로 평가받는다. 미국 현대 문학의 개척자이자 포크너와 함께 20세기 최고의 미국 작가로 인정받으며 『노인과 바다』로 퓰리처상(1953)과 노벨문학상(1954)을 받았다. 대표작으로 『태양은 다시 떠오른다』, 『무기여 잘 있거라』, 『누구를 위하여 종은 울리나』 등이 있다.

오리쿠치 시노부 折口信夫, 1887~1953

"인간은 자신의 삶을 통해 자신의 문화를 창조한다."

일본의 민속학자, 문학자, 언어학자, 시인. 민속학을 문학에 도입해 일본 국문학의 폭을 넓힌 문학자이자, 시적 감성에 학문적 지식을 더한 독자적인 곡을 만든 가인이다. 조선인 학살을 고발한 인물로도 알려져 있다. 대표작으로 연구서 『고대연구』, 가집 『바다와 산 사이』, 소설 『사자의 서』, 시집 『고대감애집』 등이 있다.

윌리엄 포크너 William Cuthbert Faulkner, 1897~1962

"당신이 이야기를 지니고 있다면 그것은 드러나게 마련이다."

미국의 소설가, 시인, 평론가, 시나리오 작가. 어니스트 헤밍웨이, F. 스콧 피츠제럴드와 함께 '잃어버린 세대'의 핵심 작가로 평가받는다. 20세기 가장 영향력 있는 미국인으로 선정된 바 있으며, 1949년 『소리와 분노』로 노벨문학상을 받았고 1955년 『어릿광대 이야기』로, 1963년 『강도』로 퓰리처상을 받았다. 대표작으로 『내가 죽어 누워 있을 때』, 『팔월의 빛』, 『압살롬, 압살롬!』 등이 있다.

조지 기싱 George Robert Gissing, 1857~1903

"시인은 그 나라 자체이고 그 나라가 지닌 위대함과 감미로움의 집합체이자 다른 나라에는 전수할 수 없는 유산이다."

영국의 소설가. 런던 빈민층의 비참한 삶을 사실주의적으로 그린 영국의 대표적 자연주의 작가로 『헨리 라이크로프트의 수기』는 영문학사상 가장 아름다운 산문으로 손꼽히며, 조지 오웰에겐 영국이 배출한 최고의 소설가라는 평가를 받기도 했다. 대표작으로 소설 『군중』, 『어둠의 세계』, 『신 삼류문인의 거리』, 『짝 없는 여자들』 등이 있다.

조지 오웰 George Orwell, 1903~1950

"기만이 보편적인 시기에는 진실을 말하는 것이 혁명적 행위다."

인도에서 태어난 영국의 소설가, 시인, 평론가, 언론인. 본명은 에릭 아서 블레어Eric Arthur Blair다. 필립 라킨에 이어 가장 위대한 영국 작가, 셰익스피어와 제인 오스틴에 이어 지난 천년 간 가장 위대한 작가에 선정된 바 있으며, 20세기 최고의 영향력 있는 작가로 평가받는다. 대표작으로 『동물농장』, 『1984』, 『카탈로니아 찬가』 등이 있다.

찰스 디킨스 Charles Dickens, 1812~1870

"절대 굳지 않는 마음과 결대 닳지 않는 기질과
결코 상처 입지 않을 감성을 지녀라."

영국의 작가, 사회 비평가. 가난하고 소외된 이들의 삶에 대한 애정과 관심이 담긴 체험적 작품을 많이 썼으며, 빅토리아 시대를 대표하는 영국 작가로 평가받는다. 대표작으로 『올리버 트위스트』, 『데이비드 코퍼필드』, 『위대한 유산』, 『크리스마스 캐럴』, 『두 도시 이야기』 등이 있다.

카렐 차페크 Karel Čapek, 1890~1938

"만약에 개들이 말할 수 있다면 우리는 사람들과 사귀는 노릇만큼이나
개들과 친하게 지내는 일이 어렵다는 사실을 깨닫게 될 것이다."

체코의 소설가, 극작가 산문가, 비평가. 작품 거의 전부가 철학 사상에 관한 탐구라 불릴 정도로 깊이 있는 작품을 쓴 작가이자, 체코에서는 파시즘에 반대한 민주주의의 대변자로 일컬어지는 지식인이다. 장편 및 단편 소설, 희곡, 동화, 번역, 그리고 산문에 이르기까지 다양한 장르에서 고루 뛰어난 작품을 창작했으며, 유력한 노벨상 후보로 여러 번 거론되었으나

히틀러의 눈치를 보던 스웨덴 한림원의 태도로 인해 수상은 하지 못했다. 대표작으로 소설 『도롱뇽과의 전쟁』, 『로숨의 유니버설 로봇』, 『곤충극장』 등이 있다.

폴 부르제 Paul Bourget, 1852~1935

"경험이 무용지물이라는 증거는 하나의 사랑이 끝났다고
또 다른 사랑을 시작하지 못하게 하지 않는다는 것이다."

프랑스의 극작가, 소설가, 문학 평론가, 시인, 산문가. 인간 심리와 보편적 인간 본성에 대한 깊이 있는 철학적 인식 및 사회적, 도덕적 주제에 대한 날카로운 통찰을 담은 작품을 주로 썼다. 아직도 심리 소설의 중요한 예로 평가받을 만큼 프랑스 심리 소설 발전에 많은 영향을 끼쳤으며, 자연주의에 반대해 실험적 분석 소설 및 관념적 문제 소설을 쓰기도 했다. 대표작으로 단편집 『고백록』과 장편소설 『제자』, 『휴게』, 『이혼』, 『오후의 악마』 등이 있다.

헤르만 헤세 Hermann Karl Hesse, 1877~1962

"삶은 그 자체로서 의미이며 진실이다."

독일에서 태어난 스위스의 시인, 소설가, 화가. 인간 내면을 신비주의적 색깔로 그려내면서도 그 안에 심오한 철학적 성찰을 함께 담은 작품을 주로 썼으며, 1946년 『유리알 유희』로 노벨문학상을 받았다. 대표작으로 『수레바퀴 아래』, 『데미안』, 『싯다르타』, 『황야의 이리』, 『나르시스와 골드문트』 등이 있다.

헨리 데이비드 소로 Henry David Thoreau, 1817~1862

> "깨어 있는 눈으로 자연을 관찰하고 귀를 기울여
> 자연의 소리를 듣도록 하라."

미국의 철학자, 시인, 산문가. 미국 생태주의 문학의 효시이자 미국 초월주의 철학의 효시, 그리고 랠프 월도 에머슨, 너새니얼 호손, 허먼 멜빌, 월트 휘트먼과 함께 미국 문학의 황금기를 일컫는 '미국 르네상스의 효시'로 인정받는 사상가이자 작가다. 대표작으로 『월든: 또는 숲속 생활』과 『시민 불복종』 등이 있다.

원문 출처

Albert Camus, L'été à Alger, *Noces*, Edmond Charlot, 1939.
Albert Camus, L'Enigme, *L'Été*, Gallimard, 1954.
Aldo Leopold, March, the Geese Return, *A Sand County Almanac*, Oxford University Press, 1949.
Alphonse Daudet, Les Oranges, *Le Bien Public*, 1873. 6. 10.
Beatrix Potter, Tame Hares, *Notes and Queries*, 1902. 1. 11.
Charles Dickens, Preface, *Barnaby Rudge: A Tale of the Riots of Eighty*, Chapman & Hall, 1841.
Ernest Hemingway, Marlin off the Morro: Cuban Letter, *Esquire*, Esquire Publishing Co., 1933. 9. 1.
Ernest Hemingway, Winters in Schruns, *A Moveable Feast*, Charles Scribner's Sons, 1964.
George Gissing, Winter 1, *The Private Papers of Henry Ryecroft*, Archibald & Co., Ltd., 1903.
George Orwell, Some Thoughts on the Common Toad, *Tribune*, 1946. 4. 12.
George Orwell, The Moon Under Water, *The Evening Standard*, 1946. 2. 9.
Henry David Thoreau, Economy, *Walden, or Life in the Woods*, Ticknor and Fields, 1854.
Hermann Hesse, Im Garten, *Freude am Garten*, Insel, 1992.
Karel Čapek, Minda, čili, O Chovu Psu, *Měl Jsem Psa a Kočku*, Fr. Borový, 1939
Nathaniel Hawthorne, Twenty Days with Julian & Little Bunny

by Papa, *Passages from the American Notebooks*, Houghton, Mifflin, 1883.

Paul Bourget, Un Sentiment Vrai, *Essais de Psychologie Contemporaine*, Alphonse Lemerre, 1883.

Robert Louis Stevenson, Walking Tours, *The Cornhill Magazine*, Vol.33, Smith, Elder & Co., 1876.

Robert Walser, Der Greifensee, *Sonntagsblatt des Bund*, 1899. 6.

Virginia Woolf, On a Faithful Friend, *Guardian*, 1905. 1. 18.

William Faulkner, His Name was Pete, *Oxford Eagle*, 1946. 8. 15.

芥川龍之介,「大川の水」,『心の花』, 1914. 4.

宮沢賢治,「イギリス海岸」,『宮沢賢治全集』第三巻, 筑摩書房, 1956.

島崎藤村,「短夜の頃」,『市井にありて 感想集』, 岩波書店, 1930.

寺田寅彦,「子猫」,《女性》, 1923. 1.

新美南吉,「花をうめる」,《哈爾賓日日新聞》, 1939. 10. 15.~10. 31.

折口信夫,「留守ごと」,《暮しの手帖》, 第5号, 暮しの手帖社, 1949.

太宰治,「ア, 秋」,《若草》第15巻 第10号, 1939. 10.

夏目漱石,「硝子戸の中」,《朝日新聞》, 1915. 1. 13.～2. 23.

인생 산책자를 위한 밤과낮 에디션 2

빛은 등 뒤에 있어

초판 1쇄 펴낸날 2025년 6월 30일
지은이 헤르만 헤세 외

옮긴이 강문희, 김영글, 정인혜
펴낸이 원미연　　**기획편집** 이명연
기획 최해경　　**교정교열** 심은정
디자인 김은영　　**일러스트** 안소현
마케팅 이운섭　　**제작** 공간
펴낸곳 꽃피는책　　**등록번호** 691-94-01371
전화 02-858-9917　　**팩스** 0505-997-9917
E-mail blossombky@naver.com
Instagram @blossombook_publisher
Facebook blossombookpublisher

이 책은 저작권법에 따라 보호받는 저작물이므로 무단전재와 복제를 금합니다.
이 책의 전부 또는 일부를 이용하려면 반드시 저작권자와 꽃피는책에
서면 동의를 받아야 합니다.